曾智明『曾子学术基金』科研成果
山东大学儒学高等研究院科研成果
山东大学曾子研究所科研成果
曾子研究院科研成果

观念史研究丛书

曾振宇——主编

儒家『耻』观念研究

李富强——著

齊魯書社

·济南·

图书在版编目（CIP）数据

儒家“耻”观念研究 / 李富强著. -- 济南：齐鲁书社, 2024. 8. -- (观念史研究丛书 / 曾振宇主编).
ISBN 978-7-5333-4986-8

Ⅰ. B222.05

中国国家版本馆CIP数据核字第2024FC8630号

策划编辑　傅光中　刘　强
责任编辑　马安钰
封面设计　刘羽珂

儒家“耻”观念研究

李富强　著

主管单位	山东出版传媒股份有限公司
出版发行	齊魯書社
社　　址	济南市市中区舜耕路517号
邮　　编	250003
网　　址	www.qlss.com.cn
电子邮箱	qilupress@126.com
营销中心	（0531）82098521　82098519　82098517
印　　刷	山东华立印务有限公司
开　　本	880mm×1230mm　1/32
印　　张	11.75
插　　页	1
字　　数	264千
版　　次	2024年8月第1版
印　　次	2024年8月第1次印刷
标准书号	ISBN 978-7-5333-4986-8
定　　价	68.00元

《观念史研究丛书》

序　言

曾振宇

观念不同于概念。概念注重从逻辑学角度进行语词分析，观念侧重从思想史视域考察每一个观念的生成与流变。概念如山，贵在稳定；观念如水，贵在变化。西方观念史学派昆廷尝言：观念具有“迁徙性”。证诸史实，其言不虚！以中国哲学史“仁”观念为例，“仁”在《论语》中出现一百多次，面对弟子门人多次“问仁”，孔子的回答都不一样。甚至面对同一位弟子多次“问仁”，孔子的回答竟然也不一致。其实在大多数语境中，孔子立足伦理学与工夫论层面讨论“为仁之方”，而非哲学形上学意义上的“仁是什么”。因为在孔子的思想架构中，“仁”是上位概念，在属种概念关系中，已经找不到位级更高的概念来对“仁”加以界说。一切描述性语言已不是“仁”本身，而是被语言遮蔽了的“仁”。在《大希庇亚篇》中，苏格拉底与希庇亚讨论“美是什么”。希庇亚罗列了美丽的陶壶、美丽的竖琴和美丽的少女。苏格拉底打断他的陈述，指出：“那么它们之所以美的原因在于有一种共同具有的基本性质。”当我们夸耀一位女孩美丽,“那么我们就要回答她为什么有权被称作美”,在美丽的陶壶、美丽的竖琴、美丽的少女等具体的美之上,“你必须告诉我美本身是什么”,因为正是“美本身”的存在,才可能将“美的性质赋予一切事物”。苏格拉底与希庇亚反复辩论与探究“美是什么”,最后得出的结论却是“美的事物是难懂的”。朱光潜先生将此句译为“美是难的”。在这一场辩论中,虽然无法知道“美是什么”,但已从理性上明确知道“美不是什么”,思维的高度已有所提升。从古希腊苏格拉底、柏拉图以来,一直在探寻“美是什么”,也出现了一些定义,但这是一个永远也不可能有最终普遍性答案的问题。相映成趣的是,“仁”作为孔子思想体系中最核心的观念,是“多”中之“一”,我们姑且只能以“一”来界说,或者从工夫论层面来体悟,因为仁具有不可定义性。有人曾问程子:“何谓至善?”程子回答说:“理义精微,不可得而名言也,姑以至善目之,默识可也。”在人类用语言建构的意义世界中,“目之”与“默识”蕴含着直觉体悟和信仰的成分。知性认识无法达到对本体的观念性把握,直觉体悟和信仰或许是接近本体的有效路径。孔子之“仁”,在本体论上是一种可能的知识,而不是现实的知识。缘此,面对孔子之“仁”,“目之”与“默识”何尝不是接近的一种可能路径?但是,汉代董仲舒开始从宇宙论视域讨论“仁”存在的正当性,“阳气仁”,仁已经降格为伦理学层次的一个德目。朱熹哲学架构中的“第一概念”是天理,天理在人为仁,人通过“感应”,将外在客观性的天理内化为我心真实拥有。在朱熹的思想结构中,天理才是位格最高的本体概念。虽然朱熹指出“仁”可以统摄义礼智，但也必须在“性即理”的意义上才能厘清“仁”的哲学地位。近世西方哲学与文化传入中国之后，学界纷纷以儒家“仁爱”比附西方“博爱”观念，两个观念之间存在着历史与宗教的差异，儒家“仁爱”不存在宗教色彩。但是，两大观念之间又存在着价值观的趋同，都在表达对人的尊重与关爱。这种价值观的趋同性，恰恰又可以成为儒家“天下”社会理想可能实现的道德基础。

我们现在研究观念史，在更多的意义上是将观念史作为一种研究的思路与方法，梳理每一个观念如何生成与变化，如何影响每一个时代的价值观、制度建设和生活方式。这种对观念史或观念儒学的认识固然有其合理性，但如何上升到哲学形上学的高度进行分析与建构，有待于学人继续努力。

是为序！

2024 年 8 月 7 日于山东大学

目　录

导 论

哲学思想沉淀于基本观念，哲学的历史基本上是从提出一个具体的观念开始的。也就是说，哲学是在不断地提出或“制作”各种观念，并且把最初的观念当成思维的某种原则或前提，其他的观念在此基础上产生，观念与观念之间的联结构成哲学化的思想体系。观念并不是一种纯粹的固定化的思想“产品”，而是某种时代精神与历史意识的体现。英国过程哲学创始者怀特海（Alfred North Whitehead）说：“我们观念的历史来自我们对历史的观念，也就是说，我们观念的历史基于我们理智的立场。”① 怀特海将观念在人类历史中生成、衍化的过程称为“观念的冒险”，所谓“观念的冒险”有两层含义：一层含义是指人类制作的观念在加速人类文明进程中所产生的缓慢的影响，这构成人类历史中观念的冒险，它根源于一种原初的人类历史经验；另一层含义是指哲学家或思想家对人类历史的进程进行某种反思式的解释，他们运用理智对这些观念所作的思辨建构活动本身就是一场精神意识

① ［英］阿尔弗雷德·诺思·怀特海著，周邦宪译：《观念的冒险》（修订版），北京联合出版公司2014年版，第11页。

的冒险。观念的精神坐标是哲学，观念史研究并非只是史学的实证研究或对思想本身的历时性追踪，它首先是哲学的研究，必须具有哲学的性格与向度。观念的冒险也是哲学的冒险、思想的冒险，观念客观地呈现在经典文献或经典文本中，如何把握文本中的基本观念，还原观念的内涵及其在特定文本中的位置，需要我们对文本中出现的基本观念作出全面的语境还原式理解，这是我们从观念史视域研究中国古代哲学的基础工作。基于此，我们才能真正理解那些历史文本或经典文献所表达的哲学的、思想的世界及其背后的古典的、历史的世界。

中国哲学的核心观念为开拓哲学的经验化图景提供了丰富的思想资源，值得深入挖掘。诚如陈少明先生所言，哲学的经典图景有两种：一种是形而上学，中外哲学家在这方面取得了丰硕的成果；另一种图景则是从生活经验中领悟观念的意义，此即哲学的经验化图景，它是当代中国哲学应当补习的一课①。与西方哲学中具有认知意义而无情感价值的范畴、概念、理念相比，中国哲学中的观念往往是有情感特质的，如“耻”便是一种道德情感观念。如果说观念是有力量的，那么它的力量就来自情感，所以，英国观念史家伯林（Isaiah Berlin）将观念视为“发自心灵的物质”，观念的力量是由意义和情感构成的矢量，驱使我们行动的不是语词的意义而是情感②。笔者所要探究

① 陈少明：《中国哲学研究方法论再思考——从兑换“观念的支票”展开》，《哲学动态》2014 年第 6 期。

② ［英］以赛亚·伯林著，［英］亨利·哈代编，胡自信、魏钊凌译：《观念的力量》“前言”，译林出版社 2019 年版，第 2~8 页。

的中国古代儒家哲学中的“耻”观念，便属于可以在经验生活中兑现其道德情感价值的哲学观念。与传统儒家思想体系中的其他重要观念相比，“耻”观念并没有得到国内外哲学研究者的足够重视。以往的研究是分散而不系统的，没有勾勒出“耻”观念的整体历史图景和哲理内蕴，在对“耻”观念的哲理重构与创造性转化方面亦有所欠缺。“耻”观念何以成为儒家哲学的基本问题？揭开“耻”观念的历史面纱，需要我们运用观念史的方法对“耻”观念之来龙去脉进行必要的解释和说明。本书的旨趣是从观念史的角度，对传统儒家的“耻”观念进行全面而系统的疏解，展现传统儒家“耻”观念的生成与发展史，揭示以“耻”观念为标识的“耻”德在中国古代传统伦理与政治结构中的特殊意蕴。

第一节　作为方法的观念史

以关键词或术语为标识的哲学观念是产出体系化哲学思想的载体，从这个意义上说，思想史、哲学史在一定程度上就是观念史。但在汉语哲学中，思想史、哲学史、观念史三者之间的联系与区别相当复杂，《哲学研究》杂志社曾于20世纪80年代开辟专栏，专门探讨中国哲学史和思想史之间的关系问题。诚如汤一介先生所言，中国思想史和哲学史之间的关系问题没有得到彻底的解决，这与中国古代文学、史学、哲学界限模糊，哲学、政治与伦理具有同构关系而没有明确区隔的文化传统相关①。相对于哲学史与思想史在近现代中国学术传统中的显学地位，观念史作为方法论似乎没有得到学术界足够的重视，正如观念史研究大家高瑞泉先生所言：“在中文世界中，‘观念史’作为一门学科形态是相对后起的——无论是相对于‘哲学史’，还是‘思想史’——‘观念史’的身份似乎至今都有些暧昧，这当然主要是受现代学科制度的分割和壁垒所限。”② 一般而言，观念史也被划归历史学领域，不过就目前国内外观念史的研究现状而言，有偏重于历史学科的实证主义的观念史研究，也有偏重于哲学学科的解释性的观念史研究。但这种学科分类法也只是基于学科规范化的要求而进行的强制性归类，三者之间的关系仍然错综复杂。

现代新儒家徐复观先生是港台地区研究中国思想史的杰出人物，其学问性格与牟宗三、唐君毅的哲学与哲学史路径不同，他更偏向于从思想史的视域检讨中国古代文化的得失。他认为，对于中国文化的研究，应当主要归结到思想史的研究上，其专著《中国人性论史·先秦篇》便是一部以“中国人性论”为专题的思想史研究名作。关于写作这部专著的原因，徐复观作了明确的解释。他说：

这里所刊行的《中国人性论史·先秦篇》，是对“一般

① 汤一介：《中国哲学史与中国思想史》，《哲学研究》1983年第10期。

② 高瑞泉：《观念的力量及其实现》，《华东师范大学学报》（哲学社会科学版）2019年第6期。

> 性的哲学思想史”而言，我所写的“以特定问题为中心”的中国哲学思想史的一部分。我的想法，没有一部像样的中国哲学思想史，便不可能解答当前文化上的许多迫切问题，有如中西文化异同；中国文化对现时中国乃至对现时世界，究竟有何意义；在世界文化中，究应居于何种地位等问题。①

徐复观想通过系统的专题研究，写出一部合乎理想的哲学思想史，来解答“中国文化是什么”这个大问题，并特意指出自己的研究领域是中国哲学思想史。“思想史”和“哲学思想史”的用法有何不同？在“思想史”前面加上“哲学”二字究竟有何用意？究其原因，主要是反对傅斯年等人中国无哲学的论调。傅斯年曾指出：“我不赞成适之先生把记载老子、孔子、墨子等等之书呼作哲学史。中国本没有所谓哲学。多谢上帝，给我们民族这么一个健康的习惯。”② 后来，胡适果真放弃了哲学史研究，转而进入思想史领域，《中国哲学史大纲》上卷写完以后，其续篇便改弦易张而名之曰《中国中古思想史长编》。在徐复观看来，思想史的含义过于宽泛，不能突出中国文化的哲学性格，因此他主张依然保留“哲学”一词而称之为“哲学思想史”，并以此表示中国古代文化中有“哲学”的成就。

---

① 徐复观：《中国人性论史·先秦篇》“序”，见李维武编：《徐复观文集》（修订本）第三卷，湖北人民出版社 2009 年版，第 3 页。

② 傅斯年：《与顾颉刚论古史书》，见欧阳哲生主编：《傅斯年全集》（第一卷），湖南教育出版社 2003 年版，第 459 页。

作为一种现代学术方法论，观念史（history of ideas）近于徐复观的哲学思想史，而有别于哲学史和思想史。观念史的创始人是美国现代哲学家诺夫乔伊（Arthur Oncken Lovejoy），他的观念史脱胎于哲学史，既有哲学的特征，也有史学的特征。《存在巨链——对一个观念的历史的研究》（以下简称《存在巨链》）、《观念史论文集》两部著作，以及他创建的观念史学社（1922 年）和《观念史杂志》（1940 年），集中体现了诺夫乔伊从观念史视域研究人类文化的尝试。人类在认识世界的过程中形成了很多观念，它们构成我们思维的基本要素，离开这些观念我们将无法进行思考，但人们很少对支配他们思想与行动的观念进行哲学反思。诺夫乔伊的观念史正是致力于对人类思想史上的重要观念进行哲学反思，但又不局限于哲学研究，而是扩展到其他领域，涉及哲学、历史、宗教、文学等诸多人文学科，从一定意义上说，它是对人类文化的一种综合研究。诺夫乔伊称，《存在巨链》的一个实质性目的在于追溯那些思想史领域之外的相关观念，在该书的导论中，他对观念史研究的范围、目的、方法作了简要的说明。

诺夫乔伊指出了观念史研究和哲学史研究的区别：就整体而言，与哲学史研究相比，观念史研究的范围既更加特殊一些，又更加宽泛一些。说它特殊一些是因为，哲学史研究历史上的哲学家及其哲学学派的思想发展史，而观念史则致力于观念、观念群，尤其是“单元—观念”（unit-ideas）的研究，可以说它是一门较“窄”的哲学史。说它宽泛一些是因为，观念史研究的范围又不局限于哲学学科，而是跨越不同的学科，涉及不同的文化现象。为了说明观念史研究的特点，诺夫乔伊把观念史研究比喻成自然科学中的化学分析，他说："在处理各种哲学学说的历史时，它按照自己的目的，把它分割成坚固耐久的独立体系，并且把它们分解成它们的组成成分，即分解成可称为单元—观念（unit-ideas）的东西。"① 这些"单元—观念"是观念史研究的主要对象，但要区分哪些观念是"单元—观念"并非易事，因为有些观念只是观念的混合物。例如，那些以各种"主义"命名的观念其实是各种观念的混合物，不能说是基本的"单元—观念"。但像"存在巨链"这样的复合观念，虽然由多个观念组合而成，诺夫乔伊仍然把它归属于最基本的"单元—观念"。作为观念的历史学家，在人类思想史上所寻找的基本观念是什么呢？他没有对"单元—观念"作出正式的定义，只是提及了某些基本的类型。

诺夫乔伊在《存在巨链》一书中列举了观念史研究的五种"单元—观念"：（1）有一些含蓄的或不完全清楚的设定，以及在思想中起作用的，但未被人们意识到的思维习惯。简而言之，就是那些在某一时代决定着人们的思维模式，潜在的逻辑预设，或未被意识到的思维习惯。比如，18 世纪欧洲人思想中的"世界是简单的"这种假定，就属于基本的"单元—观念"。（2）某地特有的假定和理智的习惯。和第一类不同，它们不是含蓄的、心照不宣的，而是明确的、被界定了的。诺夫乔伊说："你可能发现某个人、某一学派甚至是某一代人的许多思想，被这种或那种理论倾向、逻辑手法、方法论假定所支配，所决定。

① ［美］诺夫乔伊著，张传有、高秉江译：《存在巨链——对一个观念的历史的研究》，江西教育出版 2002 年版，第 1 页。

如果这种假定明确了起来，它就相当于逻辑学或形而上学中的一个大的、重要的、或许还是很可争辩的命题。”① 它们有可能在很多事情上影响人的反思进程，这些观念可以称为辩证的动机。(3) 可能被描述为对各种形而上学激情的感受性也是观念史研究的“单元—观念”。这种在决定哲学风格和思辨倾向中有影响的因素很少被考虑到，以至于很难赋予它一个恰当的名称。但这种形而上学的激情存在于对事物本性的描述中，存在于对一个人所属的世界之特征的描述中，用一些富有诗意的语词，并通过其移情功能唤起某种相似的情绪。这种关涉形而上学思维方面的激情不是我们平时所理解的观念，但它们可以起到观念的作用，“审美的激情”“奥秘的激情”就属于这类“单元—观念”。如我们在接受黑格尔的哲学思想时就会体验到奥秘的激情，“这种满足是通过把他们的哲学的主要洞察力描述为某种不是通过适用于每个人的日常逻辑所引导的连续进步所达到，而是通过突然的跳跃，使一个人跃上某种在其原则上全然不同于仅仅是理解层次的视野水平才能达到的东西”②。诺夫乔伊之所以把这类形而上学的激情也归于“单元—观念”，是因为这些情感反射的背后有潜在的思想基础，那种指出隐藏的神秘的意义是令人兴奋的奥秘的激情，是以“一切陌生的东西都是惊人的”这一潜在的思想为基础的。(4) 观念史家要想认识在更大的思

---

① ［美］诺夫乔伊著，张传有、高秉江译：《存在巨链——对一个观念的历史的研究》，江西教育出版2002年版，第9页。

② ［美］诺夫乔伊著，张传有、高秉江译：《存在巨链——对一个观念的历史的研究》，江西教育出版2002年版，第11页。

想运动中真正起作用的因素，还必须考察那些被称作哲学语义学的东西。诺夫乔伊所谓哲学语义学，是指对一个时期或一种运动中的神圣语词和成语的研究，清除它们的模糊性，列举它们的各种含义，这些模糊性影响到各种学说的发展，或加速某一流行思想的转化，神圣语词和成语很可能作为历史的力量而产生独立的活动。“Nature”这个词就是最极端的例子，它是哲学语义学研究中含义最丰富而又最模糊的语词，这个语词对西方思想影响巨大。法国哲学家皮埃尔·阿多（Pierre Hadot）所著《伊西斯的面纱：自然的观念史随笔》是追踪“Nature”观念的力作，其讨论涵盖了近2500年的西方历史，从揭开面纱这一隐喻的角度追溯了“Nature”观念演变的历史①。(5）第五类“单元—观念”存在于为早期欧洲最具影响力的哲学家所阐明的某种单一特殊的命题或“原则”之中，以及和那些设想为它的进一步推论的命题相关的东西。“存在巨链”就属于此类观念。所谓存在巨链，是指宇宙万物按照由高到低的次序在自然界中的排列，即从高等到低等的基本物质构成一个巨大的链条，这个观念是与“存在是充实的”“存在物是连续的”“充足理由原则”等假定命题联系在一起的。

诺夫乔伊针对观念史研究方法提出了几点意见：(1）观念史研究是跨领域的研究，即“单元—观念”以各种重要性出现于哲学、科学、文学、艺术、宗教等领域，在这些领域中去追溯历史学家分解出来的每一个“单元—观念”。他在考察“存在

① 参见［法］皮埃尔·阿多著，张卜天译：《伊西斯的面纱：自然的观念史随笔》，华东师范大学出版社2019年版。

巨链”这一观念时，引用了很多近代诗人的诗歌，以此说明这一观念在文学作品中的广泛性。(2) 观念史研究是跨国别、种族与语言的，观念变化受时代的影响。在诺夫乔伊看来，没有所谓英国观念史、德国观念史与法国观念史，同一国家不同时代的人们在思想上的差异，远大于不同国家同一时代的人们在思想上的差异。(3) 观念史研究不仅重视历史上的大思想家所提出的重要思想，而且关注那些有过一定影响的小思想家的思想。(4) 观念史研究的最终任务是运用独特的分析方法，试图理解新的信仰和理智风尚是如何被引进和传播的。关于这一点，诺夫乔伊没有明确解释，也没有在《存在巨链》这本书里作出示范。

19 世纪以来，西方历史学家习惯用“intelletctual history”与“history of thought”来指称“思想史”，但诺夫乔伊另起炉灶，用“观念史”（history of idea）来命名自己所治的思想史。诺夫乔伊创始的观念史研究需要研究者具备广博的知识，这种跨国别、跨学科研究所需要的知识甚至很少集中在一个人身上。正如罗杰·豪舍尔所指出的那样，这种起源于 18 世纪后期的观念史要求观念史家具备广博的知识和杰出的研究能力，他说：

> 批判观念时所必需的概念分析的严格逻辑方法，博学多闻，与创造性艺术家相似的移情与再现的巨大想像力——即“进入”与自己完全不同的生活形态，“从内部”对其加以理解的能力——以及出于本能的几乎神秘莫测的预见力——这些从理想角度说观念史专家所应具备的能力，

很少能够集中在一个人身上。①

同时具备概念分析、博学多识、想象力、移情等能力的人很少，可见杰出的观念史研究是极具挑战性的工作，但这种综合性的研究确实极大地拓展了哲学史研究的范围，使哲学史、科学史、宗教史、文学史等各领域的研究齐头并进，开创了思想史研究的新视角与新方法。

诺夫乔伊的观念史研究其实是从哲学史脱胎而来，他不满足于以时间为线索将历史上的哲学体系串联起来的编纂性的哲学史研究模式，其真正用意在于将哲学体系分解为某些不可再分的“单元—观念”，通过对这些基本观念的透视来追踪某些新的信仰和理智风尚是如何被引进和传播的。诺夫乔伊重新聚焦“观念史”的课题与研究的方法，其特色可以称之为“哲学的转向”。他的观念史研究存在两个基本预设，即观念的永恒性与连续性，焦点仍然落在那些最具有形而上学意味的观念上，这些观念（ideas）是基本的——不管它们是神圣的、普遍的或由人的意识所构成的，都是用来强化或形塑所有的实体或实在，具有 Idealism 的意味②。故而，诺夫乔伊所谓“单元—观念”基

① ［英］伯林著，冯克利译：《反潮流：观念史论文集》“序言”，译林出版社 2002 年版，第 6 页。

② 据英国学者雷蒙·威廉斯考察，Idealism（观念论、唯心论、理想主义）可以追溯到的最早词源是希腊词 idea，这个希腊词源自动词 to be（观看、理解），它的意义涵盖范围从 appearance（表象）、for（形式）到 type（类型）、model（模型）。参见雷蒙·威廉斯著，刘建基译：《关键词：文化与社会的词汇》，生活·读书·新知三联书店 2016 年版，第 260~261 页。

本上都是柏拉图式的抽象的、永恒不变的观念，此种观念染有浓厚的本质主义色彩。

研究中国哲学需要有方法论的自觉意识，将观念史作为方法论，用来研究中国哲学的代表性学者有高瑞泉、陈少明、信广来、曾振宇等等①。例如，信广来先生的第二部专著《朱熹与后期儒家思想》（*Zhu Xi and Later Confucian Thought*）的最大特点就体现在其研究方法论上，这部著作考察朱熹哲学思想中的主要观念如何从先秦演变到宋代，并最终融贯到朱熹的整个思想体系中。信广来对自己从事中国哲学研究的观念史方法论有很强的自觉意识，他说：

> 第二部专著的特殊之处是，它并非是思想史的研究，而是观念史的研究。在思想史研究方面已经有许多专家作出了重要的贡献，例如陈荣捷、钱穆等。这种研究侧重于思想家或流派之间的相互影响，以及思想家与其所处的时代之间的相互影响。我的研究以此为基础，但是试图超越这个层面，将研究对象作为观念史来对待。②

信广来也自觉地将观念史研究与思想史研究视为两种不同类型

① 参见高瑞泉：《平等观念史论略》，上海人民出版社 2018 年版；陈少明：《经典世界中的人、事、物》，上海三联书店 2008 年版；曾振宇：《思想世界的概念系统》，人民出版社 2012 年版；圣凯：《佛教观念史与社会史研究方法论》，宗教文化出版社 2022 年版。

② 郑泽绵：《当代美国的中国哲学研究及其方法论——访信广来教授》，《哲学动态》2017 年第 11 期。

的研究进路，他认为自己的观念史研究是对思想史研究的一种超越，其观念史研究并没有停留在思想与时代环境的互动上。他所关注的是哲学家的观念本身，一方面需要考察构成哲学家思想体系的基本观念的组合形式，以及各个主要观念之间的复杂关系，另一方面需要考察哲学家的某个特定观念与其前后哲学家的异同，分析观念意涵的演变理路。

此外，金观涛、刘青峰从观念史视角探究了中国现代重要政治术语的形成过程。他们将观念史研究方法概括为以包含关键词例句为中心的数据库方法，通过数据库检索“关键词”及包含关键词的语句来捕捉思想变化的痕迹，试图穿过语言的丛林，把握历史洪流中变迁的思想。至于从思想史转向观念史的原因，首先体现在他们对“观念”作出的界定上。观念是指用固定的关键词或包含关键词的句子所表达的思想，它比思想更具体、更明确，观念的起源、演变与社会化就表现为该观念相应的关键词的起源、传播与流变。因为观念比思想具有更加明确的价值或行动方向，所以它与社会行动的关系更紧密，诸如革命、宪政、启蒙等社会行动就是在相应观念指导下发生的。反之，从若干观念就可以考察社会意识形态的变迁。金观涛、刘青峰以“中国近现代思想史专业数据库”（1830—1930）为基础，以关键词诸如“权利”“自由”“民主”等政治术语的统计分析为基本素材，考察了近现代中国政治思想与意识形态的演变过程①。

① 金观涛、刘青峰：《观念史研究：中国现代重要政治术语的形成》，法律出版社 2009 年版。

对诺夫乔伊的观念史研究，以及国内观念史研究现状的分析，使我们大致厘清了思想史、哲学史和观念史的意涵和用法，但笔者仍有必要对自己运用的观念史研究视域或方法论给予充分的解释和说明。

其一，观念史研究的范围相当广泛，与之相关的范畴史研究、概念史研究都可以纳入广义的观念史研究中。广义的观念史研究完全可以容纳包括范畴、概念在内的思想的基本单位，其论域乃偏于哲学思想，这样可以消除在范畴、概念、观念三者之间进行强行区分而引起的不必要的争议。儒家的观念、道家的观念、佛教的观念等都被涵括在内。这些观念可以是古代经典文献中反复出现的、构成各家各派思想体系之地基的核心观念，也可以是分散在文本中的、未曾引起研究者足够重视的一些次要观念。这些观念对中国人的民族性格或文化心理结构产生过深刻影响，潜移默化地塑造了中国人的生活方式和行为方式。

其二，观念史研究是跨时代、跨国别、跨学科的综合性研究，而不局限于自身的文化传统和现代学科划分所带来的思想壁垒。在此种视域下，无论是“以西释中”的“反向格义”模式，还是“以中释中”的本土诠释模式，都显得不够周全。前者以一种先入为主的成见曲解了中国古代文化中的核心观念及其思想理论，抹杀了中国古代文化的特性。后者则在推进传统文化的创造性转化上显得力不从心，忽视了用现代语言诠释、重构、书写与传播传统思想观念的必要性。有些观念并非仅仅出现于特定区域，可以被轻易归属于地方性文化的范畴，而是属于具有世界意义的普遍性观念，如英国哲学家威廉斯（Bernard Williams）在《羞耻与必然性》中对古希腊文化中“羞耻”观念的探讨，美国文化人类学家本尼迪克特（Ruth Benedict）对日本人“耻感”心理的观察，德国现象学家舍勒（Max Scheler）对“羞感”这种人类道德意识的哲学人类学解释，都足以证明“耻”观念与人类道德意识、道德生活的普遍联结。

其三，观念史研究的观念是有层级的，大致可以分为形而上的观念和形而下的观念。前者是指从经验生活中抽离出来，在逻辑上层层上推而得出的柏拉图理念论式的观念或德国古典观念论式的观念，如西方哲学中的“存在”“本质”“关系”“本体”等范畴。其在本质上属于抽象实体。这类实体化观念体现了西方哲学寻求普遍性思想的特质。正如美国汉学家陈汉生（Chad Hansen）所言，西方的哲学话语和理论体系是建立在存在者是实体加属性这个存在论预设之上的，像范畴、概念那样的抽象实体，其属性就是其定义①，因此，西方哲学家具有注重概念创作和概念推理的思维方式。后者是指那些与人的实际经验生活联系紧密，在常人的人伦日用中处处可以体察、经验的一些观念，这类观念既有理性的成分，也蕴含着感性和经验的因素，与人所处的生活世界保持着鲜活而生动的联结，如中国哲学中的“仁”“孝”“耻”“勇”“忠”“敬”等观念。这类基础层次的观念是始终与不同类型的人类经验生活相关联的，可以在经验世界中兑现其相应的价值，体现了中国哲学的根本特质，即中国哲学是一种作为生活方式的实践哲学。

---

① ［美］陈汉生著，周云之等译：《中国古代的语言和逻辑》，社会科学文献出版社 1998 年版，第 37 页。

其四，观念史研究的母胎是哲学史，从学科起源与分属上看，它与哲学史更有亲缘性，这是思想史所没有的特点。历史地看，哲学家、思想家的思想创造性、独特性总是体现在其核心观念中，观念史所研究的观念偏重于哲学思想，更确切地说它所追踪的观念是更为一般性的哲学观念，就这一点而言，它和从哲学史出发对观念所作的哲学研究并没有实质上的差异，所以，诺夫乔伊说他的观念史研究是“哲学语义学”。

其五，观念史研究既有“观念”的成分，也有“史”的因素，应重视观念在历史中的生成脉络。观念史一旦只注重观念的纯粹哲学分析，我们研究的观念就只能是诺夫乔伊式的“单元—观念”，即具有永恒性与连续性的，染有浓郁的本质主义色彩的实体化观念。哲学观念的集合不仅仅是一门专门化的学术研究，它塑造着我们的社会形态及其文明程度。正如英国学者伯瑞（J. B. Bury）在《进步的观念》一书中所言：“其自身内部即蕴涵着一种动态的力量，激发个体和民族，驱使个体和民族去实现目标并建构目标中所蕴涵的社会制度。”① 中国古代哲学中的基本观念主宰着中国人的思维习惯、行为模式，塑造了中国古代儒释道三教和谐共生的文明形态。如何离开纯粹哲学立场的内在系统性与整体性，深入探索特定观念在中国古代政治、经济、社会、文化等特殊语境中发生作用的过程，对其作一种历史语境主义的考察，这是我们所主张的观念史研究的一个重要任务。

---

① ［英］约翰·伯瑞著，范祥涛译：《进步的观念》“引言”，上海三联书店2005年版，第1页。

第二节 观念史视域下的文本分析

中国古代的哲学家，很少以严谨周密的文章结构来表达其思想的内在结构，而常常以对话、问答、寓言、隐喻、诗歌的方式展示自己的哲学思想。这些不够体系化的哲学思想，往往分散在许多文字单元或基本观念中，同时，同一篇文本中又常常涉及不同的观念组合，使观念与观念之间形成或松散或紧密的复杂关系。这是研究中国古代哲学观念及其议题所面临的基本问题，也是从事观念史研究最困难的地方。哲学思想沉淀于基本观念，无论是抽象程度较高的形而上的观念，还是与实际经验生活关联紧密的形而下的观念，只有准确理解了这些观念的基本意涵及其历史演变脉络，才能从整体上把握中国古代哲学家所要表达的思想结构与实质内容。

牟宗三先生曾正确指出，先秦每一学派的学术系统是由学派内部的基本观念和基本问题构成的，亦可以说中国哲学各学派初创时期所呈现的问题意识，就是围绕着这些基本观念而展开、丰富与完善的。只有依循着那些主要观念及其问题，才能把握各个学术系统的内在本质。如他所言，我们要衡量儒家这个思想系统，就必须了解其基本观念和基本问题。我们可以从《论语》《孟子》《中庸》《易传》《大学》这五部经典文献中的核心观念入手，选出“天”“仁”“慎独”等观念进行哲理分析。通过这种观念解释的路径，可以把握儒家思想的系统性格。牟宗三说：“我们说儒家重视主体，那么儒家的这五部经典中有哪些观念是代表主体呢？我们要知道，儒家主要的就是主体，客体是通过主体而收摄进来的，主体透射到客体而且摄客归主。所以儒家即使是讲形而上学，它也是基于道德。儒家经典中代表主体的观念，比如孔子讲仁，仁就是代表主体。"① 依牟宗三之见，通过对儒家经典文本的分析，可知儒家哲学重视主体、"摄客归主"的思想性格就奠基于以"仁"为标识的观念中。

唐君毅先生在中国哲学观念的文本分析方面进行了有益的探索，其经验值得我们借鉴。唐君毅认为中国哲学缺乏组织严密的逻辑结构，在研究中国哲学时，必须要遵循一定的步骤才能梳理出其中的脉络结构。在他看来，中国哲学研究的基本方向大致可以遵循的次序为："辞义"研究，"义涵"研究，"义系"研究，"义旨"研究，"义趣"研究，"义用"研究，"义比"研究，"义通"研究。其中的"辞义"研究是最基础的工作，他给"辞义"研究下了一个基本的定义："哲学思想之著述中之主要文字，即哲学名辞之字源，及此辞之义，在哲学史，在各哲学家之思想体系中之演变。此为通于文字训诂或今所谓语意学之研究——此可简名为'辞义'之研究。"② 所谓"辞义"研究，就是本文所指观念史视域中对基本观念的研究，它是一个字或者两个以上的字组成的词语，如"仁""义""礼""智"等单字，或"恻隐之心""羞恶之心""气质之性""德性之知"等复合观念。类似"辞义"研究的观念史研究可以说是

① 牟宗三：《中国哲学十九讲》，吉林出版集团有限责任公司 2015 年版，第 70~71 页。

② 唐君毅：《中华人文与当今世界》（上），九州出版社 2016 年版，第 322 页。

研究中国古代哲学的必要工作，因为古代的语言文字是在古代社会历史环境下产生的，有其特殊的历史背景，理解这些观念需要我们对古人怀有一种“同情之理解”的态度，并运用版本考证、文字训诂等历史文献学和考据学的方法，对经典文本及其核心观念进行必要的观念史考察。

概言之，笔者认为观念史视域下的文本分析主要包含如下若干步骤：

（1）确定研究对象的范围。以学派为边界的研究，如儒家的“仁”观念研究、道家的“道”观念研究、法家的“法”观念研究等；以个别哲学家为对象的研究，如孔子的“仁”观念研究，孟子的“义”观念研究，荀子的“礼”观念研究等；以中国古代哲学为背景的综合性研究，如中国古代的“忠”观念研究，中国古代的“道”观念研究，中国古代的“礼”观念研究等。

（2）选出包含所研究之观念对象的主要传统经典文献。列出包含此观念的所有重要文句与段落，基于文本自身的思想脉络与文本生成的历史语境，考察此观念的原初意涵，以及此观念在具体文本中所呈现出的多种意蕴。中国古代哲学中的基本观念包含了意义和情感的双重维度，而非纯粹的知识性向度，这些观念本身就表达了某种意图与行动，因此，理解隐藏在观念背后的作者意图与行动是十分必要的。这一点也为重视历史语境的斯金纳所强调，他说：“从更学术的角度来说，我认为解释的词汇不应当只是传统的有关意义（meaning）的词汇，而是至少也要以同样的程度关注语言的第二个维度（即行动）。因此我想做的不是解释文本的意义，而是揭示它的意图（intention）。

我想把这一主张运用于所有的哲学文本。”① 这提醒我们，经典文本的作者在创作过程中一定有其特定的意图和目的，这在中国先秦诸子学兴起的时代背景下尤其引人瞩目，按照汉代官方史书《汉书·艺文志》的说法，诸子之学“皆起于王道既微，诸侯力政，时君世主，好恶殊方，是以九家之术蜂出并作，各引一端，崇其所善，以此驰说，取合诸侯”②。诸子之学的兴起是为了救世之弊，各个学派必然参与到社会论辩之中，申述自己的思想主张，故而需要考察经典文本背后所隐匿的著作者的社会政治意图。

（3）中国古代哲学家用来表达其体系化思想的主要观念之间的逻辑关系，可能不如西方哲学家那样清晰，这需要我们在研究某一种观念时，注意考察此观念与其他观念之间的逻辑相关性。如《中庸》有言：“好学近乎知，力行近乎仁，知耻近乎勇。”这段表述说明在原始儒家的观念—思想世界中，“好学”是“智”的必要条件，彰显的是儒家重“学”的求知本性；“力行”是“仁”的必要条件，透显出儒家以实践为第一要务的学问性格；“知耻”是“勇”的必要条件，表明儒家自觉自律的道德意识具有某种刚健有为的人格力量。诸如此类，观念与观念之间的逻辑结构关系，潜在地隐含着思想的本质内容，只有厘清它们之间的实质关系，才能把握思想的推进过程。

（4）将某一文本中的观念结构梳理清楚之后，再进一步把

---

① ［英］昆廷·斯金纳著，李强、张新刚主编：《国家与自由：斯金纳访华演讲录》，北京大学出版社 2018 年版，第 6 页。

② 〔汉〕班固撰，〔唐〕颜师古注：《汉书》，中华书局 1962 版，第 1746 页。

此文本的观念结构与其他文本相比较，以期在观念的视域融合中发现新的哲学问题。如将儒家《论语》中“道”与“德”之间的观念结构和道家《道德经》中“道”与“德”之间的观念结构相比较，探究这两组观念结构有何异同，以此揭示儒道两家具有何种思想特质。

（5）观念史的研究视域是开放的、跨国别、跨民族的，我们研究的观念及其文本可以扩展到中国以外的区域。在研究相关观念的过程中，可以尝试中西观念的比较研究，以此彰显古代哲学中某些特殊观念蕴含的中国特质。如儒家的“耻”观念与西方的“罪”观念之比较研究，舍勒现象学中的“羞”观念与孟子心性论视域下的“耻”观念之比较研究，耶稣会士高一志的“智德”观念与孔子的“智”观念之比较研究，康德（Immanuel Kant）的“敬重”观念与朱熹的“敬”观念之比较研究，等等。这种中西观念的比较研究，不仅对中国古代哲学研究有所助益，而且对西方哲学研究的范式转移和方法论变革大有益处，因为中国古代哲学的很多观念都是富有创造性的，当把诸如“道”“性”“诚”等观念介绍到西方世界后，会给西方哲学的发展提供一种新的动力，有助于推进世界哲学的革新与创造。如西方现象学家海德格尔（Martin Heidegger）对道家“道”观念的消化与吸收，为海德格尔的哲学创造活动注入了新的思想素材①。

① 张祥龙：《海德格尔思想与中国天道：终极视域的开启与交融》，生活·读书·新知三联书店 1996 年版，第 424~436 页。

第三节　观念史视域下的哲理重构

大体而言，西方哲学视范畴、概念为反映客观世界本质联系的思维形式，注重对逻辑结构的理性分析。范畴、概念是刻画外部世界的逻辑图像，是一种追问终极性的观念，多归于知识论和本体论。而中国哲学则视一般性的观念为规范人类行为的社会伦理准则，或反映宇宙秩序的法则，多注重对个人心灵和宇宙秩序的双向观照，以生活体验、精神修炼及实现天人合一的精神境界为其目标。所以，成中英先生认为：中国哲学偏向于宇宙论和价值论的发展，而缺乏对知识问题、方法问题的专注，故往往“就事象立言”，而不重观念分析。因此，中国哲学富有辩证性，以体验作为内涵，看重过程而忽视结构，以至于阻碍了形式逻辑的发展①。虽然中国哲学的观念重视生活体验，轻忽形式逻辑，不以纯粹的知识问题为中心，但是中国哲学中也有非常抽象的、思辨的观念，其形而上学的哲学性格是无可置疑的，儒家的“性”“天道”、道家的“道”“无”与佛家的“空”“自性”等观念都是如此。

儒家的形而上学在哲学性上不及道家深邃，而道家在逻辑理路上又较儒家更加层次分明。也正是因为如此，邓晓芒先生在比较中西哲学的形而上学时，只以老庄道家的形而上学作为中国古代形而上学的典范，并以之代表中国传统的“伦理学之

---

① 成中英：《中国哲学与世界哲学》，中国人民大学出版社 2017 年版，第 226 页。

后”，与西方传统的“物理学之后”作为中西比较的对象①。拿宋明理学家来说，他们常常混淆形而上与形而下的分际问题，更常常忽视形而下这个观念所具有的两种不同语义，即存在论上的存在意义的形而下与纯粹经验意义下的形而下，“理”“天理”“太极”属于形而上的观念，但“气”“阴阳”属于形而上还是形而下，分辨的先决条件是对这些观念语义层面的澄清。朱陆之争的问题没有得到解决，就是因为语义层面的厘清工作没有做好，把这个前提条件研究清楚，纯粹形而上学的论辩才有理论意义。以牟宗三为代表的现代新儒家将中国哲学的返本开新之基础放在心性论上，在援引西方哲学的基础上，建立了宏大精巧的哲学体系。但傅伟勋先生仍指出，现代新儒家始终未曾在宋明理学的心性论问题上试予精密的语言解析②。他认为中国哲学的特有课题是我们如何重建以孟子一系为主的儒家心性论，即用现代化的哲学论证方法与哲学语言重构儒家的心性论，使儒家的心性论从不系统的体系完善为系统化的哲学理论，向西方哲学家展示它在哲学理论上的思想普遍性与逻辑强制性，以及儒家从心性论出发为人类伦理道德寻找根基的殊胜之处。傅伟勋以“创造的诠释学”为理论基础在这方面作了有益的尝试，其初衷是方法论的，但其理论旨趣却明显偏向哲学诠释学③。

① 邓晓芒：《当代形而上学的重建》（下），《探索与争鸣》2019 年第 10 期。

② 傅伟勋：《从西方哲学到禅佛教》，生活 · 读书 · 新知三联书店 1989 年版，第 46 页。

③ 傅永军：《“创造的诠释学”之判辨》，《云南大学学报》（社会科学版）2022 年第 3 期。

就儒家心性论及奠基于其上的儒家伦理学的重构而言，回到观念史的研究视域上，如何从具体的观念出发完成儒家心性论的重构是我们迫切需要解决的难题。这需要我们在对经典文本的解释上发挥主观创造性，形成一种创造的解释进路，但这种创造的解释不是主观的臆想，而是在对经典文本具有同情之理解的基础上，完成观念的语义分析与段落大意的理解之后，围绕具体观念用现代化的哲理证成方式作进一步的理论解释与论证。试举一例，在孟子的心性论与伦理学中，他以心善证明性善，从“四端之心”证明人性本善，孟子说：“恻隐之心，仁也；羞恶之心，义也；恭敬之心，礼也；是非之心，智也。仁义礼智，非由外铄我也，我固有之也，弗思耳矣。”① 但从具体论证上看，孟子从“恻隐之心”证明人性有“善端”可谓最详尽，如其依托“孺子将入于井”这个典型事例，诉诸人类的普遍情感经验。“恻隐之心”就是我们现在所说的同情心，它是内在于人心的道德意识与道德情感，是为人类的伦理道德行为奠定基础的先天因素。但孟子在其他三个方面的解释则显得相对简略，思想的普遍性与逻辑强制性偏弱。本书的任务之一就是要接着孟子去论证儒家哲学中的“羞恶之心”是人类普遍具有的道德意识与道德情感，它和“恻隐之心”一样对人类的伦理生活具有道德奠基意义。

探究建构“羞耻伦理学”的可能性。“耻”是一种道德意识，它与人的存在方式具有内在关联，从存在论的视域分析人类的耻感意识是必要的，这样我们就从对道德意识的追问深入

① 《孟子·告子上》。

到对儒家道德哲学或道德形而上学的探究，以耻感意识作为道德基础的伦理学何以可能？或者如倪梁康先生所言，我们尝试建立一门“羞耻伦理学”的可能性何在？孟子的“恻隐之心”在中外伦理学史上得到不同形态的“同情伦理学”的呼应，但除了舍勒，从未有人尝试过建构“羞耻伦理学”。倪梁康在会通舍勒现象学伦理学和儒家孟子“羞恶之心”理论的基础上，提出建立一门“羞耻伦理学”的理论设想①。张任之则在倪梁康的基础上，通过对康德自律伦理学的批判性吸收与融合，进而对羞耻伦理的自律性作了哲学证明②。笔者援引儒家“耻”观念，对这一初步设想进行了更深入的分析与论证，认为羞耻感具有道德奠基作用，这种为人类道德生活的奠基，不是从外部制定一些道德准则或伦理规范，而是为人类的道德生活找到一个先天的根据。儒家的“羞恶之心”作为人先天固有的内在道德意识，在引导个体“反求诸己”的过程中确立了人的自由与尊严，这种完全将道德责任与道德义务归约到本己的道德主体性上的道德意识，为真实的道德行为而非伪善，提供了一种深层性的保护和原初的根据。

总而言之，除了要对嵌入经典文本的观念进行文本分析和历时性语义解析，还要对其作哲学分析，重构奠基于某种基本

① 倪梁康：《“羞恶之心”与道德意识的来源》，《东南学术》2007年第2期；倪梁康：《心的秩序——一种现象学心学研究的可能性》，江苏人民出版社2010年版。

② 自律的羞耻伦理的核心要义在于，“能羞之在”服从其自身所立之法，且这一服从的动力亦在此“能羞之在”自身。参见张任之：《羞感伦理何以可能是自律的？》，《哲学研究》2017年第11期。

观念之上的哲学理论，这是观念史研究的题中应有之义，也是采用新方法、新视野开拓中国哲学研究的必由途径之一，更是实现中国哲学的创造性转化与创新性发展的一种有益尝试。

第四节　作为儒家哲学问题的“耻”之来龙去脉

从先秦儒家至明清儒家，儒家思想虽然有其历时性的沿革与变迁，但始终还是围绕着“仁”“义”“礼”“智”“信”“耻”等基本观念而展开的。“耻”是儒家观念群中一个极为重要的观念，从原始儒家孔子提出“行己有耻”①，孟子提出“耻之于人大矣”②，到汉代儒家董仲舒提出“行仁义而羞可耻”③，到宋代新儒家朱熹提出“耻者，吾所固有羞恶之心也”④，再到明末大儒顾炎武提出“士而不先言耻，则为无本之人”⑤。从这些思想家的论说可以看出，以儒家为代表的中国哲学对“耻”一直保持着一贯的关注，“耻”观念在中国古代思想文化中具有很强的连续性与创造性。但学者们在儒家“耻”观念研究的成果数量与深度上，远远落后于儒家思想中的其他重要观念。诚如陈少明先生所言：“与仁、义、礼、智、信等德性范畴相比，

---

① 《论语·子路》。

② 《孟子·尽心上》。

③ 〔汉〕董仲舒撰，朱方舟整理，朱维铮审阅：《春秋繁露》，上海书店出版社2012年版，第126页。

④ 〔宋〕朱熹撰：《四书章句集注》，中华书局2012年版，第358页。

⑤ 〔清〕顾炎武撰，华忱之点校：《顾亭林诗文集》，中华书局1983年版，第41页。

耻并没有得到现代哲学家们足够的重视。”①

陈寅恪先生曾说：“依照今日训诂学之标准，凡解释一字即是作一部文化史。”② 汉字博大精深，每一个汉字都蕴含着中国历史生命与文化生命的独创性价值。在现代语境中，我们通常将害羞、羞愧、羞耻、耻辱等视为表达人的道德情感与道德意识的词语。“耻”观念何以成为儒家哲学的基本问题？揭开“耻”观念的历史面纱，需要我们运用观念史的方法对儒家哲学中的“耻”，以及与其具有家族相似性关系的“羞”“辱”等观念之来龙去脉作出必要的解释和说明。张岱年先生主编的《中国哲学大辞典》收录了“耻”这个条目，此条目将“耻”界定为儒家伦理用语，一般指羞恶知耻，意指道德主体自觉其思想、行为不符合社会伦理规范之后油然而生的羞愧自责之情，也指对道德行为的一种负面评价，即可耻，思想史上多指前者③。根据《汉语大字典》，可查“耻”字的字形变化如图所示④：

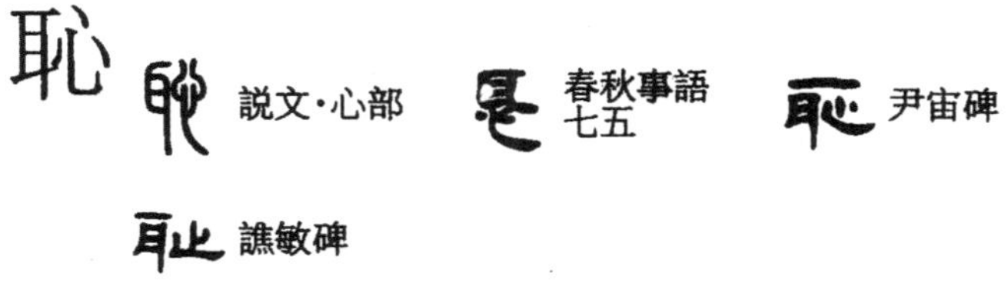

① 陈少明：《关于羞耻的现象学分析》，《哲学研究》2006 年第 12 期。

② 陈寅恪：《陈寅恪集 · 书信集》，生活 · 读书 · 新知三联书店 2001 年版，第 172 页。

③ 张岱年主编：《中国哲学大辞典》（修订本），上海辞书出版社 2014 年版，第 76 页。

④ 汉语大字典编辑委员会编：《汉语大字典》第二版（九卷本），四川辞书出版社、崇文书局 2010 年版，第 2451 页。

按照《汉语大字典》的解释，“耻”字的基本意涵包括以下三个方面：其一，表示羞辱之意；其二，表示羞愧之意；其三，表示感到耻辱的事情。“耻”字在先秦时期基本写作“恥”，自汉代起又写作我们现在通用的“耻”，即《谯敏碑》里出现的“耻”字。从“恥”到“耻”的字形变化意味着什么呢？有学者认为，这似乎反映了中国古代社会中的一种伦理道德现象，即从重视作为内在道德意识的耻感到重视知耻而止的外在社会伦理规范①。

甲骨文中没有出现过“耻”字，“耻”字的字形最早出现在金文中。金文的“耻”字写作“”，由“”和“”两部分构成，左边是“耳”，右边是“心”。据《说文解字·心部》记载：“恥，辱也。从心，耳声。”②“耳”代表感官上的生理感受，人“闻过”时会产生面红耳赤的生理现象，可引申为外界对个人所作的消极的、负面的社会价值评价。“心”则代表人的内在反省与思考，如孟子说：“心之官则思，思则得之，不思则不得也。”③经由良知的自我反思来确证个人言行是否可耻，这是耻感发生的道德心理基础。如果作为社会价值评价形式的社会伦理规范缺少道德自我的内在反思，那么社会伦理规范仅仅是客体化的对象存在，不具有产生道德评价的主观动力，其道德约束力是偏弱的。只有个人良知的自我反思和社会价值评价同时发生时，才会产生真正的道德耻感问题。

① 吴根友、熊健：《传统社会的道德耻感论》，《伦理学研究》2017年第6期。

② 〔汉〕许慎撰，〔清〕段玉裁注，许惟贤整理：《说文解字》（下册），凤凰出版社2007年版，第900页。

③ 《孟子·告子上》。

至于为何以“耳”为“耻”的声符，学者们有不同意见。法国视觉语言学家游顺钊认为“耳”后面隐藏着汉民族的一个古老手势，指耳朵这个手势应该是警告别人不要做羞耻行为的讯号。它表示的是“要小心你的耳朵”，而不是“看，你的耳朵都红了”①。他举这个例子，是想通过汉字获得具有特殊意义的规约手势与体态信息。有的学者则认为“耻”字来自古代一种名为“聝”的古老刑罚，即割掉耳朵使人遭受耻辱，这也是以“耳”为“耻”的声符的重要原因②。古文字研究者往往将由“耻”而生的情感体验视为一种消极情感，将“耻”与惭、愧、悝等归为一组进行研究，认为其本义是耳根发烧、脸红。“耻”取象于人类在经受耻感的心理体验时，面红耳赤的生理特征，因为古人造字的灵感多来自人类共通的心理经验。

耻感与人行为上的过错紧密相关，人因过错会有耳热面赤的生理感觉，只有知耻才能改过迁善。在任何文化中，人的脸部表情特征都是某种特定的主观情感的表达方式，透过耳热面赤的脸部情态可以想象主体人格内心世界的精神意识活动。在儒家的道德哲学体系中，依靠羞耻感所达到的道德制裁并不是孤立的行为，它是内在的，会牵涉到主体人格的内心世界，是一个关乎个体自我形象的道德评价问题。耻感经常给人带来一种火辣辣的感觉，杨儒宾先生认为“耻”与原本意为火热的“爽”字是同部同音的，“皕”字本来是两个火字的组合字，传

① ［法］游顺钊：《六个古汉字背后的传统手势》，见徐志民等译：《视觉语言学论集》，语文出版社 1994 年版，第 154~155 页。

② 何九盈：《汉字文化学》，辽宁人民出版社 2000 年版，第 236~238 页。

写过程中出现讹误而变成了“百”字，耻感作为一种强烈的心理感受，指的就是火热的心理活动①。如孟子引子路之语说：“未同而言，观其色赧赧然，非由之所知也。”② “观其色赧赧然”所表达的就是这种面红耳赤的生理特征，其背后隐藏的是“耻”所蕴含的道德心理感受。

根据《汉语大字典》，可查“羞”字的字形变化如图所示③：

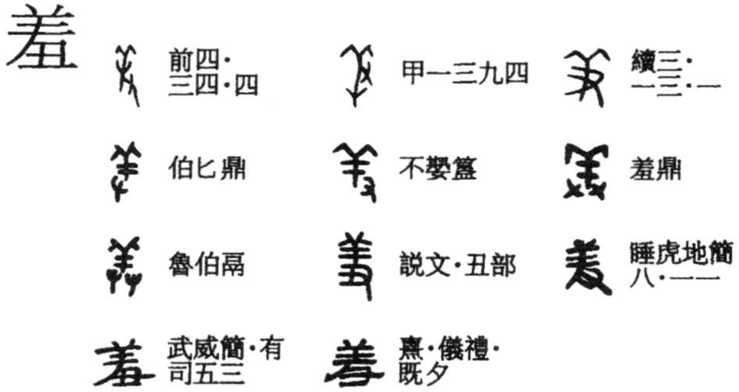

“羞”的本义与食物相关，在后来的用法中逐渐转换为道德价值层面的羞耻、羞辱意义。在“羞”字的早期写法中，“羞”字的上面是“羊”的象形字，下面则是“手”的象形字。《说文解字·丑部》记载：“羞，进献也。从羊丑，羊，所进也。丑

① 杨儒宾：《时间形式、礼与耻感：火的原型象征》，《清华学报》2013年43卷第4期。

② 《孟子·滕文公下》。

③ 汉语大字典编辑委员会编：《汉语大字典》第二版（九卷本），四川辞书出版社、崇文书局2010年版，第3334页。

亦声。"[①] 从偏旁部首看，"羞"由"羊"与"丑"构成，这里的"丑"所指代的不是人相貌上的丑陋、不美好之意，它表示的是人的一种行为，即人的手或手的动作。"羊"则代表一种美好的食物。与此相应，作为动词的"羞"则指把自己最美好的东西进献给别人。《春秋左传》记载："羞者献体改服于门外。"杜预注："羞，进食也。"[②] 《礼记》亦曰："闻子有客，使某羞。"郑玄注："羞，进也，言进于客。"[③]

依据窦文宇、窦勇先生《汉字字源：当代新说文解字》的说法，"羞"字早期写法中的那只"手"指的是战败者的手，战败者向胜利者求和，用手举起美好的食物进献给胜利者，"引申表示难为情。以后字形是其变体和字符规范化形式"[④]。以战败者的身份进献食物的人，会自然产生一种义愤感与耻辱感。故而，"羞"也有耻辱感的意涵，如《礼记》引《尚书·兑命》曰："惟口起羞，惟甲胄起兵，惟衣裳在笥，惟干戈省厥躬。"郑玄注："羞，犹辱也。"[⑤] 孔颖达疏："若出言不当，则被人所

---

① 〔汉〕许慎撰，〔清〕段玉裁注，许惟贤整理：《说文解字》（下册），凤凰出版社 2007 年版，第 1292 页。

② 《春秋左传正义》，见〔清〕阮元校刻：《十三经注疏》（清嘉庆刊本），中华书局 2009 年版，第 4596 页。

③ 《礼记正义》，见〔清〕阮元校刻：《十三经注疏》（清嘉庆刊本），中华书局 2009 年版，第 2687 页。

④ 窦文宇、窦勇：《汉字字源：当代新说文解字》，吉林文史出版社 2005 年版，第 206 页。

⑤ 《礼记正义》，见〔清〕阮元校刻：《十三经注疏》（清嘉庆刊本），中华书局 2009 年版，第 3580 页。

贱，故起羞辱也。”① 通过对身体的惩罚更能激发人的羞耻感。《周礼》记载：“司救，掌万民之衺恶过失而诛让之，以礼防禁而救之。凡民之有衺恶者，三让而罚，三罚而士加明刑，耻诸嘉石，役诸司空。其有过失者，三让而罚，三罚而归于圜土。”郑玄注曰：“罚谓挞击之也。加明刑者，去其冠饰，而书其衺恶之状，著之背也。嘉石，朝士所掌，在外朝之门左，使坐焉，以耻辱之；既而役诸司空，使事官之作也。坐役之数。存于司寇。”②

“羞”除了具有美好食物或进献食物的原始意义，还被广泛用来表达人类的某种道德心理与道德情感。《周易·恒》有言：“不恒其德，或承之羞，贞吝。”明儒来知德在《周易集注》中说：“长女为长男之妇，不恒其德而改节，则失其妇之职矣。既失其职，则夫不能容，而妇被黜矣。‘或’者，外人也。‘承’者，进也。‘羞’者，致滋味也。变坎有饮食之象，‘羞’之象也。因妇见黜，外人与夫进其羞也。……若依旧注‘羞’作羞耻，则下‘吝’字重言羞矣。”③ 可见，知来德已经指出食物意义上的“羞”与道德价值意义上的“羞”之间的关联及其转换。

其实，孔子早就对“羞”的道德意蕴作了揭示：

① 《礼记正义》，见〔清〕阮元校刻：《十三经注疏》（清嘉庆刊本），中华书局2009年版，第3580页。

② 《周礼注疏》，见〔清〕阮元校刻：《十三经注疏》（清嘉庆刊本），中华书局2009年版，第1577页。

③ 〔明〕来知德撰，张万彬点校：《周易集注》，九州出版社2004年版，第385页。

> 子曰："南人有言曰：'人而无恒，不可以作巫医。'善夫！""不恒其德，或承之羞。"子曰："不占而已矣。"①

此段话颇令后世学者费解，历来有各种不同的解释。程树德《论语集释》引皇侃《论语义疏》说："孔子引《易·恒卦》不恒之辞，证无恒之恶，言人若为德不恒，则必羞辱承之。羞辱必承，而云或者，或，常也，言羞辱常承之也。"② "羞"在这里是一种具有道德意涵的词语，羞即羞辱，不能长久地固有德性，则会招致羞辱。贡华南先生认为，正是孔子将"羞"纳入道德体系中，将非道德意义的食物上的"羞"转化为道德意义上的"羞耻"之"羞"，使"羞"富有了新的意涵③。孔子这段话的大意是，人如果没有恒心，不可以卜卦行医，没有恒心会招致羞辱。杨伯峻将"不恒其德"的两种意义，即不能持久和没有一定的操守进行了综合解释，在具体译文中用"三心二意"表示"不能持久"，"翻云覆雨"表示"没有操守"④。其实，孔子引《周易·恒》爻辞的目的无非是阐述自己的道德观念，旨在告诫世人只有长久地保持自己内在的德性，才不至于招致来自外部的羞辱与耻辱，持之以恒地坚守道德规范是儒家对君子的基本要求。

---

① 《论语·子路》。

② 程树德撰，程俊英、蒋见元点校：《论语集释》，中华书局 1990 年版，第 934 页。

③ 贡华南：《羞何以必要？——以孟子为中心的考察》，《孔子研究》2009 年第 1 期。

④ 杨伯峻译注：《论语译注》，中华书局 2009 年版，第 139~140 页。

根据《汉语大字典》，可查“辱”字的字形变化如图所示①：

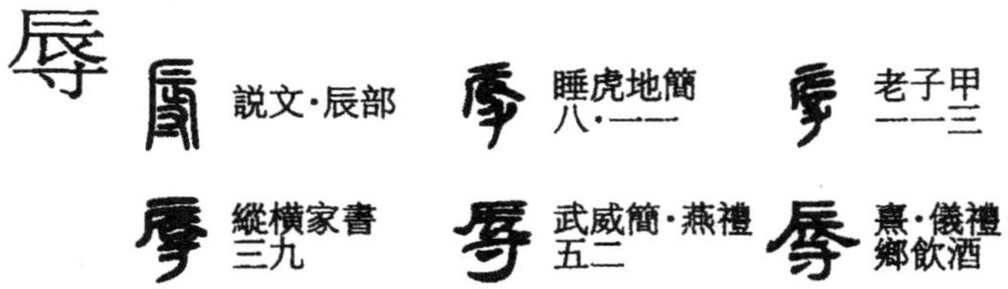

《说文解字·辰部》记载：“辱，耻也。从寸在辰下。失耕时，于封畺上戮之也。辰者，农之时也，故房星为辰。田候也。”② 从字面上的解释可知，农夫没有在农耕时节种地，就要遭受官府的刑戮，对农夫而言，这是一种莫大的耻辱。“辱”最初意为“耨”，后引申为羞辱、耻辱诸义。可见，古人早就知道通过对身体的惩罚更能激发人的耻辱感，与耻感对内在德性的强调相比，辱感则更多来自公开执行的外部刑罚。这也是人类从原始部族进化到社会或国家形态过程中，必不可少的一种教化与治理手段。

上古及春秋战国时代的刑罚通常指“五刑”，《周礼》已有“五刑”之说，其言曰：“司刑掌五刑之法，以丽万民之罪。墨罪五百，劓罪五百，宫罪五百，刖罪五百，杀罪五百。”③《尚

① 汉语大字典编辑委员会编：《汉语大字典》第二版（九卷本），四川辞书出版社、崇文书局2010年版，第3845页。

② 〔汉〕许慎撰，〔清〕段玉裁注，许惟贤整理：《说文解字》（下册），凤凰出版社2007年版，第1293页。

③ 《周礼·司刑》。

书》也称墨、劓、宫、刵、大辟为“五虐之刑”，其言曰：“墨罚之属千，劓罚之属千，剕罚之属五百，宫罚之属三百，大辟之罚其属二百。五刑之属三千。”① 五刑之中除死刑外，其他四刑如墨、劓、宫、刖也称为“肉刑”，这种刑罚的特征是，通过对人的身体及器官的损毁来达到对受刑者肉体和精神的双重虐待和报复。这种容貌或形体上无法掩饰与补救的残毁，对受刑者而言是一种极大的羞辱，使其不齿于人，一般的士人阶层是不能忍受的。这种“肉刑”是典型的“耻辱刑”②，通过对受刑者人格尊严的羞辱来达到惩罚与教化的目的。耻辱刑是以犯罪人的人格为摧毁对象，使犯罪人承受精神痛苦的刑罚总称。我国古代的刑罚，如象刑、明刑、髡刑、耐刑、墨刑、劓刑、枷号刑等，都属于耻辱刑的范畴。瞿同祖先生认为，先秦法家在法不阿贵思想的指导下，对违反法律的贵族阶层实施“肉刑”，这“不但对于受刑者本人是一种绝大的侮辱，便是对于贵族全体也是一种侮辱”③。通过刑罚不仅能够使受刑者蒙受奇耻大辱，而且可以对潜在的违法者起到威慑作用，把初萌的犯罪动机加以消泯，最后达到“以刑去刑”的国家治理目的。

大致而言，“耻”这种道德情感包含个体道德与社会道德的双重内容，“羞”偏于指向个体对主观的羞耻感的不安意识，

---

① 《尚书·吕刑》。

② 耻辱刑是基于人具有羞耻心这个道德心理学原理而制定的酷刑，在世界范围内都很普遍。关于中国古代耻辱刑的历史发展脉络，参见杨鸿雁：《中国古代耻辱刑考略》，《法学研究》2005年第1期。

③ 瞿同祖：《中国法律与中国社会》，商务印书馆2010年版，第234~235页。

“辱”多指涉因外部的侮辱性行为而产生的屈辱的心理体验。这里需要说明的一点是，本文主要考察的是中国古代儒家的“耻”观念史，在多数情况下使用“耻”字作为研究的关键词，有时也多采用现代汉语的习惯性表达方式而表述为“羞耻”。但所有的羞感未必都牵涉伦理道德价值，也可能是价值中性的，比如有人性格腼腆，遇到陌生客人的突然造访，会不自觉地因不知如何打招呼而羞涩。此类因尴尬处境而陷于害羞、羞涩的情感体验，完全与道德上的耻感无关。表述为“羞耻”，还有一个原因是，在古代经典文本的诠释史中，“耻”也多被解释为“羞耻”，这种用法至少可以追溯到汉代。如孟子曰：“人不可以无耻，无耻之耻，无耻矣。”① 汉代儒者赵岐注释说：“人不可以无所羞耻也，《论语》曰‘行己有耻’。”② 再如，朱熹注解说：“羞，耻己之不善也。恶，憎人之不善也。”③ 职是之故，本文会交替使用“耻”和“羞耻”两种表达方式。

“耻”或“羞耻”一般被学者置于社会学、心理学、人类学的议题下加以研讨，但我们需要强调的是，这种情感体验是人性结构的核心要素，是人的基本存在方式，当然也是一个重要的哲学伦理学论题。

其一，“耻”是作为行动主体的人实有诸己的德性或美德，其本质是自耻，即自我羞耻。羞耻感的发生机制是作为主体的

---

① 《孟子·尽心上》。

② 〔清〕焦循撰，沈文倬点校：《孟子正义》（下册），中华书局 1987 年版，第 885 页。

③ 〔宋〕朱熹撰：《四书章句集注》，中华书局 2012 年版，第 239 页。

人对自我意识的反思与内省，不同表现形态的羞耻感都必须以“转回自我”这个自我意识的觉醒为其发生之源。羞耻感属于自我感受的范围，而且常常呈现为一种精神上痛苦的不愉快感受。儒家哲学中的“慎独”“诚”“反求诸己”等修养工夫与羞耻在发生机制上具有相似性，都是对本真自我的内省和复归。由“行己有耻”的“己”所标识的自我羞耻是身心一体的纯粹感受，身体层面呈现的羞耻感与精神层面呈现的羞耻感是相互融通的。因为在儒家看来，人的精神和身体是融通为一的存在，精神的内容与身体的形态是一种相互涵摄、相互反映的关系，如孟子说：“君子所性，仁义礼智根于心，其生色也睟然，见于面，盎于背，施于四体，四体不言而喻。”① 以“仁”“义”“礼”“智”为标识的君子的良善本性是植根于内心的，由这种本性所生发出来的神色是纯和温润的，它表现在人的颜面、肩背、四肢上。羞耻感作为一种自我保护性感受，它所捍卫的不是主体的物质生活，而是其精神生活中对崇高人格与自我尊严的关切，或者说是在证明其人格尊严尚保存在由羞耻感所标识的道德本性中。如果说良心的原始根基是羞耻，那么在没有羞耻感的动物身上寻找类似于人类生活中比较复杂的羞耻现象则是徒劳的。

英国哲学家安斯库姆（G. E. M. Anscombe）批评西方现代道德哲学的失败在于它缺乏一种必要的道德心理学，如果我们在道德心理学上取得突破性进展，那么道德责任与道德义务以及道德评价上对“应当”“规则”的道德意识概念就可以抛弃了，

① 《孟子·尽心上》。

因为这些都是道德心理观念的残留之物或派生之物①。道德心理学主要研究与人的道德动机相关的某些心理活动，或者说它所关注的是如何在道德语境中分析与追踪人的心灵状态。所有与人类的“心”相关的，并且具有伦理道德意蕴的，在人类的道德生活中起到导向作用的心理与情感因素，都属于它的研究范畴。西方哲学的道德心理学研究主要围绕意愿与自由、意志自由与必然性而展开，中国哲学的道德心理学研究对象也是基于一些基本的核心观念，如“仁”“义”“乐”“勇”“信”“耻”，等等。羞耻感作为一种先天的道德心理与道德情感，与人之所以成其为人的人格尊严具有内在联系，它先于一切经验而植根于人性之内。所以，“耻”是人之所以成其为人的内在德性，从德性伦理学的角度对此观念进行考察，在与现代西方复兴的德性伦理学思潮之比较中，彰显儒家古典德性伦理学所具有的世界哲学意义。

其二，“耻”是修养工夫，在儒家修养工夫论中具有重要地位。工夫与境界是中国哲学的基源性问题，工夫的操持与境界的达成离不开体证，诚如熊十力所言：“吾平生主张哲学须归于证，求证必由修养，此东圣血脉也。”② 知耻是儒家哲学的重要修养工夫，闻过、改过、教化的关键是知耻，知耻使人意识到现实自我与理想自我之间的鸿沟，因为羞耻感的根源是价值之间的冲突。对真、善、美等正面价值的肯定与渴慕和对伪、恶、

① ［英］伊丽莎白·安斯库姆著，谭安奎译：《现代道德哲学》，见徐向东编：《美德伦理与道德要求》，江苏人民出版社 2007 年版，第 41~58 页。

② 熊十力：《新唯识论》，中华书局 1985 年版，第 691 页。

丑等负面价值的否定与拒斥构成冲突的基本形态，这种不平衡与不和谐是产生羞耻感的基本条件。由价值冲突所造成的人之生存上的意义危机，使得羞耻感所包孕的自我意识在转回自我的过程中，呈现出激烈的、痛苦的感受。它本身是一种炽烈的情感激荡，旨在提撕行为主体要具有足够的道德勇气去克服自我修养道路上的障碍，否定掉那部分不完善、不完整的自我，并要求人必须具有一种“向耻而在”的生存意识，这对道德人格的养成无疑具有基础意义。

知耻、尚耻是中国人特别重视的生活方式，通过对历代儒家“耻”观念的研究，彰显出儒家哲学最根本的殊胜处，即它是作为一种生活方式的实践哲学或引导性哲学。随着现代学科的划分与现代教育制度的确立，作为一种生活方式的哲学日趋专业化、技术化，促使个体内心发生转变的教化功能日渐式微。如学院派的儒家哲学不再像中国古代的儒家学说那样作为一种道德力量影响人的行为，而是成为一种被用来研究的专门化学问，采取专业化训练的方式使学习者获得关于儒学的相关知识，以及与职业化写作相关的治学方法。金岳霖对这种趋势早有预言，他说：“为了知识而建构起来的哲学甚至可以成为在八小时以内从事的职业，某些人据此把生活的某一侧面哲学化了，但是这一侧面依然是与一般生活分离着的。哲学家与人的有机联系似乎已经消失了。”①哲学与人的生活的分离是现代哲学的一个重要特征，哲学的教化功能被认知功能完全取代。从哲学发展的实际看，重提作为

① 金岳霖：《哲学与生活》，见王中江编：《中国近代思想家文库·金岳霖卷》，中国人民大学出版社 2015 年版，第 32 页。

一种生活方式的哲学就显得很有意义。

作为一种生活方式的中国古代哲学，具有引导、教化的精神修炼功能，在实现个人的自我转化和世界转化方面具有重要的理论意义与实践价值。就注重实践的哲学而言，哲学家必须提出一套完善的人性理论作为实践的基础。关于人性的哲学理论可以归入认知哲学的课题，按照石元康先生的说法，中国哲学尤其是儒家哲学的人性理论所要建立的是一种哲学的人性学(philosophical anthropology)①。其中，最具代表性的是孟子的“人性善”理论，“恻隐之心”“羞恶之心”“辞让之心”“是非之心”是“仁”“义”“礼”“智”之性的开端、萌芽或初始阶段。孟子说：“尽其心者，知其性也。知其性，则知天矣。”②在道德认知上，孟子以心善证明性善，并将四端之心“扩而充之”于具体的经验生活中，这说明儒家将道德认知与道德实践合二为一，形成了儒家哲学知行合一的基本性格。

其三，“耻”是道德情感，从情感哲学的角度研究“耻”观念的发展史，可以透视儒家哲学的情感特质。与西方理性主义哲学对理性或理智的重视相比，情感则由于长期被放置在感性经验的层面，被西方哲学家忽视甚至排斥。如康德认为情感是不可靠的，当其服从于必然性的理性权威而行动时才具有正面的道德价值。密尔同样否定道德情感的实践价值，认为只有对效用的理性计算才具有实践上的正面价值。由西方肇始的现

---

① 石元康：《引导性的哲学与认知性的哲学》，见贺照田主编：《后发展国家的现代性问题》，吉林人民出版社2002年版，第195页。

② 《孟子·尽心上》。

代性始终与人类的理性能力紧密结合在一起，以至于像韦伯（Max Weber）这样的社会学家直接将西方的现代化称为理性化，而情感则被认为是主观的、非逻辑的，缺乏客观的理性认知能力，完全不能揭示人类生存的意义。

在玛莎·纳思邦（Martha C. Nussbaum）看来，康德和密尔的近代自由主义道德理论都忽视了情感在人类道德生活中的重要性，她以恶心和羞耻两种情感为例，探讨了情感在政治和法律生活中的意义①。但纳思邦似乎倾向于认为羞耻是对人的脆弱性和不完美性的逃避，作为一种道德情感，它只会加剧自由主义社会的不平等和不宽容。美国当代哲学家施坦因博克（Anthony J. Steinbock）运用现象学方法研究了道德情感问题，他批判了作为整体的人是在理性与感性的二元论中被穷尽的那种陈旧观念，而是将道德情感理解为关于感受领域的经验。他认为，道德情感也具有独特的经验和明证性或被给予性结构，并且不可将其还原为其他种类的经验。但施坦因博克基本上将道德情感理解为代表人格间相互联结的那些情感，在他看来，所谓道德领域，仅仅是指表达了人类存在是人格间相互联结的共同存在，而不是仅仅关涉主体的内部组成。他指出：

> 不是道德行为指向“应该”支配人类行动的一系列规范，而是道德实践通过道德情感被揭示，正如我们下面会看到的，道德情感表明经验自身之内的规范构造和规范条

---

① ［美］玛莎·纳思邦著，方佳俊译：《逃避人性：恶心、羞耻和法律》，商周出版社 2007 年版。

> 例，并且在这个意义上是“规范的”。（通过诸如羞耻、负罪、信任、爱等）出现的规范的合法性源自在其中规范被给予的经验，源自在其中规范被经历的人格间的语域。①

人类不同于动物之处，就在于人类的实践活动是在道德情感中被揭示并得到起源的。他将羞耻描述为在揭示人类人格的诸意义的语境中的道德情感，生命和羞耻的关系是羞耻的核心。

在中国哲学中情感的地位则十分突出，尤其是在儒家哲学中，情感被儒家视为人的天然的、原初的存在方式。作为道德情感的羞耻感是人类本性中最原初的情感活动之一，不管哲学家如何看待它，它都不折不扣地影响并塑造了人的思想方式和生活方式，甚至可以说它在一定程度上影响了人类文明的进程。羞耻感作为与同情感、正义感同等重要的人类道德感，始终伴随着人类文明的进步，正如社会学家埃利亚斯（Norbert Elias）所言，羞耻感像行为合理化一样是人类文明进程的特征之一②。

其四，“耻”与人的存在方式具有内在关联，从存在论的视域分析人类的耻感意识是必要的。道德意识是人区别于禽兽的根本之处。孟子说：“人之所以异于禽兽者几希，庶民去之，君子存之。舜明于庶物，察于人伦，由仁义行，非行仁义也。”③

---

① ［美］安东尼·J. 施坦因博克著，卢盈华译：《道德情感的独特性》，《思想与文化》第 21 辑（2017 年）。

② ［德］诺贝特·埃利亚斯著，王佩莉、袁志英译：《文明的进程：文明的社会起源和心理起源的研究》，上海译文出版社 2009 年版，第 496 页。

③ 《孟子·离娄下》。

人类是具有“仁义”等道德意识与道德情感的存在，自觉地由内在于人心的“仁义”去过一种道德的生活是人类的天性。作为道德意识的“羞恶之心”即羞耻心，它同“恻隐之心”一样是“人皆有之”的，是人类道德意识的初始本源，正是基于此，孟子之后的儒家也一直重视对羞耻观念的探讨。如朱熹强调："耻便是羞恶之心。人有耻，则能有所不为。今有一样人不能安贫，其气销屈，以至立脚不住，不知廉耻，亦何所不至!"① “羞恶之心”是人类道德行为的真正源泉与动力，羞耻意识的自发性、先天性为人类道德生活的可能性与必要性奠定了基础。

其五，在儒家典籍中，“耻”不仅是一种人之所以成其为人的内在美德、士人出仕为政的关键要素，而且被描述为一种塑造良善政治的统治手段，耻可以说是国家政治伦理生活的重要组成部分，具有重要的政治意涵。所以，在古代中国的语境中，羞耻往往被视为连接道德与政治、德性与行动、个人与国家的关键点②。培养百姓的道德耻感是实现良善政治的基础，孔子说：“道之以政，齐之以刑，民免而无耻；道之以德，齐之以礼，有耻且格。”③ “耻”在《中庸》中，不仅是个体美德，更是“天下”这一伦理—文化共同体之“达德”，关乎天下国家的长治久安，“知耻”也由此成为“治天下国家”的一种必要

---

① 〔宋〕黎靖德编，王星贤点校：《朱子语类》卷第十三，中华书局 1986 年版，第 241 页。

② 陈丹丹：《美德、行动与为政之道——中国早期思想中的“耻”》，《思想与文化》第 28 辑（2021 年）。

③ 《论语·为政》。

德性。管子视“耻”“礼”“义”“廉”为“国之四维”，将它们当作治国理政的重要方略与统治手段，汉代儒家对廉耻与统治手段相关性的论述亦颇多。明清易代之际，儒家士大夫以明遗民身份在国耻家恨的情感苦痛中砥砺自我，如顾炎武在《日知录》中对廉耻进行了详细论述，提出“士大夫之无耻，是谓国耻”的说法，将士人的个人之耻与国家的集体之耻统一起来。顾炎武在评价管子的“四维论”时说：

> 然而四者之中，耻尤为要。故夫子之论士，曰：“行己有耻。”孟子曰：“人不可以无耻，无耻之耻，无耻矣。”又曰：“耻之于人大矣，为机变之巧者，无所用耻焉。”所以然者，人之不廉而至于悖礼犯义，其原皆生于无耻也。故士大夫之无耻，是谓国耻。吾观三代以下，世衰道微，弃礼义，捐廉耻，非一朝一夕之故。然而松柏后凋于岁寒，鸡鸣不已于风雨，彼昏之日，固未尝无独醒之人也。①

礼、义、廉、耻是国家实现政治清明的基本纲领，顾炎武认为四者之中最重要的是耻，如果连士大夫群体也没有羞耻心，那么这就可以被视为“国耻”，此乃世衰道微的表征。顾炎武希冀通过“知耻近乎勇”的奋进唤醒不知廉耻、自我沉沦的士人群体，赓续华夏文化，恢复汉人政权。

概而言之，目前中外哲学界对中国古代儒家“耻”观念的

---

① 〔清〕顾炎武著，〔清〕黄汝成集释，栾保群、吕宗力校点：《日知录集释》卷十三，上海古籍出版社 2014 年版，第 303~304 页。

整体研究还很薄弱，所以，加强对此观念的进一步研究是必要的。研究题材与研究方法相得益彰才能收到事半功倍的效果，从观念史视域研究儒家的“耻”观念是最合适的致思进路。以上是笔者对作为儒家哲学基本问题的“耻”观念之来龙去脉所作的概述，接下来将通过对中国古代儒家“耻”观念的系统梳理、哲学分析与理论建构，力图全面澄清传统儒家“耻”论的历史脉络和哲理意涵。

第一章　知罪向知耻的转变：孔子对儒家知耻伦理的奠基

上古初民生活在一个人神杂糅的泛宗教化与神学化时代，殷商时期中国古人的原始宗教信仰相当强烈，与原始宗教信仰相伴而生的罪感意识控制着人们的政治生活与精神生活，在《诗经》《尚书》中这种面对人格神的罪感意识十分普遍。“绝地天通”之后，尤其在西周初年出现了一种“敬德”“明德”的人文主义思潮，徐复观称之为“人文精神的跃动”①。周公正式割断了人神之间的血缘纽带，认为超越的天命与世俗政权之间的关系是：“皇天无亲，惟德是辅。”② 儒家创始人孔子继承了周公制礼作乐的人文精神传统，深入开掘人的内在道德，相信人的理性精神和道德主体意识，轻“罪”重“耻”的耻感意识在《论语》中不断得到反复申述。由儒家文化奠定的耻感意

① 徐复观所谓周初“人文精神的跃动”，主要是指中国文化由宗教精神向人文精神发生的一个大转向，这种人文精神的重要特质是它具有普遍的道德属性，这一跃动或转向奠定了中国文化的基本性格。参见徐复观：《中国人性论史·先秦篇》，见李维武编：《徐复观文集》（修订本）第三卷，湖北人民出版社2009年版。

② 《尚书·蔡仲之命》。

识逐渐完成了对罪感意识的超越，成为中国文化的重要特质，塑造了中国人知耻、尚耻的民族性格。罪感意识和耻感意识分别是知罪伦理和知耻伦理的道德基础，古代中国原始宗教信仰下知罪伦理向以孔子为代表的先秦儒家人文精神下知耻伦理的转变，反映了先秦儒家对以知耻为标志的内在道德意识的形塑和道德主体性的高扬。其意义在于确立了伦理道德的真正根基，即道德行动的根本动力并非来自外部的宗教信仰和社会强制，而是植根于人自身内心深处所具有的道德意识和道德本能。

第一节　耻感文化与罪感文化

美国文化人类学家本尼迪克特在二战后，出版了研究日本社会的专著《菊与刀》。她运用文化人类学的方法，将日本的文化特征总结为“耻感文化”，将西方的文化特征总结为“罪感文化”。“耻感文化”和“罪感文化”的不同主要表现在个体遵守伦理规范与道德准则的动力方面，前者来自外部的社会强制力，后者则来自内在的道德自我。

一、耻感、罪感与自律、他律

本尼迪克特所谓“罪感文化”，是指建立一种绝对的道德准则并依赖它促进人们良心发展的社会类型的文化，处于这种社会文化中的人，即便没有犯罪，也会对自身的不妥当行为感到羞耻与懊恼，犯了罪的人则可以通过坦白、忏悔、赎罪来减轻内心的负担。在“耻感文化”中，坦白、忏悔、赎罪并不会使饱受耻感者感到解脱，但是如果自己的不妥当行为没有公开暴露于社会大众面前，就不必羞耻与懊恼，因此，在这种文化中没有面对超越者而自我忏悔的习惯。本尼迪克特说：“真正的耻感文化依靠外部的强制力来做善行。真正的罪感文化则依靠罪恶感在内心的反映来做善行。羞耻是对别人批评的反应。”① 羞耻感的发生必须有他者的“在场”，正是他者的“在场”才会使行为者感觉到自己被公开讥笑、批评与排斥，行为者会被迫意识到自己的行为与社会共同体的公共价值是背道而驰的，从而产生伴随着自卑与懊悔情结的羞耻感受。羞耻感在产生遵循道德准则的道德行为的动力方面是较弱的，它只能被归类为一种他律性的道德意识，甚至不应该被纳入道德体系，因为真正构成道德体系的道德内容必须满足道德自律、道德自主的要求，源出于道德自我的自主决断才能称得上是真正的道德活动。但日本人将羞耻感纳入道德体系，并认为知耻为德行之本，知耻的人就是有道德的人、有荣誉感的人。本尼迪克特确信地认为：“耻感在日本伦理中的权威地位与西方伦理中的‘纯洁良心’‘笃信上帝’‘回避罪恶’的地位相等。”② 羞耻感在日本社会中对个体具有重要的价值导向作用，但这种羞耻感又完全根源于社会的外在强制力，这就使得日本人极为重视社会对自身价值的评价。

---

① ［美］鲁思·本尼迪克特著，吕万和等译：《菊与刀——日本文化的类型》，商务印书馆 1990 年版，第 154 页。

② ［美］鲁思·本尼迪克特著，吕万和等译：《菊与刀——日本文化的类型》，商务印书馆 1990 年版，第 155 页。

“耻”是外在的，还是内在的呢？即它是完全依靠外在的社会压力而产生，还是从内在“自我”转出的呢？另一位美国人类学家克里斯托弗·博姆（Christopher Boehm）在研究道德的起源问题时，也认为亚洲人比西方人更容易产生羞耻感而不是内疚感或罪恶感，因为信奉儒家思想的人更重视羞耻感所标识的某种外在的东西，如“面子”“荣誉”等①。这些西方学者在有关儒家羞耻文化的研究上出现了一个共同错误，即他们只看到耻感的他律性，没有认识到耻感的自律性，而后者才是耻感的本质。在本尼迪克特和博姆的论述中，羞耻是依靠外在的强制力或社会压力而产生的，这种他律性的道德意识自然要比自律性的罪感在产生道德行为的动力效果上要弱一些，耻感自然就被归于道德意识的低级阶段。

二、争议及其批评

本尼迪克特的上述观点，遭到中外学者的质疑。李泽厚先生就认为：“因为西方文化被称为‘罪感文化’，于是有人以‘耻感文化’（‘行己有耻’）或‘忧患意识’（‘作易者其有忧患乎’）来相对照以概括中国文化。我以为这仍不免模拟‘罪感’之意，不如用‘乐感文化’更为恰当。”② 李泽厚没有正面阐释何为“耻感文化”，以及对这种分判方法的详细评价，而是

---

① ［美］克里斯托弗·博姆著，贾拥民、傅瑞蓉译：《道德的起源——美德、利他、羞耻的演化》，浙江大学出版社 2015 年版，第 23 页。

② 李泽厚：《中国古代思想史论》，生活·读书·新知三联书店 2008 年版，第 328 页。

针锋相对地提出自己的“乐感文化”说。他用“乐感文化”来概括中国文化的特质，认为“乐”最能反映中国人的人生哲学与生活信念，并在哲学的高度上指出“乐”在中国哲学中具有本体的意义，它是达致“天人合一”境界后呈现出来的某种精神状态。在李泽厚看来，“耻感”有模拟“罪感”的嫌疑，但他所谓的“乐感”又何尝没有模拟“罪感”的嫌疑呢？我们不妨将文化所表征的意识与心理特质称为文化的意识结构，它是指作为一个具有地方性、民族性与时代性的文化类型所体现出来的整体特质，这一特质浸润了族群的生活样式以及对于世界的认知判断与价值思考，罪感意识、耻感意识、乐感意识、忧患意识等都是其具体形态。笔者认为“耻感”与“乐感”并不互相排斥，而是从不同视角概括了中国文化诸多特质中的某一个方面，“耻感”反映了中国人对道德生活的敬重，“乐感”则揭示了中国人“乐而不忧”的生活智慧与审美取向。

金耀基先生也批判了本尼迪克特对“耻感文化”与“罪感文化”的区分，他认为可以将中国文化称为“耻感文化”，但不必是“shame culture”。他特别指出：“把中国文化认定为 shame culture 是对儒家文化之一种‘偏缺的概念化’。”① 此种分判未必能够把握儒家文化或中国文化的整体特征。他分析了“耻”观念的文化意义及其对中国人行为方式的影响，进而认为“耻”与“面”有 shame 的他律意蕴，也有 guilt 的自律内涵，从塑造中国人所倾慕的君子人格与圣贤人格上看，它具有重要的伦理

① 金耀基：《“面”、“耻”与中国人行为之分析》，见《金耀基自选集》，上海教育出版社 2002 年版，第 130 页。

道德价值，而且可以为中国人提供一种奋发向上的精神动力，这对中国的现代化是极为有益的。日本思想史家森三树三郎在《名与耻的文化——中国、日本、欧洲文化比较研究》中，认为“耻感文化”的真正发源地是中国，并指出：“在基督教有神论有力支配的欧美，罪的意识成为道德的基础。在泛神论及无神论支配的中国与日本，耻的意识成为道德的基础。”① 德国哲学家艾伯哈特（Johann August Eberhard）对此也有提醒，他认为在传统中国社会中，中国的知识精英们有很强烈的耻感意识，但它不是西方传统中那种“非道德性的耻”（amoral shame），恰恰相反的是，“耻”在儒家文化中是一个道德的观念。在本质上，中国的“耻”观念与西方的“罪”观念具有相同的道德意义②。万百安（Bryan Van Norden）通过考察孟子对待羞耻的态度，引申出的重要结论是，较之古希腊，古代中国文化更加是“耻感文化”③。

德国汉学家罗哲海（Heiner Roetz）也认为“罪感文化”与“耻感文化”的区分不适用于中国古代伦理学的重构，因为在中国人的思维中，既不缺乏罪感意识，而且耻感意识也不全然是他律性的道德意识。他将儒家的羞耻感区分为三种基本类型：受他

① ［日］森三树三郎著，王顺洪编译：《名与耻的文化——中国、日本、欧洲文化比较研究》，《中国文化研究》1995年第2期。

② 金耀基：《“面”、“耻”与中国人行为之分析》，见《金耀基自选集》，上海教育出版社2002年版，第130~131页。

③ ［美］万百安著，安鹏译，张琼校：《孟子思想中的羞恶之心与义之德性》，见赖区平、陈立胜编：《羞恶之心：多维视野下的儒家古典观念研究》，商务印书馆2022年版，第164~200页。

人议论的、由外部制约而造成的羞耻感；并非受当下议论左右，而是将传统社会的习俗与规范内在化之后所触发的羞耻感；与他人或社会的期待无关，全然基于自我的理想设定而生成的羞耻感①。“耻”与个人的自尊或某种理想的道德人格相关联，它是自尊已经受到伤害或潜在伤害的一种内心反应，正是基于此，在儒家经典以及轴心期的其他中国古代文献中，一般都对“耻”给予了正面的评价。罗哲海强调儒家的“耻”观念绝不是一种本尼迪克特所认为的仅仅作为道德他律性的观念，并援引科尔伯格后习俗伦理学的相关说法认为，相对于后习俗道德规范，作为一种独立自尊而非将他律性的社会伦理规范内在化的羞耻感，在导向道德行为方面具有和罪感相同的动力作用。但他又强调羞耻感和基于罪感而产生的严峻诫命之下的伦理道德不同，羞耻感可以导向一种自我尊重与相互尊重的伦理学。由此看来，羞耻感不仅在产生道德行为方面具有和罪感相同的动力作用，而且可以产生更多的伦理价值。

第二节　知罪伦理：《诗经》《尚书》中的罪感意识

自文化人类学家本尼迪克特于20世纪中期提出“罪感文化”和“耻感文化”说之后，学者们常以耻感意识和罪感意识

① ［德］罗哲海著，陈咏明、瞿德瑜译：《轴心时期的儒家伦理》，大象出版社2009年版，第228页。

来分判中西伦理学以及中西文化的差异，认为古代中国的伦理学奠基于以耻感为标志的道德意识，而西方伦理学则奠基于以罪感为标志的道德意识。但在古代中国文化发展初期的原始宗教阶段，也有以罪观念为标志的罪感意识，不过没有西方那种原始罪恶之说，而且古代先民文化精神中的罪恶感要比西方基督教轻微许多。西周之前，笼罩在原始宗教文化氛围下的“罪”作为一种宗教道德意识支配着古人的精神世界，指导着他们的现实生活。这种呈现为宗教道德的“罪”与西方基督教文化中的“罪”具有某种程度的“家族相似性”，这种“罪”既是宗教意义上的sin，也是作为法律惩罚对象的crime guilt。在中国古代原始宗教文化中，前一种意义上的“罪”占主导地位，它是因对作为人格神的“天”“帝”或“上帝”的意志的违背，而降之于人自身的一种不可逃匿又需要救赎的“情意结”。但它又与西方基督教的“原罪”论有区别，原罪具有普遍性，是人人与生俱来的，而古代中国原始宗教中的“罪”常指向特殊的对象，其对象往往是君王等执政者，即所谓“天视自我民视，天听自我民听。百姓有过，在予一人，今朕必往”①。百姓所犯的过错为何要归罪于君王呢？因为君王等执政者的施政措施如果违反民意，上天就会惩罚他们，违背上天的意志是一种“罪”，《诗经》《尚书》中的罪感意识就极为浓郁。

一、西方宗教中的罪感意识

在西方基督教一神论的背景下，“罪”起源于对神之命令的

---

① 《尚书·泰誓中》。

违抗，罪感意识作为一种宗教意识成为西方人现世道德的基础，因为道德行为与道德评价的基础是人性的堕落、人的完满性的丧失，基督教伦理学正是在这个方面揭示了作为法律之善的无能为力。人是有原罪的，《圣经》中并没有关于原罪的明确定义，但经过神学家奥古斯丁（Saint Augustine）的发挥与充实，原罪论遂成为基督教的重要教义之一。奥古斯丁说：“谁能告诉我幼时的罪恶？因为在你面前没有一人是纯洁无罪的，即使是出世一天的婴孩亦然如此。”① 新出生的婴孩怎么可能有罪恶呢？这在儒家看来是毫无根据的，孟子就斩钉截铁地声称：“人之所不学而能者，其良能也；所不虑而知者，其良知也。孩提之童，无不知爱其亲者；及其长也，无不知敬其兄也。”② 良知是人与生俱来的，人性是本善的，罪恶不是先天的。

在基督教文化中，作为造物主的上帝是神圣的，包括人在内的被造物在面对神圣的上帝时会产生一种直接的自我贬抑的感受，其所贬抑的对象不仅是自我，还包括自我所属的种族。这种感受不遵循任何规则，也不建立在深思熟虑之上，似乎是从心灵中自然流露出来的。这种自我贬抑的感受不是那种触犯社会伦理规范的感受，正如德国基督教神学家奥托（Rudolf Otto）所言：“此种违犯（凡在其发生处）要牵涉到作为一种结果的感受：它是那种绝对‘亵渎’的感受。”③ 对作为价值范畴的

① ［古罗马］奥古斯丁著，周士良译：《忏悔录》，商务印书馆1996年版，第10页。

② 《孟子·尽心上》。

③ ［德］鲁道夫·奥托著，成穷、周邦宪译：《论“神圣”：对神圣观念中的非理性因素及其与理性之关系的研究》，四川人民出版社1995年版，第60页。

神圣的上帝的亵渎是自然人无法想象的，它似乎是与生俱来的，由之所产生的羞愧、自卑、恐惧等自我贬抑性感受，便是与原罪意识相伴而生的一种痛苦意识，而又要求超拔出去的自我精神感受。西方基督教的原罪植根于幽暗的人性之中，所以才需要上帝的救赎。

原罪观念是抽象的，游离于人的现实生活之外，加之对人性本善的否定，使得西方文化在罪感意识之外又衍生出一种张灏先生所谓的“幽暗意识”①。他认为西方的幽暗意识是发自对人性中或宇宙中原始的种种黑暗势力的正视和省悟，因为这些黑暗势力根深蒂固又不可拔除，导致现实世界中的种种残缺与不圆满，所以人的生命才有种种丑恶与遗憾。这种具有悲观基调的幽暗意识，容易使人产生一种特殊的心理镜像，即人生与宇宙都深陷由黑暗、缺陷、遗憾所建构的牢笼之中。

二、《诗经》《尚书》中的罪感意识

反观古代中国，尤其是夏和殷商时期，中国人的宗教信仰与宗教意识也很浓烈。正如冯友兰先生在《中国哲学史》中所言，夏、商以后中国古人的“天”“帝”“上帝”观念便是典型的一神论，但多神论并未彻底退出先民的观念世界。陈来先生在谈到殷人的宗教信仰时，认为殷人的宗教信仰已不是单纯的泛灵论或万物有灵论，而是多神论或多神教的形态②。在多神论

① 张灏：《幽暗意识与民主传统》，四川教育出版社 2013 年版，第 4 页。

② 陈来：《古代宗教与伦理：儒家思想的根源》，生活·读书·新知三联书店 2009 年版，第 124 页。

的信仰体系中，众神之间有着较为严格的等级秩序，殷商的“天”“帝”“上帝”是超越者①，居于众神之上，处于金字塔的顶端。在原始宗教阶段，古代中国文化中也有罪恶的观念，但没有西方那种植根于人性的原始罪恶之说，而且古代先民文化结构中的罪恶感要比基督教轻微许多。这是因为经过儒家思想的洗礼，中国文化特别强调对现实的生命欲望与生命价值的肯定。

就古代中国伦理学的发展脉络而言，基于原始宗教信仰而起的罪感意识在先民的道德生活中占据着重要位置。日本学者森三树三郎指出，笼罩在原始宗教氛围下的古代中国文化具有突出的罪感意识，这种罪感意识是人面对天神而产生的宗教性意识。至孔子前后，天神的人格神色彩日趋淡化，与之相伴随的是罪感意识也失去了道德意义②。德国汉学家罗哲海也指出，最早的中国伦理学说是一种明显的以“知罪”为特征的伦理学，这种知罪伦理形成于公元前第一个千年里，而后被先秦儒家以“知耻”为特征的伦理学取代。罗哲海说：

> 儒家学说主要提倡的是一种“知耻”的伦理学，而非“知罪”的伦理学，但是这并不意味罪孽感并未在其中扮演

---

① 中国先秦文献中所谓的超越者没有一定的尊名，有时称天、皇天、昊天、帝、天帝、上帝、昊天上帝、皇皇后帝，等等。总而言之，天神的尊称非皇则帝。参见丁山：《中国古代宗教与神话考》，上海书店出版社 2011 年版，第 179 页。

② ［日］森三树三郎著，王顺洪编译：《名与耻的文化——中国、日本、欧洲文化比较研究》，《中国文化研究》1995 年第 2 期。

> 任何角色。与一般论点相反的是，早在公元前第一个千年里，中国人由“知罪”转为“知耻”的发展线索即清楚地显现出来了。①

但罗哲海只是给出了一个主观的论断，并没有清晰地将这个发展线索梳理出来，古代中国人是如何从“知罪”伦理学转向“知耻”伦理学的呢？通过对具体文献的梳理与论证，我们将会看到古代中国人道德观念的大变革，孔子“行己有耻”的知耻伦理学在这场道德文化变革中所起到的重要作用，以及轴心时期以孔子为代表的先秦儒家对内在道德意识的形塑和道德主体性的高扬。

司马迁说孔子以《诗经》《尚书》和礼乐教育弟子，致力于培养道德人格和政治才能兼备的儒家君子，希冀他们通过参与社会教化和国家治理的方式扭转礼崩乐坏的时局，实现天下和美的社会理想，这也是传统儒家治国、平天下的“外王”理想。《诗经》《尚书》早在孔子之前就已经是流传广布的经典作品，这两部古书最能反映先民的现实生活和精神世界。孔子曾以《诗经》作为教育儿子的基本教材，他认为谈吐言辞能反映一个人的修养，故对儿子孔鲤说：“不学诗，无以言。”② 晚年的孔子更是劳心费神地删订《诗经》《尚书》，可见他对这两部古书的重视。在这两部古代典籍中，我们发现，与作为人格神

---

① ［德］罗哲海著，陈咏明、翟德瑜译：《轴心时期的儒家伦理》，大象出版社 2009 年版，第 224 页。

② 《论语·季氏》。

的“天”相对的“罪”字出现的频率远远高于“耻”字，表明这一时期“知罪”伦理的倾向性相当明显。统计结果如下表所示：

观念类型	《尚书》	《诗经》
耻	《说命中》《说命下》各1次，共计2次。	《蓼莪》《宾之初筵》各1次，共计2次。
罪	《舜典》《大禹谟》《汤诰》《盘庚上》等，共计52次。	《十月之交》《雨无正》《小弁》等，共计14次。

如《尚书》记载了商汤征诛夏桀和周武王孟津会盟诸侯的誓词，出现了与上帝、天罚相对的“罪”的观念，誓词曰：

> 王曰：“格尔众庶，悉听朕言。非台小子敢行称乱。有夏多罪，天命殛之。今尔有众，汝曰：‘我后不恤我众，舍我穑事，而割正夏？’予惟闻汝众言，夏氏有罪。予畏上帝，不敢不正。”①
>
> 天佑下民，作之君，作之师，惟其克相上帝，宠绥四方。有罪无罪，予曷敢有越厥志？同力度德，同德度义。受有臣亿万，惟亿万心；予有臣三千，惟一心。商罪贯盈，天命诛之；予弗顺天，厥罪惟钧。②
>
> 予小子夙夜祗惧。受命文考，类于上帝，宜于冢土，

① 《尚书·汤誓》。

② 《尚书·泰誓上》。

以尔有众，底天之罚。天矜于民，民之所欲，天必从之。尔尚弼予一人，永清四海。①

孔颖达注释说："天爱下民，为立君立师者，当能佑助天意，宠安天下，不夺民之财力，不妄非理刑杀，是助天宠爱民也。"②殷商时期的"上帝"是一种至上神，但不是基督教创世的上帝，这种至上神能主宰人间事务。它佑助天下万民，为万民选立君王和百官，经上帝选定的人在至上神的佑助下安定四方。

就人神关系而言，"以祖配天"的观念在当时已经普遍存在，这说明殷商时代的神与人之间的位格间距并没有西方宗教那样大。神意与人意相谐和是古代中国原始宗教的理念基点，所以，唐君毅认为："以人神之距离少，故在中国古代宗教思想中，于神意及人意亦恒视为不相违反者。"③如果人意违反神意，便生出罪恶感。商纣王是否有罪，根据在于他是否违背了上帝选立他为君王造福万民的初衷，如果商纣王违背了上帝的意志，做出残害百姓的事情，则商纣王罪不可赦，上帝便下达诛杀纣王的命令。周武王若不执行上帝的命令，则同样是有罪的。因此，武王伐纣是顺应上帝的意志，与万民一道惩罚纣王，这便是所谓的"天之罚"。舜的司法大臣皋陶谟也有类似告诫之语："天命有德，五服五章哉！天讨有罪，五刑五用哉！政事懋哉！

---

① 《尚书·泰誓上》。

② 《尚书正义》，见〔清〕阮元校刻：《十三经注疏》（清嘉庆刊本），中华书局 2009 年版，第 383 页。

③ 唐君毅：《中国文化之精神价值》，广西师范大学出版社 2005 年版，第 24 页。

懋哉！天聪明，自我民聪明，天明畏，自我民明威。达于上下，敬哉有土。”① 孔安国注曰：“言叙典秩礼，命德讨罚无非天意者，故人君居天官，听政治事，不可以不自勉。”② 《尚书》中这种“天讨有罪”的政治伦理随处可见。

再如，《诗经》中也频繁出现与天神之惩罚相对的“罪”的观念，其言曰：“旻天疾威，天笃降丧。瘨我饥馑，民卒流亡。我居圉卒荒。天降罪罟，蟊贼内讧。昏椓靡共，溃溃回遹，实靖夷我邦。”③ 孔颖达注疏说：“比天之王者，又厚下与民丧乱之教，而病害我国中以饥馑，令国中之民尽流移而散亡。以此故令我所居中国至于四境边陲，民皆逃散而尽空虚，是王暴虐所致之。”④ 君王滥施暴虐之政，违背天神之意志，获罪于天，“天降罪罟”，百姓深受其害。所以，我们说古代中国原始宗教中的“罪”常指涉的特殊对象是君王等执政者。

傅斯年认为，殷商的上帝是部落的“宗神”，周人又以殷商的宗神为自己的宗神，他说：“古来一切称帝之神王皆是宗神（tribal gods），每一部落有其特殊之宗神，因部落之混合，成为宗神之混合，后来复以大一统思想之发达，成为普遍的混合。”⑤

---

① 《尚书·皋陶谟》。

② 《尚书正义》，见〔清〕阮元校刻：《十三经注疏》（清嘉庆刊本），中华书局2009年版，第292页。

③ 《诗经·召旻》。

④ 《毛诗正义》，见〔清〕阮元校刻：《十三经注疏》（清嘉庆刊本），中华书局2009年版，第1247页。

⑤ 傅斯年：《性命古训辨证》，见欧阳哲生主编：《傅斯年全集》（第二卷），湖南教育出版社2003年版，第570页。

傅斯年的说法值得商榷，部落的、种族的宗神与上帝神还是有区别的，帝或上帝是一种超越宗神的普遍存在的至上神，是众神之首。“帝”与“天”经常互用，以徐复观所见，帝表现出其作为至上神的人格性一面，天则具有此人格神所居之空间世界的意蕴。殷人的上帝不仅像人间君王一样可以发号施令，而且有居所，陈梦家指出：“殷人的上帝或帝，是掌管自然天象的主宰，有一个以日月风雨为其臣工使者的帝廷。”①“天降罪罟”的“罪”显然对应于具有人格神色彩的天的惩罚，是违反天神之命令的意识，类似于基督教的“罪”来自于对上帝命令的违背。森三树三郎也意识到这个关键点，他在强调古代中国原始宗教背景下的罪感问题时指出：“在中国，罪的概念本来就意味着‘对天神命令的违反’，中国人自古就崇拜天神。”②但他没有注意到的是，《尚书》《诗经》中的“罪”与基督教的“原罪”不同之处在于，原罪是普遍存在的、人人与生俱来的，需要个体通过信仰上帝才能得到救赎，而殷商原始宗教中“罪”的对象则往往指向君王等执政者，罪明显具有特定的对象，并非针对普遍的个体。

《尚书》《诗经》中频繁出现的罪感意识正是殷商时代原始宗教的衍生物。这种罪感意识充满道德的义愤，具有很强的社会伦理作用，成为汤武革命式新生政权铲除旧政权、匡扶社会正义的道义基础。随着西周时期“人文精神的跃动”，天的至上

① 陈梦家：《殷虚卜辞综述》，中华书局1988年版，第580页。

② ［日］森三树三郎著，王顺洪编译：《名与耻的文化——中国、日本、欧洲文化比较研究》，《中国文化研究》1995年第2期。

神、人格神色彩逐渐淡化，但并没有完全消失，如《论语》有言：“王孙贾问曰：‘与其媚于奥，宁媚于灶，何谓也？’子曰：‘不然。获罪于天，无所祷也。’”① 冯友兰认为《论语》中孔子所说的天皆是主宰之天，虽不尽然，但这里的天确实具有人格神的主宰义项。然而，就援引宗教意识发展道德哲学而言，孔子是相当谨慎的，在更多的情况下，他认为天是不说话的，即所谓：“天何言哉？四时行焉，百物生焉，天何言哉？”② 亦即意味着在天不发布命令时，宇宙万物已然秩序井然。所以，在孔子的思想世界中，天更多地具有了道德的、义理的内涵，这种思想观念革新了古代中国人的世界观和道德观。

无论是在西方基督教抑或古代中国原始宗教信仰背景下，宗教文化所强调的不仅仅是个体品格的缺陷与恶的观念，而且更为重视的是违抗天神的意志、命令与罪的观念，罪感意识是对神的意识，它在本质上是一种宗教意识。耻感意识则是对纯粹道德自我或自我与他者关系的伦理规范意识，在本质上它是一种个体道德意识和社会伦理意识。从整体上看，殷周之际的中国文化摆脱了原始宗教意识的束缚，浸润着人文的、教化的、理性的人文精神取代了初期的宗教意识，儒家“人文教”中的罪感则多与违背律法的刑罚相对应，违背天神意志或命令的罪感逐渐淡化。此“人文教”之“教”不是宗教意义上的“教”，而是人文教化意义上的“教”，即以如何“成人”为教旨，尤其强调道德人格的养成问题，以培养君子这一最基本的人格典范为目的。

---

① 《论语·八佾》。

② 《论语·阳货》。

概而言之，殷商时期的统治阶层是很残暴的，不以人为目的，而是视之为可以任意宰杀处置的对象。周朝对殷商的革命不仅是政权的革命，而且是文化与制度的革命。所以，王国维先生说："殷、周间之大变革，自其表言之，不过一姓一家之兴亡与都邑之移转；自其里言之，则旧制度废而新制度兴，旧文化废而新文化兴。"① 以殷商为代表的宗教文化向以周朝为代表的道德的人文精神之文化转移，便成为中国古代文化演进的一个基本趋势。上帝、天、鬼神对现世人间的主宰力量不断弱化，政权转移以及社会政治清明与否越来越和统治者自身的德性相关涉，如春秋时期政治家宫之奇云："鬼神非人实亲，惟德是依。"② 至上神褪去人格色彩，转化为作为意义与价值实体的"道"与"天道"，这不仅是宗教变革，也是周人思想世界中道德观念的变革。儒家的道德哲学并不奠基于原罪观念，但儒家对道德责任的重视却从未阙如，其原因在于儒家强调反求诸己式内省的必要性，只有诉诸内在自我的反省、觉解，以及具体的修身工夫，道德责任才可能得到妥善的安排。而羞耻感就是一种返回自我的内省意识，它的出现意味着行为主体在进行严厉的自我审查，必然要否定具有过错的那部分自己，在改过迁善的过程中实现自我转化与自我革新，这体现了以作为一种生活方式的儒家哲学为核心的中国哲学所具有的引导性功能。

---

① 王国维：《观堂集林》，见谢维扬、房鑫亮主编：《王国维全集》（第八卷），浙江教育出版社、广东教育出版社 2009 年版，第 303 页。

② 《左传·僖公五年》。

第三节 知耻伦理：《论语》人文精神中的耻感意识

孔子继承并深化了周朝的礼乐文化，开创了以人文教化为主旨的儒家学派。儒家的人文精神以超越的天道、天命下贯而内在于人的仁义之善性为价值理性，以礼乐之教、礼乐之治为实用理性，人类秉持其理性精神参与到宇宙生化的进程之中，通过自身的实践创造活动来揭示存在的意义，这是儒家或中国式人文主义的独特之处。沈清松先生之所以将中国的人文主义称为创造性的人文主义（creative humanism），是因为他也认识到西周之后的中国哲学极为强调人类在其历史性之展开过程中，所应尽的主体创造性及其责任①。从《尚书》《诗经》等古典文献中可以看出，中国古代先民对“耻”的重视程度不如“罪”，那么“耻”观念是从何时被重视起来的呢？陈少明先生认为对“耻”及羞耻心的重视至少从孔子开始②。

一、“行己有耻”：“耻”是内在德性

有些并不真正精通儒家道德哲学的西方哲学家，往往对孔子的道德学说持一种贬抑的态度，如黑格尔（G. W. F. Hegel）就认为孔子的思想完全是一种常识性的道德说教，“只有一些善

① 沈清松：《儒家的历史源头：政治神学的衰落与创造性人文主义的兴起》，见《返本开新论儒学：沈清松学术论集》，孔学堂书局 2017 年版，第 219 页。

② 陈少明：《关于羞耻的现象学分析》，《哲学研究》2006 年第 12 期。

良的、老练的、道德的教训”①，并批评说孔子的常识性道德基本上是一些毫无出色之点的东西，没有深刻的思辨性。这显然是黑格尔对孔子道德哲学的误解。通过对《论语》中孔子知耻伦理思想的阐释，我们可以看到孔子的道德哲学不仅仅是一些常识性的道德教训，更是有其思辨的理性精神与深刻的人性洞见。

孔子真正将道德实践的动力因归于内在的道德自我，他关注的是道德行动的主体所具有的美德或德性问题，“耻”在孔子的思想世界中是一个内在的德性概念。美国学者芬格莱特（Herbert Fingarette）将《论语》中的“耻”归于外在的说法是没有根据的，芬格莱特比较了《论语》中的“耻”观念与西方的“罪”观念，他也认为儒家的“耻”不同于西方的“罪”，并且承认“耻”是一个道德的概念，代表一种道德的状况或道德的反应。但他又指出，与“耻”相应的道德关系是由“礼”所规定的地位和角色的关系，违背“礼”所规定的地位和角色都会引发羞耻感，基于此，他认为“耻”是外在的，不像“罪”那样是一种对于内在堕落的抗拒以及自我谴责。他强调：“孔子关于耻的概念是一个真正的道德概念，但它更加倾向于以礼为中心的道德，也就是传统礼仪所规定的社会行为，而不是倾向于一个人存在的内在核心——‘自我’。”② 芬格莱特之所

① ［德］黑格尔著，贺麟、王太庆等译：《哲学史讲演录》（第一卷），上海人民出版社 2013 年版，第 118 页。

② ［美］赫伯特·芬格莱特著，彭国翔、张华译：《孔子：即凡而圣》，江苏人民出版社 2002 年版，第 30 页。

以认为“耻”作为一种道德概念是外在的，而不是从内在“自我”转出的，是因为他没有认识到孔子所论述的“礼”背后有一个“仁”的存在。

郭沫若先生在《十批判书》中论定：“‘仁’字是春秋时代的新名词，我们在春秋以前的真正古书里面找不出这个字，在金文和甲骨文里也找不出这个字。这个字不必是孔子所创造，但他特别强调了它是事实。”① 随着地下考古材料的不断问世，学者们普遍认为“仁”的起源时间可以追溯到春秋以前，甚至可能会更早，但真正将“仁”提升为一种具有道德形上学特质的哲学观念，则要追溯至孔子。在孔子的道德哲学中，可以统摄其他德性的“仁”居于诸德之首，“仁”的本质就是“爱人”，它是对人类的普遍的爱。廖名春先生通过对相关出土简帛文献的研究，在其所撰《“仁”字探原》一文中，指出“仁”字从心从人，其原始义即“爱人”，这也是孔子等先秦儒家以爱言仁的语义学原因②。孔子说：“人而不仁，如礼何？人而不仁，如乐何？”③ “仁”是以礼为标识的所有外在伦理规范的内在根据。从作为政治制度的礼制到涉及衣食住行等日常生活细节的礼仪，这些政治与社会伦理规范所规定的责任与义务，必须以以“仁”为标识的道德自我为承担者，道德自我也是道德实践的主体。“耻”正是对“我”的存在或道德自我的一种觉知，

---

① 郭沫若：《十批判书》，东方出版社 1996 年版，第 87 页。

② 廖名春：《“仁”字探原》，见刘东主编：《中国学术》（第 8 辑），商务印书馆 2001 年版，第 123~140 页。

③ 《论语·八佾》。

它是一种以否定性方式表达的“仁”，“耻”从另一个向度参与了孔子“仁学”的建构。如何唤醒、培植人的羞耻感，孔子的回答是行“仁”，正所谓“仁者安仁，知者利仁”①。

就个人成德而言，孔子特别强调自律是道德的第一要素，提出“行己有耻”的观念，认为这是儒家士君子个人修养的必由之路。曾子说：“士不可以不弘毅，任重而道远。仁以为己任，不亦重乎？死而后已，不亦远乎？”② “士”是中国古代社会中的一个重要阶层，春秋中叶以后，封建贵族世袭制度不断瓦解，作为低级贵族的士人阶层很难再保有固定的爵禄和社会身份，这就是孟子所说的“士无世官，官事无摄”③，可见当时士人阶层普遍处于流离失所的艰难境地。但士人阶层有独立的人格操守和坚定的社会理想，正所谓“士志于道”，他们是文化、价值和社会正义的维护者，代表着一个时代和社会的良心。

自孔子算起，中国古代的士人传统已经有两千五百多年了，孔子是如何看待“士”的呢？子贡和孔子的一段对话，对我们理解“士”的精神很有启发意义。

> 子贡问曰：“何如斯可谓之士矣？”子曰：“行己有耻，使于四方，不辱君命，可谓士矣。”曰：“敢问其次。”曰：“宗族称孝焉，乡党称弟焉。”曰：“敢问其次。”曰：“言必信，行必果，硁硁然小人哉！抑亦可以为次矣。”曰：

---

① 《论语·里仁》。

② 《论语·泰伯》。

③ 《孟子·告子下》。

“今之从政者何如?”子曰:“噫!斗筲之人,何足算也。”①

上面这段话反映了孔子对“士”的界定,士是有德之人。在孔子看来,有三种不同层级的“士”:最高层级的“士”是懂得知耻的人,严格要求自己的任何行为,时刻保持羞耻之心,努力做到不辱君命;次一等的“士”,孝顺父母,尊敬兄长;再次一等的“士”,诚实守信,行动坚决。孔子将“行己有耻”——行动时要保持一种羞耻感,完成君主交给的使命——视为最高层级的“士”。“己”对孔子而言是一个道德上的主体概念,反映了原始儒家对“道德自我”的认知,对自我的羞耻意识始终与作为行动主体的人保持着精神意识层面的整体联结。“士”要使自己的德性不受玷污,必然需要在人格上保持一种完善的状态。羞耻或耻感意识正是这种关涉人格尊严的内在道德意识,反映着人类对应然的理想世界的追求。

孔子在修身方面,又强调名实相符,以言过其实为耻。孔子说:“巧言、令色、足恭,左丘明耻之,丘亦耻之。匿怨而友其人,左丘明耻之,丘亦耻之。”② 花言巧语,伪善的容色,十足的恭顺,内心藏着怨恨,表面上还要假装友好,这种态度与行为,左丘明认为是可耻的,孔子也认为是可耻的。冯友兰解释道:“耻之者,耻其不直也。”③ 所谓“耻之”,具有一种强烈的道德否定意味,涉及对某种特定行为的负面价值评价。所谓

---

① 《论语·子路》。

② 《论语·公冶长》。

③ 冯友兰:《中国哲学史》(上),重庆出版社2009年版,第62页。

“不直”，即不能以真性情恪守礼制、礼仪，这种不真诚的态度是令人感到羞耻的。孔子云：“古者言之不出，耻躬之不逮也。”① 对君子而言，珍惜自己言行一致的名誉是严肃的道德要求，古时候的人不轻易承诺，怕自己许诺的行为难以做到，进而可能使自己陷于令人羞耻的不利处境。孔子又云：“君子耻其言而过其行。”② 说得多，做得少，君子应该以之为耻。孔子又云：“有其德而无其言，君子耻之；有其言而无其行，君子耻之。”③ 也就是说，有道德的人应该在语言方面能有所表达，有语言表达更应该有行动，否则君子就应该感到羞耻。

孔子又通过对“刑不上于大夫，礼不下于庶人”的辨析，说明羞耻感对儒家士君子修身的重要性。冉有向孔子请教说：“先王制法，使刑不上于大夫，礼不下于庶人。然则大夫犯罪，不可以加刑；庶人之行事，不可以治于礼乎？”④ 冉有询问孔子：先王制定政令刑法，刑罚不能施于大夫，礼仪则不下于普通百姓，这样一来，大夫犯罪可免于刑罚，百姓为人处世不需要遵守礼仪，这样的事实是否存在？孔子断然否定了这一说法，孔子曰：

> 不然。凡治君子，以礼御其心，所以属之以廉耻之节也。故古之大夫，其有坐不廉污秽而退放之者，不谓之不

---

① 《论语·里仁》。

② 《论语·宪问》。

③ 杨朝明、宋立林主编：《孔子家语通解》，齐鲁书社 2013 年版，第 118 页。

④ 杨朝明、宋立林主编：《孔子家语通解》，齐鲁书社 2013 年版，第 350 页。

> 廉污秽而退放，则曰“簠簋不饬”；有坐淫乱男女无别者，不谓之淫乱男女无别，则曰“帷幕不修”也；有坐罔上不忠者，不谓之罔上不忠，则曰“臣节未著”；有坐罢软不胜任者，不谓之罢软不胜任，则曰“下官不职”；有坐干国之纪者，不谓之干国之纪，则曰“行事不请”。此五者，大夫既自定有罪名矣，而犹不忍斥然正以呼之也。既而为之讳，所以愧耻之。是故大夫之罪，其在五刑之域者，闻而谴发，则白冠厘缨，盘水加剑，造乎阙而自请罪，君不使有司执缚牵掣而加之也；其有大罪者，闻命则北面再拜，跪而自裁，君不使人捽引而刑杀之也，曰：“子大夫自取之耳，吾遇子有礼矣。”以刑不上大夫，而大夫亦不失其罪者，教使然也。所谓礼不下庶人者，以庶人遽其事而不能充礼，故不责之以备礼也。①

孔子认为儒家士君子、士大夫是社会治理的主体，管理他们的要务在于“以礼御其心”，培植他们的“廉耻之节”。所谓“刑不上于大夫，礼不下于庶人”，实质上是指使士大夫反思自己的罪过，以之为愧耻，“亦不失其罪”，而庶人忙于劳作，不能以完备的礼仪要求他们。

儒家文化是君子文化，君子应怀有知耻之心。成就君子式的理想人格是儒家提倡教化的重要目的。耻辱是人所厌恶的，怎样远离甚至做到没有耻辱加之于身呢？孔子云：“恭近于礼，

---

① 杨朝明、宋立林主编：《孔子家语通解》，齐鲁书社 2013 年版，第 350～351 页。

远耻辱也。"[1] 何晏引包氏之语注曰："恭不合礼，非礼也。以其能远耻辱，故曰近礼也。"[2]《礼记》中孔子亦有类似的表达，其言曰："君子慎以辟祸，笃以不揜，恭以远耻。"[3] 君子用谨慎的态度和行为使自己避免祸患，用笃厚的德性使自己不遭困迫，用恭敬的礼仪规范使自己远离耻辱。行动时保持羞耻感，将内在的羞耻德性外化为自身的具体行为，才能时时刻刻做到"克己复礼"而"不违仁"，这是远离耻辱的根本方法。此外，《礼记》的作者还认为君子有"五耻"，其言曰："居其位，无其言，君子耻之。有其言，无其行，君子耻之。既得之而又失之，君子耻之。地有余而民不足，君子耻之。众寡均而倍焉，君子耻之。"[4] 在儒家看来，在政府中身居某种职位却无所建言，君子应该感到羞耻；有所建言却不能推行自己的建言，君子应该感到羞耻；取得了骄人的政绩却又因故丧失，君子应该引以为耻；国家土地有余但百姓并不富足，君子应该引以为耻；在物质力量相同的情况下，自己的产出效益却不如别人，君子也应该感到羞耻。

儒家人文教化的主要目的是培养具有完善道德人格的君子，道德自律是成就道德人格的第一要素，因此孔子提出"行己有耻"的观念。道德人格的生成需要一个过程，在道德人格生成

---

① 《论语·学而》。

② 程树德撰，程俊英、蒋见元点校：《论语集释》，中华书局 1990 年版，第 50 页。

③ 《礼记·表记》。

④ 《礼记·杂记下》。

过程中的人如何自律地去做善行而杜绝恶行？耻感意识是自律的重要条件，在耻感意识的警醒下，人觉知到什么样的行为是可耻的、不应该做的，才有完成道德实践的勇气。孔子说：“士志于道，而耻恶衣恶食者，未足与议也。”① 汉儒刘安所编《淮南子》一书中也有类似的话语，其言曰：“且夫圣人者，不耻身之贱而愧道之不行，不忧命之短而忧百姓之穷。”② 儒家的士君子与圣人不会因自己的贫穷处境而感到羞耻，意味着他们不以外在的社会评价为根本标准，坚守自己内心所求之“道”。儒家并不指望外在的惩罚和羞辱等反面制裁，以及名誉和声望等正面奖励，而是凭借一种内在的羞耻感而奋勇趋向于理想的“道”，并以心灵的怡然自乐作为自我奖励。这说明耻在本质上是“自耻”，“自耻”之人方是自律之人，“有耻”“耻之”涉及对具体行为的价值评价，这种价值评价以现实自我与理想之“善”的差距为视界，对差距的认知时刻提撕着个体要在具体行为中始终保持羞耻感。

孔子所开创的儒家“仁学”是一种关于人应该如何生活的道德哲学，或者说它是作为生活方式的道德哲学，因为它脱离了宗教神学的羁绊而成就其独特的人文精神，真正地从人自身去探寻人的自由、德性与价值，这也是中国文化中的“耻感”特质所显现的人文精神。“耻”是觉醒的内在道德意识，以其严格主义的道德自律，提撕行为主体完成“克己复礼”的道德实践活动。

---

① 《论语·里仁》。

② 何宁撰：《淮南子集释》（第三册），中华书局1998年版，第1317页。

二、“有耻且格”：良善政治的基础

在孔子的思想世界中，“耻”观念有着内省、自律的道德意涵。就个人修身层面而言，作为内在德性的“耻”有助于达成自我转化或人格转化的修养旨归。就社会政治层面而言，培养百姓的羞耻感是实现良善政治的基础，这是道德耻感在政治层面的现实意义。孔子说：“道之以政，齐之以刑，民免而无耻；道之以德，齐之以礼，有耻且格。”① 朱熹注释说：

> 政者，为治之具。刑者，辅治之法。德礼则所以出治之本，而德又礼之本也。此其相为终始，虽不可以偏废，然政刑能使民远罪而已，德礼之效，则有以使民日迁善而不自知。故治民者不可徒恃其末，又当深探其本也。②

政治设施以及刑罚是治理国家和管理社会的工具，用这些手段治理百姓，可以使百姓免于刑罚，但免于刑罚之人心中没有愧疚与羞耻感。如果用伦理道德来引导百姓，用礼教来整顿、规范他们的行为，不但能够使百姓保有羞耻感，而且能够起到使人心归顺的教化作用。

孔子在治国策略上主张以德治国，强调道德和理想人格的示范作用，而不主张用刑罚惩治违反礼乐规范的人，但儒家不

---

① 《论语·为政》。

② 〔宋〕朱熹撰：《四书章句集注》，中华书局2012年版，第54页。

排斥对违法犯罪行为进行制裁，只是在实施刑罚的策略上持守相当谨慎的态度。

> 季康子问政于孔子曰：“如杀无道，以就有道，何如?”孔子对曰：“子为政，焉用杀？子欲善，而民善矣。君子之德风，小人之德草。草上之风，必偃。”①

孔子所期待的是一个“无讼”的理想社会。孔子说：“听讼，吾犹人也，必也使无讼乎！”② 他主张用“德”与“礼”治理社会，认为培养百姓的自尊感与羞耻感可以达致个人之善和政治之善，即朱熹所谓“民耻于不善，而又有以至于善也”③。百姓知道什么是真正的善与不善，以不善为耻，以达于善为目的，意识到何为可耻与何为不可耻，需要以真诚的内心感受为基础，而羞耻感就是最真诚的内心感受，行为主体对这种感受的强弱程度直接影响到其对羞耻现象的道德判断与道德评价，这又会影响到行为主体往后的行为习惯。培植百姓的耻感意识，使他们以真诚的内心来观照自己在日常行为中所体验到的羞耻感受，以此为伦理起点的社会政治教化自然是有效的，久而久之，民风自然纯朴，社会自然安定和美。

---

① 《论语·颜渊》。

② 《论语·颜渊》。

③ 〔宋〕朱熹撰：《四书章句集注》，中华书局 2012 年版，第 54 页。

第四节　孔子对儒家知耻伦理奠基的意义

孔子在《论语》中所提倡的“行己有耻”“有耻且格”等知耻、尚耻的伦理思想，表明原始宗教意识下的罪感伦理逐渐为强调道德主体性的耻感伦理所取代，这对传统儒家知耻伦理具有奠基意义。自孔子确立“知耻伦理”以后，历代大儒都在不同程度上对羞耻的伦理价值作了富有新意的思想阐释。如孔子强调羞耻的内在性，孟子发展了羞耻感这一根本精神，提出了作为“四端”之一的“羞恶之心”，荀子则强调“隆礼尊贤而王，重法爱民而霸”①，重视外在的社会制度与规范建设。所以李泽厚先生认为，孔子之后，孟子和荀子的儒学各有侧重，“一个发展了宗教性道德而回归神秘经验，一个发展了社会性道德而走入政治—法律”②，宗教性道德所关涉的是可以使个体安身立命的终极关怀，注重个体内在德性生命的培养，它是个体追求的最高价值，而社会性道德则是由法律、规约、习惯所构成的，用以维护共同体的政治社会价值。孔子对儒家知耻伦理奠基的意义主要表现在两个方面：其一是孔子对儒家传统知耻伦理之礼俗教化功能的揭示，其二是儒家传统知耻伦理对现代罪责观念的弥补作用。

---

① 《荀子·天论》。

② 李泽厚：《论语今读》，生活·读书·新知三联书店 2008 年版，第 57 页。

一、知耻伦理的礼俗教化功能

儒家不排斥以强制性的“政刑”来治理国家，但认为这种强制政策所能起到的治理效果极为有限，如果只是从外在入手，而不是从内在心理层面寻求心灵与社会的救治之方，则会导致“民免而无耻”的不良后果。如果以“德礼”① 文化来教化百姓，则可以使他们在潜移默化中提升道德修养，在羞耻感的提撕下改过迁善，从而实现天下大治的执政目的。意大利汉学家史华罗（Paolo Santangelo）便认为儒家道德学说区别于法家道德学说的突出之点就在于对羞耻感的重视，孔子“有耻且格”的观念确定无疑地将传统中国社会归属于趋向羞耻感的典范类型，羞耻感清晰地显示出内在的道德价值观和自我良知的发展②。

梁启超先生在《先秦政治思想史》一书中认为，孔子所说的“有耻且格”之观点，“在中外古今政治论中，实可谓为最彻底的见解”③。因为儒家深信良善的政治必以良善而健全的百姓

---

① “德”与“礼”是中国古代文化中极具原创性和民族性的思想观念，在孔子之前，德礼文化就已经是社会的主流文化。郑开先生认为，就轴心时期前后的中国思想史而言，轴心时期的诸子哲学是从前轴心时期的德礼文化中突破出来的，其中儒家的仁礼、仁政思想是对德礼文化的一种延续与发展。而道家与法家则沿着不同于儒家的方向分别提出了以“道”与“法”为核心观念的新思想体系，对德礼思想体系的瓦解——即“礼崩乐坏”——起到一定的助推作用。参见郑开：《德礼之间：前诸子时期的思想史》，生活·读书·新知三联书店 2009 年版，第 392~417 页。

② ［意］史华罗著，林舒俐等译：《中国历史中的情感文化：对明清文献的跨学科文本研究》，商务印书馆 2009 年版，第 426 页。

③ 梁启超：《先秦政治思想史》，东方出版社 1996 年版，第 98 页。

为根基，致力于培植百姓的政治道德、政治能力与政治习惯，而促使百姓养成这些能力的重要工具就是“礼”。梁启超把孔子所谓“道之以德，齐之以礼，有耻且格”的社会治理思想称为“礼治主义”。梁漱溟先生认为梁启超之所以提出“礼治主义”，是因为古代中国融国家于社会人伦之中，纳政治于礼俗教化之中，伦理学与政治学是具有同构性的学问，造成中国文化中“道德气氛特重”① 这一事实。

传统礼俗不仅仅是一种基于自然地理环境而自发形成的人文现象和生活方式，就其与古代政治制度运作、社会治理与历史兴衰的紧密关系而言，礼俗应该属于政治文化的重要组成部分②。阎步克先生认为，在一个相对意义上，中国古代社会中的“俗”“礼”“法”分别指示着不同性质的政治文化形态，如果从社会分化程度的复杂化这一视角去考察的话，“礼”是处于“乡俗”和“法治”之间的，“俗”“礼”“法”所代表的不同政治文化形态是与社会机制的不断完善相一致的。他指出，由“俗”而至“礼”、由“礼”而至“法”，这是中国古代因社会进化、分化和复杂化而导致的政治文化形态变迁的独特路线③。从这一变迁可以看出，礼源于俗，古代先民从原始宗教文化或巫文化中的祭天、祭祖等祈神致福的生活实践中发展出一套习俗，这是周公制礼作乐以及先秦儒家对礼乐文明进行损益与塑

---

① 梁漱溟：《中国文化要义》，上海人民出版社 2011 年版，第 23 页。

② “政治文化”一词大致指政治思维的方式和政治行动的风格，以及政治与文化交界面上所有事象的总和。

③ 阎步克：《士大夫政治演生史稿》，北京大学出版社 2015 年版，第 148 页。

造的思想源头。由具有巫文化特质的习俗仪式发展为别贵贱、尊卑、长幼、亲疏的行为规范即为礼，礼是维持社会差异的工具，中国传统社会是一个以伦理为本位的礼治社会。传统社会中的法所代表的是对僭越礼制行为的惩罚系统，其目的还是维系礼治社会的正常秩序。

二、知耻伦理对现代罪责观念的弥补

郝大维（David L. Hall）、安乐哲（Roger T. Ames）合著的《通过孔子而思》一书，也将儒家的“耻”与西方的“罪”进行比较研究，其基本判定是：孔子关心的是“耻”（shame）而非“罪”（guilt），此点意义重大，因为这两个概念类似于礼与法的区分①。在孔子的思想世界里，“礼”是实现社会政治秩序的手段和工具，在百姓中培养一种羞耻感有助于他们“克己复礼”，借助“礼”实现社会和谐是根本目的。而罪感是与“法”相对而生的，依靠“法”所实现的强制秩序只具有辅助价值，要实现最终的审美和谐秩序，只依靠法令的强制性是不够的，还必须培养百姓的知耻感，鼓励他们积极参与社会政治秩序的实际运作，即告诉他们审美和谐的社会政治秩序是通过他们参与其中来实现的，而非为他们量身制造出来的东西。孔子将儒家“耻”观念的社会伦理作用阐释了出来，这也是麦金泰尔（Alasdair Chalmers MacIntyre）所强调的任何道德哲学都有某种社会学为其基础，因为对道德概念的预设有这样一种要求：被

---

① ［美］郝大维、［美］安乐哲著，何金俐译：《通过孔子而思》，北京大学出版社 2005 年版，第 211 页。

预设的道德概念能够被具体化在现实的社会世界中①。

在现代社会也是如此，违反法律法规所产生的“罪责”往往架空了道德谴责，以至于会出现价值评价的“去道德化”现象，故而在现代社会中，罪责似乎是比羞耻感更具有明见性的道德意识。英国哲学家伯纳德·威廉斯对此提出了批评，他说：对于现代道德意识来说，罪责看起来是比羞耻要更加透明的道德情感。看起来或许是这样，但这只是因为，当它呈现自身时，罪责要比羞耻更孤立于一个人自我形象（self-image）的其他要素，孤立于一个人的其他欲望和需要，只是因为它甚至忽略了一个人伦理意识的大部分内容②。道德上的羞耻与法律上的罪责的不同之处在于：罪责总是与受害的特定对象相关涉，对受害对象的相应补偿就是刑罚，但刑罚却总是作为一种外在于部分自我的惩戒而存在着，罪责只是以补偿的方式暂时得到消除，身怀罪责之人的心灵世界并没有得到净化，一旦刑罚终结，罪责还有死而复生的可能性；而羞耻始终关联着人的整体存在，它是对整体自我的羞耻，体现着一个人生存于世的方式，关涉着一个人是什么样的存在，以及一个人如何与他人相关的种种设想，可以说羞耻是道德世界最具革命性的力量。这也是儒家强调培养人的羞耻感优先于刑罚的重要原因，羞耻感的教化意义即在于它有助于培养“有耻且格”的健全人格，儒家所谓良

① ［美］阿拉斯戴尔·麦金太尔著，宋继杰译：《追寻美德：伦理理论研究》，译林出版社 2003 年版，第 29 页。

② ［英］伯纳德·威廉斯著，吴天岳译：《羞耻与必然性》，北京大学出版社 2014 年版，第 104 页。

善政治的形成就奠基于此。如果说情感是中国古代伦理精神的“原乡”，那么我们也可以说耻感就是中国古代伦理精神的底色。

孔子和威廉斯有相似的见解。与罪责相关的是违法和犯罪之后的法律制裁，只要一个人不触犯法律，无论其行为动机是否卑劣，所受到的道德谴责总是极为微弱的。显而易见，罪责所包含的伦理道德意识明显弱于羞耻，罪责更倾向于后果论，羞耻则偏向于动机论。与刑罚相对的罪责并不能提高人的道德修养，亦无法保证触犯法律者在免除罪责以后，不继续犯同样的过错。如果用伦理道德意识更加饱满的羞耻感等“德”去引导百姓，以“礼”去约束及规范百姓，那么百姓自然会知道什么是羞耻而不应该去做的事情。培养百姓的耻感意识，使他们在耻于为恶的同时，强化心灵的道德感召力，如此更容易建立良善的社会秩序。

第二章　耻与慎独、诚、勇的和鸣：《大学》《中庸》耻观念发微

《大学》和《中庸》原属于《礼记》中的篇章，宋代新儒家朱熹将它们从《礼记》中选出，与《论语》《孟子》合称“四书”，成为宋明理学之宝典，道学之渊源。宋明理学家在重新诠释《大学》《中庸》的过程中，重构了一套儒家的道统，即孔子传至曾子，曾子作《大学》，传至子思，子思作《中庸》，又传至孟子，而孟子之后无所传。孔子对“耻”观念的强调，反映了轴心时期的先秦儒家对内在道德意识的形塑和道德主体性的高扬，即伦理道德的真正根基必须来源于人内心深处所本具的道德意识和道德本能。存在主义哲学家雅斯贝尔斯（Karl Jaspers）认为，轴心时期的特征是人们开始意识到整体的存在、自身的存在及其局限性，他说：“在意识到自身能力的限度后，他们为自己确立了最为崇高的目标。他们在自我存在的深处以及超越之明晰中，体验到了无限制性。”① 雅斯贝尔斯将

① ［德］卡尔·雅斯贝尔斯著，李雪涛译：《论历史的起源与目标》，华东师范大学出版社2018年版，第8~9页。

个体意识和人类整体意识的自我觉醒视为轴心时期的核心特征，以返回自我为核心精神的耻感意识正是这种自我觉醒的一种明证。曾子和子思继承孔子开拓的这一儒学传统，《大学》《中庸》中的“慎独”“诚”“勇”观念与《论语》中的“耻”观念之间有一种内在的和鸣，反映了曾子、子思在心性—道德意识方面提出了一些富有创见的新思想。

第一节　耻与慎独

“慎独”是儒家哲学的一个重要观念，在思孟学派的思想体系中居于核心地位。《中庸》《大学》文本中没有记述耻与慎独之间直接关联性的语句，但我们从耻感与慎独共同具有的内省意识、反求诸己的修身工夫上，可以看出耻与慎独在内在精神层面是相通的。慎独是君子修身之要，在羞耻感的提撕下个体才能真实地面对自我，保持一种耻于“自欺”，即“毋自欺”的内心诚实状态，知道什么是可耻而不能做的事情，即便在“隐微之际”，也要时刻观照自我的内心世界，以一种自耻的内省工夫检视自我可能出现的道德瑕疵，在纯粹洁净的道德意识中将慎独的精神修炼活动坚持到底。

一、曾子论“有耻之士”

曾子是孔、孟之间传承儒家思想的关键人物，孔子殁后，曾子传孔子之道。朱熹说：“三千之徒，盖莫不闻其说，而曾氏之传独得其宗，于是作为传义，以发其意。”① 从《论语》中频繁出现的“曾子曰”即可看出，曾子一系的儒家在《论语》成书过程中起到了重要作用。曾子关于“耻”观念的论说，对先秦儒家“耻”思想的发展起到了承前启后的作用。

作为道德意识与道德情感，耻感或羞耻心产生于“自我”，它更多地与自我尊严的捍卫相关联。自我尊严是行为主体的道德人格，这种自我尊严不是自然的、感性的、生物性的规定，而是人之所以成其为人的价值根据。儒家之所以对耻感予以高度重视，是因为羞耻关涉到个人的人格尊严，它是道德自我的一种表征。具体的伦理规范（礼制与礼仪）所规定的道德义务，以作为实践主体的道德自我为承担者，从本体论上可以确证，“我”的存在是一切道德行为所以可能的基本前提②。曾子确认“耻”正是对“我”的存在或道德自我的一种觉知。“耻”字“从心”，心是主宰之我，耻感这种道德意识与道德情感源出于心的自我主宰。

首先，曾子认为“耻”是人的道德本能，强调“耻”对成就君子人格的重要性。他从“耻”的角度区分了两种不同的“士”，即“兴道之士”与“有耻之士”。曾子曰：

> 夫行也者，行礼之谓也。夫礼，贵者敬焉，老者孝焉，幼者慈焉，少者友焉，贱者惠焉。此礼也，行之则行也，

① 〔宋〕朱熹撰：《四书章句集注》，中华书局 2012 年版，第 2 页。

② 杨国荣：《伦理与存在——道德哲学研究》，广西师范大学出版社 2015 年版，第 59 页。

> 立之则义也。今之所谓行者，犯其上，危其下，衡道而强立之，天下无道，故若天下有道，则有司之所求也。故君子不贵兴道之士，而贵有耻之士也；若由富贵兴道者与？贫贱，吾恐其或失也；若由贫贱兴道者与？富贵，吾恐其赢骄也。夫有耻之士，富而不以道，则耻之；贫而不以道，则耻之。①

所谓“兴道之士”，是指那些陷溺于贫贱或富贵而无法真正弘道的人。富贵的兴道者，若沦为贫贱，则会陷于困惑，迷失方向。贫贱的兴道者，一旦富贵，则会骄横傲慢。这种沽名钓誉之徒，不能真正地“兴道”。“有耻之士”，无论何时何地都以“道”作为自己人生奋斗的目标，面临或贫贱或富贵的处境，都能保持羞耻之心，不失掉自己独立性的人格尊严。在曾子对士人的分判中，“兴道之士”多是虚假伪善的名利之辈，“有耻之士”则善恶分明，有强烈的道德耻感意识。曾子说：“可以托六尺之孤，可以寄百里之命，临大节而不可夺也。君子人与？君子人也。”② 有耻辱感的士人，不论富贵抑或贫贱，都以坚守道义为自己行为的准则，以违背道义为耻，能很好地完成君主交付的使命，在大事上不玷污自己的节操，这是君子的基本品格。曾子又说：“君子见利思辱，见恶思诟，嗜欲思耻，忿怒思患，君子终身守此战战也。”③ 无论是出于自然本能的生理欲望，还是

① 《大戴礼记·曾子制言上》。

② 《论语·泰伯》。

③ 《大戴礼记·曾子立事》。

名利方面的社会性欲望，都会使人心陷溺，嗜欲深，便会想尽一切办法来达成欲望，但欲望是无止境的，被欲望牵着走，丧失人格尊严的独立性而依附和陷溺于外在的社会性欲求，必然会带来祸患与耻辱。

其次，曾子强调"耻"在家庭"孝道"中的伦理与道德意蕴，认为"耻"是尽人伦之责的关键。曾子说："少称不弟焉，耻也；壮称无德焉，辱也；老称无礼焉，罪也。过而不能改，倦也。行而不能遂，耻也；慕善人而不与焉，辱也。"① 王聘珍注曰："不弟，谓不逊弟也。德者，内德于己，外得于人也。辱，污也。无德则流于污下也。"② 年轻的时候不恭敬兄长是一种耻辱，是无德的表现。儒家重视家庭生活，尤其强调孝悌之道，"孝弟也者，其为仁之本与"③。曾子最大限度地发展了孔子的孝道理论：

> 民之本教曰孝。④
>
> 曾子曰："甚哉，孝之大也！"子曰："夫孝，天之经也，地之义也，民之行也。"天地之经，而民是则之。则天之明，因地之利，以顺天下。是以其教不肃而成，其政不严而治。先王见教之可以化民也，是故先之以博爱，而民

① 《大戴礼记·曾子立事》。

② 〔清〕王聘珍撰，王文锦点校：《大戴礼记解诂》，中华书局1983年版，第75页。

③ 《论语·学而》。

④ 《大戴礼记·曾子大孝》。

莫遗其亲；陈之于德义，而民兴行；先之以敬让，而民不争；导之以礼乐，而民和睦；示之以好恶，而民知禁。①

在曾子看来，孝是诸种道德准则背后的基础，教化民众要从孝道这一根本原则入手。“‘夙兴夜寐，无忝尔所生。’言不自舍也，不耻其亲，君子之孝也。”② “夙兴夜寐，无忝尔所生”，出自《诗经·小宛》，意指孝子早出晚归，勤勉于政治事务，就是为了取得优异的政绩，不给父母带来耻辱。曾子又曰：“孝有三，大孝尊亲，其次不辱，其下能养。”③ 最高层次的孝是对父母的崇敬之情，其次是不给父母带来耻辱，最次者是在物质方面给父母提供足够的保障。

据《礼记》记载，曾子的弟子乐正子春下堂时扭伤了脚，好几个月没有出门，并且神情忧伤。乐正子春的学生对老师的做法感到困惑，就向老师请教缘由。乐正子春对弟子的提问大加赞赏，他说曾子听孔子讲过，天所生的，地所养的，没有比人更伟大的了。父母给予儿子完整的身体，儿子死后也应该完整地把身体归还给父母，如此可以称得上是孝顺。不损坏父母的遗体，不使自身受到羞辱，如此可以说是完整地保存父母的遗体。在保全自身不受毁伤这件事情上，要谨言慎行。所以，孝敬父母要做到：“壹出言而不敢忘父母，是故恶言不出于口，

① 《孝经·三才》。

② 《大戴礼记·曾子立孝》。

③ 《大戴礼记·曾子大孝》。

忿言不反于身，不辱其身，不羞其亲，可谓孝矣。”① 正所谓：“身体发肤，受之父母，不敢毁伤，孝之始也。”②

《孝经》也多次谈到君子要修身慎行，以免给父母带来不必要的耻辱。“宗庙致敬，不忘亲也；修身慎行，恐辱先也。宗庙致敬，鬼神著矣。孝悌之至，通于神明，光于四海，无所不通。”③ 皮锡瑞注曰：“修身者不敢毁伤，慎行者不历危殆，常恐其辱先也。”④ 中国人特别重视家庭生活，因而在各种文化意识中尤为强调家庭意识，齐家是沟通修身与治国、平天下的桥梁。孝悌之道孕育于个体与家庭成员之间互爱互助的自然亲情，人是被抛入世界的有觉解的存在者，从本质上说，个体的人是孤独的，正是在家庭生活中，来自家庭成员的亲情之爱使人意识到人与其他自然生命的不同之处，儒家所珍视的孝、悌、忠、信、礼、义、廉、耻等道德意识与道德情感在家庭生活中得到验证。唐君毅先生将上述道德意识与道德情感称为“道德理性”，即宋明道学家所谓“性理”，秉此“道德理性”的文化活动可以成就圣贤人格，表现出超越自然欲望与自然本能的道德价值。所以，他又说：“家庭之所以实际存在，亦即自觉或不自觉的由于人之道德理性为之支持。”⑤ “耻”便是这种道德理性

① 《礼记·祭义》。

② 《孝经·开宗明义》。

③ 《孝经·感应》。

④ 〔清〕皮锡瑞撰，吴仰湘点校：《孝经郑注疏》，中华书局2016年版，第119页。

⑤ 唐君毅：《文化意识与道德理性》，中国社会科学出版社2005年版，第24页。

的呈现，曾子强调“耻”是尽人伦之责的关键。概而言之，曾子认为“耻”在家庭伦理中所具有的道德意蕴有两方面：一是保全身体不受毁伤；二是谨言慎行，给父母以荣誉而非耻辱。

最后，曾子认为“耻”与“辱”的背后是对“义”的恪守，提出远离耻辱的方法是不“以利害义”。

> 曾子疾病，曾元抑首，曾华抱足。曾子曰：“微乎！吾无夫颜氏之言，吾何以语汝哉！然而君子之务，尽有之矣。夫华繁而实寡者，天也；言多而行寡者，人也。鹰鶽以山为卑，而曾巢其上，鱼鳖鼋鼍以渊为浅，而蹶穴其中，卒其所以得之者，饵也。是故君子苟无以利害义，则辱何由至哉？”①

前文提到过，在曾子的思想体系中，居于核心地位的观念是“孝”，如他说：“夫仁者，仁此者也；义者，宜此者也；忠者，中此者也；信者，信此者也；礼者，体此者也；行者，行此者也；强者，强此者也。乐自顺此生，刑自反此作。夫孝者，天下之大经也。”② 曾子将“孝”置于形上本体的地位，统摄仁、义、忠、信等其他德目，既区别于孔子对“仁”这一纲领性德目的强调，也不同于郭店楚简部分儒家文献对德目顺序的排列。这也表明，孔子去世后，儒家学派的分化是不争的事实。自孔子至孟子这段时期，整体呈现下降趋势的德目是圣与仁，呈现

---

① 《大戴礼记·曾子疾病》。

② 《大戴礼记·曾子大孝》。

上升趋势的德目是德与义，而有些德目则忽上忽上，在不同儒者的思想体系中居于不同的地位①。

从文化哲学的角度看，“耻”是表达人类道德情感与道德意识的基本概念单位，也是揭示人类生存方式的“符号”。西方文化哲学创始人卡西尔认为，人是文化的动物，人只有在创造文化的活动中才能成为真正意义上的人。人类文化的各个组成部分——神话、语言、宗教、艺术、科学、历史，等等，都是人类文化活动创造出来的“思想产品”。这些思想产品既是文化形式，也是符号形式，它们组成人类经验的交织之网和生活的意义之域，人的创造性即人的“符号活动能力”②，人的符号活动能力越强则意味着人越能创造出更为丰富多姿的文化形式。文化有其民族性，“耻”观念作为一种中国古代语言符号形式的出现，反映了华夏族群自早期起就极为重视个人的道德生活与社会伦理，也说明人不仅是一种政治的动物或理性的动物，还是一种德性的动物。

二、《大学》耻于“自欺”与“慎独”

钱穆先生通过对《左传》所记载的典范事件与人物的分析，揭示了春秋时代人的道德精神，他认为此一时期人们的道德精神与道德观念有一个显著特征，即所谓“自求其人一己内心之

① 参见刘光胜:《出土文献与〈曾子〉十篇比较研究》，上海古籍出版社 2016 年版，第 318 页。

② ［德］恩斯特·卡西尔著，甘阳译:《人论:人类文化哲学导引》，上海译文出版社 2013 年版，第 43 页。

所安”①，自求内心的安顿当然需要谨慎自己的独处。羞耻感内在蕴含着不安的意识，这种不安的意识又反过来警醒个人应保持“慎独”的自我省察工夫。

《论语》中没有出现过“慎独”观念，却多次出现慎言、慎行之语，谨言慎行需要以自我的内省意识为前提，才能显现为外在的语言和行为。曾子在《论语》中就已经表达过自我意识反思的精神，曾子说：“吾日三省吾身：为人谋而不忠乎？与朋友交而不信乎？传不习乎？”② 曾子“三省吾身”涉及忠实性原则、诚信原则与教育原则，经过一番诉诸内心的反思，主体才能体知在哪些方面做得不够完善。如果完善圆满的理想性设定与不完善的现实之间出现巨大差距，必然引起君子的羞耻感。因为羞耻就是要人在面对不完善的现实自我时，感到愧疚与不满，勇于否定现实的自我，这是道德生活的起始阶段，不知内省的人是不可能有真正的道德生活的。现实的、真实的自我和理想的、完整的自我相比，前者由于某种缺陷或不足而显得不完善，于是在这种自我被拉来扯去的状态中，羞耻感便以一种忐忑不安的方式呈现出来了。从社会心理学的角度看，强调自我与自我被贬低之间的那种拉来扯去的暧昧状态正是羞耻的重要特征。随着自我内省的不断增加与反复，道德主体的羞耻感将会不断得到深化，在获得持续不断的羞耻感认同后，行为主体自然就朝向趋善避恶的成德之路。

---

① 钱穆：《论春秋时代人之道德精神》（上），见《中国学术思想史论丛》（一），生活·读书·新知三联书店2009年版，第199页。

② 《论语·学而》。

《大学》中的慎独观念与《论语》中曾子“三省吾身”的内省意识是一以贯之的，《大学》有言曰：

> 所谓诚其意者，毋自欺也，如恶恶臭，如好好色，此之谓自谦，故君子必慎其独也。小人闲居为不善，无所不至，见君子而后厌然，掩其不善，而著其善。人之视己，如见其肺肝然，则何益矣！此谓诚于中，形于外，故君子必慎其独也。曾子曰：“十目所视，十手所指，其严乎！”富润屋，德润身，心广体胖，故君子必诚其意。①

何谓慎独之“独”？朱熹注释曰：“独者，人所不知而己所独知之地也。言欲自修者知为善以去其恶，则当实用其力，而禁止其自欺。使其恶恶则如恶恶臭，好善则如好好色，皆务决去，而求必得之，以自快足于己，不可徒苟且以殉外而为人也。然其实与不实，盖有他人所不及而己独知之者，故必谨之于此以审其几焉。”② 独处时坚守诚意的修身工夫是儒家君子自我修炼的首要责任。所谓意念真诚，就是不要自我欺骗，要像厌恶臭味和喜好美色一样自然，这就是自我的满足，君子应该慎独。小人和君子正好相反，在独处之时常做不善的事情，甚至无恶不作，但这些恶行早已被君子洞察。在曾子看来，如果一个人的恶行被很多人看到，就会被人们鄙视，这种严厉的道德谴责

---

① 《大学》。

② 〔宋〕朱熹撰：《四书章句集注》，中华书局 2012 年版，第 7 页。

足以引起难以消除的羞耻感。

因自我的恶行或缺陷的暴露所引起的羞耻感需要一个媒介，即他者的“在场”，这种强调外在社会控制或压力下的羞耻感是一种社会性羞耻，其特点是，触发媒介是自身之外的他者的注视、社会习俗、伦理规范等。但君子是不应该止步于此的，君子需要的是以“毋自欺”的真诚态度面对自我，时刻保持精神高度凝聚收敛的“慎独”状态，以出离这种精神状态为可耻，通过不断勉励与时刻提撕自己，在持续不断地用德能增饰自身的过程中，保持自身真诚而善良的意念。这也是孔子所强调的“行己有耻”，心中有无“耻”才是判断一个人是否“毋自欺”的内在法官，耻感本身就含有一种不安的意识，它不断以身心不安的道德动能要求君子正视自己的外在行为，以及内心的意念是否真诚纯粹，并对引起自我羞耻的部分加以克服。

三、《中庸》耻于“隐微之际”与“慎独”

儒家哲学的中心问题是围绕着“性与天道”而展开的，《中庸》这部经典着重阐发了孔门弟子们“不可得而闻”的“性与天道”部分，其思想中哲学形上学的意味很重，陈荣捷先生认为它可能是儒家古代文献中最富有哲学意味的著作①。以牟宗三先生之见，中国正宗儒家关于“性”的规定性问题可以分为两个原则：一个是以孟子为代表的主观性原则，从人的道德意识出发，以之为主导的即心言性之传统；另一个是以《中庸》《易

① 陈荣捷编著，杨儒宾等译，黄俊杰校阅：《中国哲学文献选编》，江苏教育出版社 2006 年版，第 106 页。

传》为代表的客观性原则，从天命、天道下贯于人而成就人之善性的传统。前者是“道德的进路”（Moral approach），后者是“宇宙论的进路”（Cosmological approach）①。《中庸》属于“宇宙论的进路”，其首章就对“性与天道”的关系展开论述，其言曰：

> 天命之谓性，率性之谓道，修道之谓教。道也者，不可须臾离也；可离非道也。是故君子戒慎乎其所不睹，恐惧乎其所不闻。莫见乎隐，莫显乎微。故君子慎其独也。喜怒哀乐之未发，谓之中；发而皆中节，谓之和；中也者，天下之大本也；和也者，天下之达道也。致中和，天地位焉，万物育焉。②

《中庸》在肯定天命、天道下贯，落实于人而为人之性的基础上，发挥了人作为行动主体参与宇宙生化过程的德能。培养君子是儒家作为为己之学、内圣之学、成德之教的宗旨。作为儒家人格之典范的君子，必须对人性作为天道之显现的过程保持一种敏锐的感受。这要求君子对内在自我进行戒慎、恐惧的存养省察工夫，即使在没有他者在场的处境下，在不起眼的幽暗与细微之处，也要谨慎自己的独处。只有如此，才能将一己之私欲扼杀在萌芽状态，使其不能滋生于“隐微之际”，从而使君子免于离“道”

---

① 牟宗三：《中国哲学的特质》，吉林出版集团有限责任公司 2015 年版，第 61 页。

② 《中庸》。

太远。

《中庸》主张“道不远人。人之为道而远人，不可以为道”，君子之道就显现在平常的人伦日用中，是非常日常生活化的。这给致力于践履君子之道的人带来方便法门的同时，也带来了一定的困难，因为作为一种生活方式的儒家君子之道普遍存在于生活的各个层面，稍有懈怠就会有背离君子之道的危险。孔子就如是感慨道：

> 君子之道四，丘未能一焉：所求乎子以事父，未能也；所求乎臣以事君，未能也；所求乎弟以事兄，未能也；所求乎朋友先施之，未能也。庸德之行，庸言之谨，有所不足，不敢不勉，有余不敢尽；言顾行，行顾言，君子胡不慥慥尔！①

《中庸》有言曰：“君子之道，造端乎夫妇，及其至也，察乎天地。”君子之道从夫妇一伦开始，又昭著于天地之间，孔子自谦地认为他在处理父子关系、君臣关系、兄弟关系、朋友关系上，不能做到完全符合君子之道的标准。这虽是孔子自谦之语，但足以说明恪守君子之道并非易事。

儒家的道德哲学是围绕着人伦关系而向外展开的，以伦理关系组织社会。儒家传统总是把一个人设想为各种人伦关系与社会关系的中心，每个人都有固定的社会角色以及和角色相匹配的道德义务，据此，梁漱溟称中国文化是伦理本位的，伦理

---

① 《中庸》。

本位即关系本位①。亦有社会心理学家称儒家是彻头彻尾的关系主义，黄光国先生就指出：在儒家社会里，一个人在成长的过程中，不仅要学会用各种不同的亲属称谓来称呼跟他有血缘关系的其他人，将自己置身于一个复杂的人际关系网络之中，同时还要学会用不同的方式来对待跟他有不同关系的其他人②。儒家的自我虽是镶嵌在各种关系中的自我，但不是西方自由主义意义上那种原子化的孤独的自我，君子越是深入了解内在的自我，就越能在儒家设定的关系中感受到真实自我的存在意义。

在深入自我的过程中，君子必然对自我的言语、行动和内在意念进行全方位的内省，在可羞耻的地方必然会感到羞耻。这种羞耻的感受是最真实的，因为反求诸己的过程必然伴随着自我意识的反思，羞耻作为一种强烈的道德意识，其转回自我的过程充满炙热的道德激情。《中庸》强调君子在“隐微之际”也要保持“戒慎乎其所不睹，恐惧乎其所不闻”的严谨心态，这其实是一个要求君子不断深化主体性的过程，这一深化过程的动力只能来自内在自我的反思。杜维明先生也肯定了这一点，他认为：“《中庸》所憧憬的似乎是一种自我实现的创造性过程，它是由一种自我生成的力量源泉所孕育和推动的。”③

---

① 梁漱溟：《中国文化要义》，上海人民出版社 2011 年版，第 91 页。

② 黄光国：《儒家关系主义：文化反思与典范重建》，北京大学出版社 2006 年版，第 115 页。

③ 杜维明著，段德智译：《中庸：论儒学的宗教性》，生活·读书·新知三联书店 2013 年版，第 34 页。

《中庸》又说：“君子中庸，小人反中庸。君子之中庸也，君子而时中；小人之中庸也，小人而无忌惮也。”君子之所以能够保持“时中”，是因为君子以“行己有耻”的自我内省意识为根据；小人不能在时间的绵延中保持“时中”，是因为小人没有羞耻感，其道德的自我唤醒能力不断被消解掉，进而就不知悔改，在趋恶的抉择上自然就会无所忌惮、无所恐惧。君子慎独的过程，在某种程度上就是作为内在法官的良知对自我所进行的审查与裁决过程，它与人的羞耻感可以说是一体同源的，因为羞耻感是构成人的良知的重要自然素材之一。正所谓“君子素其位而行，不愿乎其外。素富贵，行乎富贵；素贫贱，行乎贫贱；素夷狄，行乎夷狄；素患难，行乎患难。君子无入而不自得焉”①，在任何一种情境下，君子都能行其所当行，这有赖于君子心中保有的羞耻感和道义感。耻德是实践中的德性，要在行动中生成和呈现。有羞耻感和道义感的加持，方能“无入而不自得”，即以实践智慧应对具体处境中的难题，从而保持“时中”的境界。

第二节　耻与诚

儒学是以精神修炼为主的为己之学，成就君子与圣贤人格是其“内圣”理想的必然要求，但现实的诱惑容易使修炼主体沉沦于非本真世界，从而遗忘实现自我转化的志业。“耻”正是

① 《中庸》。

要唤醒修炼主体超越沉沦的非本真世界，让自我在反向自身的意识活动中，真诚地面对自身的不足、缺陷、遗憾，并立志对其进行克服，这种真实无妄的精神状态就是“诚”。由此观之，作为一种德性的“耻”和“诚”是可以彼此诠释的，亦可以说是相互印证的，二者都揭示了人以其德性而在宇宙万物秩序中占有独特的位置。

一、耻的反身性与真实无妄之诚

无论是面对他者的羞耻，还是面对自我的羞耻，羞耻必须在转回自我意识的前提下起作用，它是一种面临不利情境时的自我保护性感受。但它又不同于现象学意义上的“自身意识”，按照瑞士哲学家耿宁（Iso Kern）的解释，现象学意义上的自身意识是指：“每一种心理作用，每一种意识活动，比如看、听、回忆、判断、希望等等，不但具有它的看见的、回忆到的对象，而且它也知道或者意识到它自己。换言之，按照他们的看法，这种自知即知觉，不是一种特殊的心理活动，不是一种特殊的反思，而是每一个心理活动都具有的成分，是所有意识作用的共同特征，即每个意识作用都同时知道自己。”① 现象学中的自身意识是价值中立的，因为它是纯粹认识论意义上的意识现象，与实践活动及道德评价无所关涉。“耻”是德性义上反向自身的道德判断能力，它是一种以自我为对象的道德自反意识。“耻”具有反身性的意向特征，任何有损于自我人格尊严的事件，都

① ［瑞士］耿宁著，倪梁康编，倪梁康等译：《心的现象——耿宁心性现象学研究文集》，商务印书馆 2012 年版，第 127 页。

会引发本己之我将道德判断拉回自身进行一番严厉的内部省察。儒家主张“君子而时中”，就是要求儒者时刻提撕自己，克服源出于身体的自然欲望，将精神收摄于内心，全身心地致力于君子之道。

“诚”是《中庸》中一个根本性的观念。朱熹指出：“章内语诚始详，而所谓诚者，实此篇之枢纽也。”[①] 因为其自身的多义性特征，使得西方汉学家难以找到一个合适的英文词来翻译它，所以，杜维明往往直接用罗马拼音的形式“cheng”来作为对译之词[②]。“诚”具有多种意涵，如安乐哲、郝大维认为“诚”可以指具有“真诚”意义的“sincerity”，具有“完整性”意义的“integrity”，还包括具有导向这种完整性的生成过程意义的“creativity”。在不同的语境中，都能找到这种对应的关系。但他们两人在更多的情况下，将“诚”翻译为“creativity”，因为作为生成过程的“诚”反映了《中庸》的重要主题，即宇宙的生化与创造性[③]。我们说“耻”和“诚”可以彼此诠释，是从作为德性或道德意识的角度来看待彼此之间的印证关系，一个不知羞耻的人是不可能以真诚的姿态面对自我的，反言之，一个真诚的人必然知道什么是可耻的，对可能诱发羞耻的事情保持一种戒惧的心理。作为一种为己之学的儒学，要求君子在

---

① 〔宋〕朱熹撰：《四书章句集注》，中华书局 2012 年版，第 32 页。

② 杜维明著，段德智译：《中庸：论儒学的宗教性》，生活 · 读书 · 新知三联书店 2013 年版，第 19 页。

③ 安乐哲、郝大维著，彭国翔译：《切中伦常：〈中庸〉的新诠与新译》，中国社会科学版 2011 年版，第 81 页。

人伦日用中做到对自我的“诚身”：

> 在下位不获乎上，民不可得而治矣；获乎上有道，不信乎朋友，不获乎上矣；信乎朋友有道，不顺乎亲，不信乎朋友矣；顺乎亲有道，反诸身不诚，不顺乎亲矣；诚身有道，不明乎善，不诚乎身矣。诚者，天之道也；诚之者，人之道也。诚者不勉而中，不思而得，从容中道，圣人也。诚之者，择善而固执之者也。博学之，审问之，慎思之，明辨之，笃行之。①

作为天道的“诚”是宇宙生化创造万物的本根，有形上学本体的意味，它是儒家预设的超越之根据。与天道合一的人是“诚者”，即举止行为符合中庸之道的圣人。“诚之者”还未能达到与天道合一的境界，则必然需要通过不断的学习来充实自我的德能。人的内在德性应该自然而然地呈现在具体的日常事务中，需要作为道德自反意识的羞耻将自我从非本真的沉沦世界中拉回来，自我真诚是关键，只有自我真诚才能做到“择善而固执”，这也是“人之道”所要求的主要内容。

二、耻于沉沦的非本真世界

在孔子道德哲学的众多德目中，“仁”居于“拱心石”的位置，统摄其他道德德性。发展到子思之儒时，儒家核心德目之间的级序发生了很大变化，“性”“情”“诚”等原初并不被

---

① 《中庸》。

普遍谈及的观念，则被提升到前所未有的高度。子思学派致力于发扬孔子的真精神，严加辨别何谓“圣之时者”，何谓君子与小人，其标准是：有“真性”就是真儒，无真性就是伪儒。张祥龙先生认为，这是子思特别突显“诚”之地位的思想背景①。“诚”是真实无妄的本然之善，从儒家重情感的哲学特质上看，“诚”是真诚的情感心理，但《中庸》所谓“诚”的精神状态又不仅是道德心理学意义上的情感心理体验，而是将“诚”视为与终极实在同源的本体论意义上的存在体验。其言曰：

> 自诚明，谓之性；自明诚，谓之教。诚则明矣，明则诚矣。唯天下至诚，为能尽其性；能尽其性，则能尽人之性；能尽人之性，则能尽物之性；能尽物之性，则可以赞天地之化育；可以赞天地之化育，则可以与天地参矣。②
>
> 诚者自成也，而道自道也。诚者物之终始，不诚无物。是故君子诚之为贵。诚者非自成己而已也，所以成物也。成己，仁也；成物，知也。性之德也，合外内之道也，故时措之宜也。故至诚无息。不息则久，久则征，征则悠远，悠远则博厚，博厚则高明。博厚，所以载物也；高明，所以覆物也；悠久，所以成物也。博厚配地，高明配天，悠久无疆。如此者，不见而章，不动而变，无为而成。③

---

① 张祥龙：《先秦儒家哲学九讲：从〈春秋〉到荀子》，广西师范大学出版社2010年版，第156页。

② 《中庸》。

③ 《中庸》。

“天下至诚”可以尽己之性、人之性与物之性，可以“赞天地之化育”，参与到宇宙生化创造的过程中，这里的“诚”实质上就是天道本身。作为儒家超越之根据的终极实在是不脱离人的日常生活的，天道即人道，所以《中庸》首章有言：“天命之谓性，率性之谓道，修道之谓教。道也者，不可须臾离也；可离非道也。”君子以“诚”为贵，将内在于己的真性真情显发于外在的言语与行为上，创造出一个本真的人文世界。

儒家主张人在日常生活中就可以实现天命、天道下贯于人的纯粹至善之性，以成就君子和圣贤人格。但人的日常生活总是普通的，在公众意见的裹挟之下，甚至有滑向庸俗化的可能，追求为己之学的儒者有可能会丧失天命所赋予自身的完善之人性，这与儒者要求自我转化与世界转化的理想相背离。杨儒宾先生认为，这类似于海德格尔所描述的日常的生活心态。海德格尔从存在论角度出发，分析了作为“此在”的人之沉沦现象，沉沦即人从其本身跌到本身之外去，跌入一种“失本离真”的非本真状态：

> 跌落到非本真地存在在常人之中的无根基状态中去，以及在这种无根基状态中跌落，这种运动方式不断把领会从各种本真的可能性之筹划处拽开，同时把领会拽入得到安定的自以为占有一切或达到一切的视野之中。这样的不断从本真性拽开而总是假充本真性，与拽入常人的视野合在一起，就把沉沦的动荡标识为旋涡。①

① ［德］海德格尔著，陈嘉映、王庆节译：《存在与时间》（修订译本），生活·读书·新知三联书店 2012 年版，第 207 页。

沉沦中的存在论要义是，“此在”不立足于自己本身而以众人的身份存在，不是从一种较高级、较纯粹的原始状态堕落到腐朽的现实状态。海德格尔再三强调他所谓沉沦，乃至畏、良知、决断等观念，从根本上说并不是一种道德问题①，当然就不含有道德评价的价值意涵。而儒家所强调的人的羞耻感，就是要唤醒作为精神修炼主体之人的道德自身意识，在这种“不容已”的要求下，作为“此在”的人应该以非凡的道德勇气超拔于沉沦的非本真世界。因此，杨儒宾强调让心灵在返回自身的痛感中呈现自己的真实面目，也就是《中庸》所谓“诚”的状态，从这个角度可以说，“耻”和“诚”之间彼此诠释，互为存在②。精神性的羞耻起源于自我价值可能面临的欺罔和沉沦，儒家主张君子应该对沉沦的非本真世界感到羞耻，以真诚的态度“成己”“成物”，参与到“赞天地之化育”的宇宙生化过程之中。成就如此宏大的事业当然离不开非凡的道德勇气。

第三节　耻与勇

“勇”是儒家哲学中一个重要的德性观念，孔子论“勇”一般分为两种情况：一种情况是将“勇”和“义”勾连在一

① 陈嘉映：《海德格尔哲学概论》，生活·读书·新知三联书店 1995 年版，第 85 页。

② 杨儒宾：《时间形式、礼与耻感：火的原型象征》，《清华学报》2013 年 43 卷第 4 期。

起，以突出“勇”的德性特质，如孔子说：“见义不为，无勇也。”① 这里的“勇”不是出于自然生理本能的血气之勇，而是根源于道德愤慨的德义之勇，也可以名之为“义勇”。西汉刘向在《新序》一书中，有一篇目即名为《义勇》，作为复合德目的“义勇”代表了春秋时代人们普遍具有的道德观念，陈乔见围绕《新序·义勇》对春秋时代的“义勇”观念进行了细致的哲学分析，有一点特别值得注意的地方是，他将“耻”与“义”联系了起来，义与行为主体的心理感受或作为道德意识的羞耻感紧密相关，关涉到人的某种敏锐的道德心理活动②。另一种情况是将“勇”与“仁”“智”合为一组来论述其意义，即“三达德”之勇，如孔子说：“知者不惑，仁者不忧，勇者不惧。”③ 子思在《中庸》中继承了孔子论“勇”的实质内容，并从羞耻感的角度进一步丰富了勇德的意涵，即孔子所谓“知耻近乎勇”，将羞耻感视为勇德的前提条件。

一、“三达德”之勇

仁、智、勇连用即为“三达德”，三者合在一起的习惯用法由来已久。《国语》对此有所论述，春秋时期楚国大夫包胥有言曰：“善哉，蔑以加焉，然犹未可以战也。夫战，智为始，仁次之，勇次之。不智，则不知民之极，无以铨度天下之众寡；不

① 《论语·为政》。

② 陈乔见：《春秋时代的义勇观念及其道德精神》，《哲学动态》2018 年第 10 期。

③ 《论语·子罕》。

仁，则不能与三军共饥劳之殃；不勇，则不能断疑以发大计。”① 申生亦有言曰：“吾闻之：‘仁不怨君，智不重困，勇不逃死。’若罪不释，去而必重。去而罪重，不智。逃死而怨君，不仁。有罪不死，无勇。”② 春秋时代诸侯争霸，战争频仍，诸侯国鼓励士兵要勇于战斗，这是高扬作为战争德性之勇德的社会历史背景。此时，“仁、智、勇”三者并提的用法还不固定，《国语》中还有“仁、智、勇、学”或“武、智、仁”合在一起的表达习惯，这说明“仁、智、勇”至少在春秋前期还没有形成比较稳定的德目组合形式③。

孔子将仁、智、勇放在一起论述，足见孔子对勇德的重视。孔子说：“君子道者三，我无能焉：仁者不忧，知者不惑，勇者不惧。”④ 具有勇德的人是没有畏惧的，引起人之畏惧心理的事情无外乎是那些使人感到难以克服的障碍，或者是因自身的过错暴露于他者的视野之内而产生的羞耻感受。《中庸》也延续了孔子论“勇”的德性基调，其言曰：

> “文武之政，布在方策。其人存，则其政举；其人亡，则其政息。人道敏政，地道敏树。夫政也者，蒲卢也。故为政在人，取人以身，修身以道，修道以仁。仁者人也，亲亲

---

① 《国语·吴语》。

② 《国语·晋语二》。

③ 陈来：《古代思想文化的世界：春秋时代的宗教、伦理与社会思想》，北京大学出版社 2017 年版，第 340 页。

④ 《论语·宪问》。

为大；义者宜也，尊贤为大。亲亲之杀，尊贤之等，礼所生也。在下位不获乎上，民不可得而治矣。故君子不可以不修身；思修身，不可以不事亲；思事亲，不可以不知人；思知人，不可以不知天。”天下之达道五，所以行之者三：曰君臣也，父子也，夫妇也，昆弟也，朋友之交也：五者天下之达道也。知、仁、勇三者，天下之达德也，所以行之者一也。或生而知之，或学而知之，或困而知之，及其知之一也；或安而行之，或利而行之，或勉强而行之，及其成功一也。①

鲁哀公问政于孔子，孔子向他提出修身在治理国家方面的政治意义，还提到天下共通的准则有五项，即君臣、父子、夫妇、兄弟、朋友之间的交往，若要使这些人际交往的准则圆满地落实于实际生活经验中，还必须注重培养“仁、智、勇”这三种德性，此三者是天下共通的德性。朱熹注释说：“达道虽人所共由，然无是三德，则无以行之。”② 有的人于日常生活中自觉地将这三种德性呈现在行为上，完全是一种自发的状态，此即“生知安行”的圣人；有的人是因名利的诱惑才去施行这三种德性，此即“学知利行”的贤人；还有一种是遇到困境而勉强去做的，此即“困之勉行”的普通人。“勉强而行之”在于知耻，郑玄注曰：“勉强，耻不若人。”③ 即便是勉强而行的人，也是在羞耻感的鞭策下才如此。

---

① 《中庸》。

② 〔宋〕朱熹撰：《四书章句集注》，中华书局 2012 年版，第 29 页。

③ 〔宋〕卫湜撰，杨少涵校理：《中庸集说》，漓江出版社 2011 年版，第 192 页。

二、古代哲学中的“知耻近乎勇”

立志于君子之道的人应该时刻保持知耻的道德意识，知耻才能有所不为，有所不为而后可以有所为，一切都要以仁义为最终的判断准则，如耻于不仁的行为才能行仁，耻于不义的行为才能行义。“耻”在《中庸》中，不仅是个体美德，更是“天下之达德”，关乎天下国家的长安久治，“知耻”也由此成为儒家外王理想中的一个必要环节。所以，《中庸》说：“子曰：‘好学近乎知，力行近乎仁，知耻近乎勇。’知斯三者，则知所以修身；知所以修身，则知所以治人；知所以治人，则知所以治天下国家矣。”孔颖达疏：“‘好学近乎知’复说前文‘学而知之’，‘力行近乎仁’复说前文‘利而行之’，‘知耻近乎勇’复说前文‘困而行之’‘勉强而行之’也。”① 这三条是修身的要旨所在，知道修身的法门才能管理百姓，进而治理国家。知耻本身不是勇，但能以不如圣人、贤人为耻，就是有勇德的表现。晏光注释说：“勇者，所以为义，知耻之人，虽未必能尽义，而亦庶几于徙义，故曰‘近乎勇’。”② 这表明在儒家的道德修养方法中，真正的知耻并不是任何人都可以轻而易举做到的事情，它要求个体在磨炼意志的过程中具备冲锋陷阵的大无畏精神。耻在孟子那里是指人的羞恶之心，孟子说：“羞恶之

---

① 〔宋〕卫湜撰，杨少涵校理：《中庸集说》，漓江出版社 2011 年版，第 192 页。

② 〔宋〕卫湜撰，杨少涵校理：《中庸集说》，漓江出版社 2011 年版，第 200 页。

心，义之端也。”① 也就是说，羞耻心是义的开端，真正的德义之勇奠基于知耻之上。可见，子思“知耻近乎勇”的说法应该对孟子提出“羞恶之心，义之端也”的思想产生了一定影响。

子思不仅提出“知耻近乎勇”的观点，直接论述耻德与勇德的关系，他关于“南方之强”“北方之强”的论述也是在阐释什么是真正的勇。子思在子路与孔子的一段对话中对此作了揭示：

> 子路问强。子曰：“南方之强与？北方之强与？抑而强与？宽柔以教，不报无道，南方之强也，君子居之。衽金革，死而不厌，北方之强也，而强者居之。故君子和而不流，强哉矫！中立而不倚，强哉矫！国有道，不变塞焉，强哉矫！国无道，至死不变，强哉矫！”②

在《论语》中，孔子和子路就讨论过勇德的问题，子路曾问孔子，君子是否应该崇尚勇。孔子问答说：“君子义以为上。君子有勇而无义为乱，小人有勇而无义为盗。”③ 孔子认为勇德应该以义德为准绳，没有义德的节制，君子的勇敢就是作乱，小人的勇敢就是为盗。实际上，孔子对勇德有所保留，“勇而无礼则乱”④，“勇者不必有仁”⑤，从严格意义上讲勇并不是孔子伦理

① 《孟子·公孙丑上》。

② 《中庸》。

③ 《论语·阳货》。

④ 《论语·泰伯》。

⑤ 《论语·宪问》。

学的核心德性，孔子称道的核心德性是仁和智。正如论者所指出的，以理智德性与道德德性的区分为标准，孔子在中心德目的认定上是以智涵盖理智德性，而以仁涵盖道德德性①。朱熹在《中庸章句》中也指出：“此中庸之成德，知之尽、仁之至、不赖勇而裕如者，正吾夫子之事，而犹不自居也。故曰唯圣者能之而已。”② 达到“中庸”的至高境界意味着个人在精神修养上已经臻于完善，这种“智尽仁至”的生命形态已经抵达诚明之境，已经不再需要勇德在气质上的资助。

在与子路的对话中，孔子认为“南方的强”是宽弘柔和，不报复蛮横无理，“北方的强”是勇于战斗，不惧怕牺牲。而真正的强是君子和而不流，中立不偏倚，国家有道之时坚持操守，国家无道之时不改变气节。孔子用这段话告诉子路，“所以抑其血气之刚，而进之以德义之勇也”③。胡炳文说：“南北以胜人为强，其强也，囿于风气之中；君子以自胜为强，其强也，纯乎义理而出乎风气之外，此变化气质之功，所以为大也。”④ 独立不惧的人格才是真正的强，也就是真正的勇之要义。真正的勇既不能是生理学上纯血气性的，也不能是社会学上纯集体性的，勇德具有超越的向度。“勇”只有在出于道德自我的超越，而不断与自我的人格生成相结合时，才具有普遍的伦理价值。

---

① 匡钊：《早期儒家的德目划分》，《哲学研究》2014年第7期。

② 〔宋〕朱熹撰：《四书章句集注》，中华书局2012年版，第22页。

③ 〔宋〕朱熹撰：《四书章句集注》，中华书局2012年版，第21页。

④ 〔明〕胡广等纂修，周群、王玉琴校注：《四书大全校注》（上），武汉大学出版社2009年版，第162页。

王夫之对《中庸》论“勇”的阐释不同于朱熹等理学家，他说：“勇带一分气质上的资助，虽原本于性，而已属人情。《中庸》全在天理上生节文，故第二十章言‘人道敏政’，只说‘修道以仁’，说‘知天知人’，而不言勇；到后兼困勉，方说到勇去，性有不足而气乃为功也。”① 在王夫之看来，天命之性即在气质之性中，“勇”本身就带有气质上的资助。

清末陈宝箴有《说学》一文，他在此文中着重提示《中庸》的“知耻近乎勇”，并进而析论道：“今我辈读古人书，但能知耻，便有懦立顽廉之意，精神自然焕发，志气自然凝定，故曰：‘知耻近乎勇。’好学力行，皆赖此始，为入德之门。先辈有言：‘不让今人，便是无量；甘让古人，便是无志。’量之不宏，志之不卓也，舍耻其奚以乎？堂堂七尺之躯，其孰甘自居无耻矣！”② 在陈宝箴看来，心中有耻之人，精神自然焕发，志气自然凝定，知耻是立志的开端，是士人奋进的精神动力。

三、现代哲学中的“知耻近乎勇”

在现代哲学中，基督教存在主义哲学家蒂利希（Paul Tillich）在《存在的勇气》一书中，对“勇气”作过深刻的哲学分析。蒂利希对勇气的论述已经超出伦理学的领域而进入到整个存在论的领域，他认为，所谓勇气，就是不顾“非存在”的威胁，而对“存在”进行自我肯定。在伦理学领域里，“存在”

---

① 〔清〕王夫之著，王孝鱼点校：《读四书大全说》（上册），中华书局 1975 年版，第 101 页。

② 汪叔子、张求会编：《陈宝箴集》（下），中华书局 2005 年版，第 1880 页。

就是使人存在起来的那种力量，“非存在”不是虚无，而是对生命本身的瓦解，自我肯定就是对人作为人、人是其所是的肯定与努力，若此努力消失，则人之所以成其为人的本性就会瓦解。他说：“勇气是伦理学的实在，但却深入到人类实存（exsistence）的整个领域并最终扎根于存在自身的结构之中。要从伦理学来理解勇气，我们就必须首先从本体论角度对之做出思考。”① 因为在蒂利希看来，勇气这一观念揭示或敞开了存在本身的结构。

其实，就人之道德本性的存在论阐释而言，“耻”和“勇”有类似的本质内容，羞耻也是人对其是其所是的存在本性的一种自我肯定，任何自然欲望、社会欲望都对人之为人的本性构成某种潜在威胁，成为一个人就意味着要不顾这些威胁，用“沛然莫之能御”② 的道德勇气对其加以克服。现代宗教哲学家索洛维约夫（Vladimir Solovyov）将羞耻、怜悯和虔敬三种基本情感视为人类道德生活的永恒根基，并肯定勇德之所以能成为美德，是因为勇德与羞耻德性的内在关系。他说：英勇取得自己的道德意义或成为美德，只是因为它同人类道德第一根基——羞涩——在一个共同原则上联系在一起：保卫个人不受低级本性或肉欲本能的干扰③。勇德和耻德之间具有某种内在层

① ［美］保罗·蒂利希著，钱雪松译：《存在的勇气》，中国轻工业出版社2018年版，第2页。

② 《孟子·尽心上》。

③ ［俄］索洛维约夫，董友译：《道德的原始材料》，见王岳川、刘小枫、韩德力主编：《东西方文化评论》（第四辑），北京大学出版社1992年版，第349页。

面的联结，这表现在勇德的缺陷要依据耻德作为判断标准，勇德的阙如可以成为羞耻的对象。就其中的羞耻感而言，人羞耻于物质本性对自己的奴役，承认自身的内在独立性和崇高尊严，因此，人要占有物质本性，而不是被物质本性占有。

通过与现代哲学中的“知耻近乎勇”相比较可知，传统儒家意识到真正的“勇”不只是血气方刚的本能，而应是超越个体生物本能的精神—道德力量，具有这种精神—道德力量实则意味着因德性完满而对人格尊严的捍卫，否则，便意味着人格尊严被褫夺，与之相伴随的必然是自我羞耻感的呈露。羞耻感作为一种自我保护性感受，它所捍卫的不是主体的物质生活，而是主体的崇高人格，或者说是在证明其人格尊严尚保存在由羞耻感所标识的道德本性中。

第三章　“羞恶之心，义之端”：孟子羞耻观的形上思辨性格

孟子被后人称为“亚圣”，足见其在儒学史上的重要地位。历代关于孟子思想学说的研究成果可谓汗牛充栋，形成了独具特色的“孟子学”。黄俊杰先生将20世纪关于“孟子学”的研究进路区分为两种类型，即哲学—观念史的进路和历史—思想史的进路①。本文对孟子羞耻观的探讨，采取的是哲学—观念史的进路。在心性论层面，羞耻即“羞恶之心”，是“四端”之一。羞耻心是彰显道德主体性、实现道德自我的标识，亦是达于“至善”的本源情感，具有为道德奠基的理论意义。倪梁康先生也认为儒家的“耻”观念与道德有内在联系，尤其是孟子提出“羞恶之心”这一具有道德奠基地位的问题时，儒家“耻”观念的形而上学性质已经凸显出来，但它在孟子之

① 参见黄俊杰：《中国孟学诠释史》，中国社会科学文献出版社2004年版，第8～48页。

后的儒家那里失去了这一地位①。所以，我们有理由把“耻”与孟子的心性论勾连起来，分析以下几个问题：“耻”是何以能成为作为人类本质性规定之道德意识的？“耻”是反思人的实践活动是否符合“义”，即行为正当性的关键因素吗？表达道德意识的“耻”是如何以否定性方式建构孟子的道德形而上学，即孟子的仁学形而上学的？

第一节　耻是“羞恶之心”

一般而言，孔子的道德哲学很少直接深入开掘与“性与天道”相关的人之内在自我与心灵世界。儒家学说从曾子、子思传到孟子时，关涉内心世界的“心性”问题，或“心的秩序”问题，才成为儒家思想的重要主题。孟子发展了孔子及子思之儒的羞耻思想，受子思之儒的影响，孟子在心性论层面进行了深入思考，使其羞耻观以及整个思想体系更具有形而上的思辨性格。

一、孟子的心性论

在中国古代哲学中，对性善或性的道德意义的论证，大致有两个路径：其一以《易传》《中庸》所开辟的天命、天道流行不息，下贯于人而为性为代表，此即“天命之谓性”②，“一

① 倪梁康：《关于“羞恶之心”的伦理现象学思考》，《南京大学学报》（哲学·人文科学·社会科学版）2007年第3期。

② 《中庸》。

阴一阳之谓道，继之者善也，成之者性也”[1] 的宇宙论传统；其二是孟子所开辟的从人的内在道德意识出发，即心善而言性善的心性论传统。用牟宗三的话说，“心”代表道德的主体性，使人的自由与人格尊严得以挺立起来。孟子的心性论主要有两方面的理论渊源：一是孔子提出的“性相近也，习相远也”[2] 这一朴素的人性学说；二是郭店楚简儒家文献中发现的“子思之儒”的心性论传统，尤其是《性自命出》中提出的“性自命出，命自天降，道始于情，情生于性”[3] 的思想观念结构。此哲理间架对孟子思想影响深远，如孟子对心、性、天、命观念之逻辑结构的理论说明，孟子说：“尽其心者，知其性也。知其性，则知天矣。存其心，养其性，所以事天也。夭寿不贰，修身以俟之，所以立命也。”[4] 这段高度凝练且具有思辨哲学意味的文字，显示了思孟学派形上的思辨理论性格。

广义的心性论是指对人的心、性、情的现象分析和理论解释。对于孟子的心性论，前辈先贤多有论说，如冯友兰先生认为孟子所谓性善，是从人皆有“四端之心”而言的[5]，人必须扩充此“四善端”，这是人之所以成其为人的内在价值根据。唐君毅先生认为孟子“即心言性”[6]，此心是德性心，从心的直接

① 《周易·系辞上》。

② 《论语·阳货》。

③ 荆门市博物馆编：《郭店楚墓竹简》，文物出版社 1998 年版，第 179 页。

④ 《孟子·尽心上》。

⑤ 冯友兰：《中国哲学史》（上），重庆出版社 2009 年版，第 103 页。

⑥ 唐君毅：《中国哲学原论·原性篇》，中国社会科学出版社 2005 年版，第 13 页。

感应处来证明人性善。徐复观先生认为孟子所谓性善实质上是心善，即“由人心之善，以言性善”①。牟宗三先生亦认为孟子从道德意识即“道德的心”（Moral mind）② 去论证人性之善，开辟出从人的内在道德性方面论证性善之路径。综合各家之说，孟子心性论的实质特点是即心言性，从心之善以言性之善，心是含蕴道德意识、道德理性与道德情感的道德心，而非向外求索客观性真理知识的认识心。

二、“四心”“四端”与“四德”

孟子所言的“羞恶之心”是“存其心”之一端，“羞恶之心”与“恻隐之心”“恭敬之心”“是非之心”构成人性的四个善端。从心的角度说，它是道德之心，从情的角度说，它亦是道德情感。心之善是说心有“四善端”，孟子说：

> 今人乍见孺子将入于井，皆有怵惕恻隐之心。非所以内交于孺子之父母也，非所以要誉于乡党朋友也，非恶其声而然也。由是观之，无恻隐之心，非人也；无羞恶之心，非人也；无辞让之心，非人也；无是非之心，非人也。恻隐之心，仁之端也；羞恶之心，义之端也；辞让之心，礼之端也；是非之心，智之端也。人之有是四端也，犹其有

---

① 徐复观：《中国人性论史·先秦篇》，见李维武编：《徐复观文集》（修订本）第三卷，湖北人民出版社 2009 年版，第 98 页。

② 牟宗三：《中国哲学的特质》，吉林出版集团有限责任公司 2015 年版，第 72 页。

> 四体也。有是四端而自谓不能者，自贼者也；谓其君不能者，贼其君者也。凡有四端于我者，知皆扩而充之矣，若火之始然，泉之始达。苟能充之，足以保四海；苟不充之，不足以事父母。①

在日常生活中，我们发现人们总是对个人做好事的动机提出极为苛刻的要求。如孟子所言，一个人看见孩子将要掉进井里，便会在心中油然而生一种怵惕恻隐的不安与悲悯之情。就个人动机而言，“乍见孺子将入于井”的人，并不是为了结交孩子的父母，也不是为了在乡党朋友中树立声誉，更不是因为厌恶孩子的呼救声。在这样具体的生存处境中生发出的这种道德意识与道德情感，并没有任何具体的现实层面的功利性动机，这是生而为人本来就具有的同情心或怜悯心，真正的道德行为就是为道德而道德，为义务而义务，排除了其他社会性的功利目的。

“羞恶之心”“恻隐之心”“恭敬之心”“是非之心”是人之所以成其为人的内在价值根据，是人的本质性规定，没有四端之心，就从根本上否定了其人格的独立自存性。有这四种道德意识和道德情感，才可体察出“仁义礼智”这“四德”并不是由外界的启发与教化方能内在于人的，而是人自身先天固有的。从孟子的论述可知，孟子在两种意义上使用“四心”：一是将“四心”视为“四德”之端；一是直接将“四心”视为“四德”。涂可国先生对孟子言说的“四心”“四端”与“四德”三者之间的逻辑关系，进行了详尽的梳理和解读。他指出历代儒

---

① 《孟子·公孙丑上》。

者对三者关系的诠释主要有两条路线：一是认为“四心”是“四德”的外用、萌芽或体现，即“四心萌芽说”；二是主张“四心”为“四德”之体，是“四德”的情感本源，即“四心本源”说①。笔者认为“四心本源”说较为符合孟子学的义理脉络，因为孟子以心统摄“仁义礼智”，心具有更加基础的地位，而非仅为“仁义礼智”的外用、萌芽或体现。

三、“羞恶之心”

陈来先生指出，无论是“四端”“四德”或“四心”之说，孟子以羞恶说义的提法是最值得重视的，因为孟子的整个哲学都奠基于仁义这两种德性上②。值得注意的是，孟子没有明确界定“羞恶之心”与“恻隐之心”的逻辑关系，庞朴先生对两者之间相互关系的论述很有启发意义，他说：“‘义’被说成是‘羞恶之心’的道德表现，它同‘恻隐之心’的‘仁’相对，并且是对后者的一个节制。”③ 庞朴认为“羞恶”使“恻隐”的发用有一个界限，对其构成一定的节制，不至于滥发仁爱慈悲。从另一个方面说，“羞恶”是以否定性方式表达的“恻隐”，它基于“恻隐”而起。但在孟子的文本中，并没有明确的“恻隐之心”是“羞恶之心”的必要条件这种说法，基于我们对实际

---

① 涂可国：《孟子“四心”“四端”与“四德”的真实逻辑》，《武汉大学学报》（哲学社会科学版）2020 年第 2 期。

② 陈来：《孟子的德性论》，《哲学研究》2010 年第 5 期。

③ 庞朴：《当代学者自选文库 · 庞朴卷》，安徽教育出版社 1999 年版，第 546 页。

生活的经验观察，可知人类的“羞恶之心”“恻隐之心”“恭敬之心”“是非之心”是独立自存的。孟子将羞耻视为人的先天本性，类似于休谟的自然德性说。休谟站在情感效用性的立场上，将人的德性区分为自然德性与人为德性，前者以私人的效用与快乐为标准，后者以社会的效用与快乐为标准。休谟认为，像同情这样的自然德性并不必然具有先天的内心起源，而是后天社会约定形成的①。

孟子虽然像休谟那样，认为“羞恶之心”“恻隐之心”“恭敬之心”“是非之心”四种德性具有原初的个体性特质，但他强调这四种德性是人性固有的，有先天的内心起源。这种起源于内心的道德意识很难给出令人满意的合法性证明，常常陷于自然主义人性论的窠臼，因为如果我们将可以为人类道德奠基的东西诉诸人的自然本性，那么我们就不得不将这个理由追溯到宇宙自然演化的进程上：人类所具有的道德意识和道德法则是起源于自然进化过程中偶然形成在某种物种之上的东西，这只是自然选择与演化的结果②。在伦理学上持有进化论观点的伦理学家，通常认为人类与其他动物的本质区别在于人是有道德感的存在，以良心、同情、羞耻为标志的人类道德感是经过长期缓慢渐进的自然选择的结果。万百安也指出，孟子关于人性善端具有普遍性的主张，奠基于理论根基并不稳固的“形上的生

---

① 参见［英］休谟著，曾晓平译：《道德原则研究》，商务印书馆 2001 年版。

② 参见［美］克里斯托弗·博姆著，贾拥民、傅瑞蓉译：《道德的起源——美德、利他、羞耻的演化》，浙江大学出版社 2015 年版；［新西兰］理查德·乔伊斯著，刘鹏博、黄素珍译：《道德的演化》，译林出版社 2017 年版。

物学”①，但我们对羞耻的探讨表明，羞耻是人类本性中不可剔除的重要道德质素。

道德意识是何物，以及它是如何作用于道德行为而呈现在人伦日用中的，普通人对此缺乏审慎的反思，因此孟子说：“行之而不著焉，习矣而不察焉，终身由之而不知其道者，众也。”②儒家哲学是一种作为生活方式的实践哲学，儒者常常通过具体的、情境性的为学指点，或对处境中的伦理境遇的问答，来揭示道德意识的奥秘。“羞恶之心”同“恻隐之心”一样是“人皆有之”的，都是人类道德意识的最初来源，揭示了人类良知的存在。孟子用“嗟来之食”的故事解释了“羞恶之心，人皆有之”的道理。

如使人之所欲莫甚于生，则凡可以得生者，何不用也？使人之所恶莫甚于死者，则凡可以辟患者，何不为也？由是则生而有不用也，由是则可以辟患而有不为也。是故所欲有甚于生者，所恶有甚于死者。非独贤者有是心也，人皆有之，贤者能勿丧耳。一箪食，一豆羹，得之则生，弗得则死。呼尔而与之，行道之人弗受；蹴尔而与之，乞人不屑也。万钟则不辨礼义而受之，万钟于我何加焉？为宫室之美、妻妾之奉、所识穷乏者得我与？乡为身死而不受，今为宫室之美为之；乡为身死

① ［美］万百安著，安鹏译，张琼校：《孟子思想中的羞恶之心与义之德性》，见赖区平、陈立胜编：《羞恶之心：多维视野下的儒家古典观念研究》，商务印书馆2022年版，第164~200页。

② 《孟子·尽心上》。

而不受，今为妻妾之奉为之；乡为身死而不受，今为所识穷乏者得我而为之，是亦不可以已乎？此之谓失其本心。①

“蹴尔而与之，乞人不屑也”恰是羞恶之心的外在表现。羞耻感作为一种自律性道德意识，总是呈现出道德主体的意愿与感受，这种“不屑”的强烈情感基调源于道德主体对自我人格尊严的保护，因为羞耻感在本质上属于自我保护性意识。面临死亡的威胁，路人与乞丐之所以不愿意接受“嗟来之食”，表现出大义凛然的浩然正气，是因为这类人没有“失其本心”。朱熹点出了这里的“本心”所指为何，他说：“本心，谓羞恶之心。此章言羞恶之心，人所固有。或能决死生于危迫之际，而不免计丰约于晏安之时，是以君子不可顷刻而不省察于斯焉。”② 朱熹的解释是符合孟子本意的，就道德主体性而言，作为“本心”之当下直接呈现的“羞恶之心”，作为善的执行原则，它具有明显的情感性，而且是一种主动的道德情感，是道德主体主动承担道德责任的内在心理机制。

总而言之，“羞恶之心”作为人的本心、良知、良能，是一种主动的道德情感，只要按照孟子“扩而充之”③ 的修养工夫去行动，就可以提撕个体主动去完善自我的道德人格，所以，羞恶之心具有积极的建构性伦理价值。

① 《孟子·告子上》。

② 〔宋〕朱熹撰：《四书章句集注》，中华书局 2012 年版，第 340 页。

③ 《孟子·公孙丑上》。

第二节　知耻心是儒家丧葬礼制缘起的重要根源

“人是什么”一直是中国哲学追问的终极问题，是中华民族人文精神之所在。梁漱溟先生认为，中国数千年的文化积淀给世界贡献的最大价值，就是认识了人之所以成其为人①。孔子论“耻”，多从具有阶层属性的“士”出发，又拓展到“民”，孟子则直指作为普遍性个体的“人”。

一、“无耻”与人禽之辨

孟子将知耻视为人的本质性规定，孟子说：“人不可以无耻，无耻之耻，无耻矣。”② 汉代经学家赵岐注释说：“人能耻己之无所耻，是为改行从善之人，终身无复有耻辱之累也。”③“无耻”即无所羞耻的意思，“无耻”是“知耻”的对立面，它俨然是一个严厉的道德谴责词语。人是必须知耻的德性存在，知耻即保持一颗羞耻心，知道哪些是可耻而应该加以杜绝的行为，据此做到有所不为，这是远离耻辱的根本途径。人不可以没有羞耻心，没有羞耻心的那种羞耻，可谓是无耻至极了。孟子通过对无耻的极力批判来确证人与非人的本质性区别，这可能是中国文化中的一种独有现象。

---

① 梁漱溟：《中国文化要义》，上海人民出版社 2011 年版，第 125 页。

② 《孟子·尽心上》。

③ 〔清〕焦循撰，沈文倬点校：《孟子正义》（下册），中华书局 1987 年版，第 885 页。

孟子注重人禽之辨，羞耻感也体现了人与禽兽之间的差异性，人不可以没有羞耻感，没有羞耻感的人只能归属于受自然本能欲望控制的禽兽等动物之类，而人是具有道德意识的高级动物，羞耻感代表了人的自我反思精神和内省意识，这是其他动物所不具有的本质性规定。孟子说：“耻之于人大矣。为机变之巧者，无所用耻焉。不耻不若人，何若人有？”① 朱熹注曰：

> 耻者，吾所固有羞恶之心也。存之则进于圣贤，失之则入于禽兽，故所系为甚大。
>
> 为机械变诈之巧者，所为之事皆人所深耻，而彼方且自以为得计，故无所用其愧耻之心也。
>
> 但无耻一事不如人，则事事不如人矣。②

朱熹直截了当地指出“耻”就是孟子所谓“羞恶之心”，而且它是人生而固有的，内在于人的本性中。也就是说，羞耻心是先天的道德意识，而非完全由后天经验化的、约定性的社会规范从外部引发的人心秩序的骚动。这种先天的道德意识是个体道德的真正来源，其特点是强调道德的自然性、自主性与自律性，而非人为性与他律性。“羞恶之心”是人在生存处境中由低级的感性价值通往高级的生命与精神价值的桥梁，对其存养，则进达于圣贤；放失，则沦落为禽兽。孟子所说的“机变之

① 《孟子·尽心上》。

② 〔宋〕朱熹撰：《四书章句集注》，中华书局2012年版，第358页。

巧”，用康德的话说就是“机智”①。庄子称之为“机心”，庄子说：“吾闻之吾师，有机械者必有机事，有机事者必有机心。”②羞耻同样是道家心性修养的重要工夫，庄子守护道的素朴本性，对“机心”的态度是“羞而不为”。“机变之巧”“机智”“机心”指选择有关自己最大福利或利益的工具性技巧，是假言的机智指示，其行动并非出自本身，而是作为实现某种另外目的的工具或手段，以实现自己的私人利益为最终目的。这类自私用智的人所施展的机智诈巧，皆是为满足个体的私欲与偏好，这是德性之人深以为耻的，私欲与偏好满足愈多，羞耻感便会消退愈多。

从字源上即可看出，“耻”由“耳”入“心”，是一种人类所独具的道德意识。“心”代表道德内省、反思等理性能力，人之所以异于禽兽，正在于人有能反思之“心”。此心是道德心或德性心，《孟子》有言曰：

> 公都子问曰：“钧是人也，或为大人，或为小人，何也？”孟子曰：“从其大体为大人，从其小体为小人。”曰：“钧是人也，或从其大体，或从其小体，何也？”曰：“耳目之官不思，而蔽于物，物交物，则引之而已矣。心之官则思，思则得之，不思则不得也。此天之所与我者，先立乎

① ［德］伊曼努尔·康德著，苗力田译：《道德形而上学原理》，上海人民出版社2012年版，第26页。

② 《庄子·天地》。

其大者，则其小者弗能夺也。此为大人而已矣。”①

根源于自然生命的生物性欲望与四端之心是判然有别的，前者是“小体”，是一般性动物也具有的自然规定性，后者是“大体”，是君子所性，这才是人殊胜于动物的地方。所以，不可以从生物性欲望的角度去规定人性，应该从四端之心的角度去规定人性。从现象学家舍勒对羞耻感的哲学人类学研究成果来看，就发生学而言，身体属于人的自然属性，是人处于羞耻境地的物质载体，人类的道德意识最初源于经验生活中身体方面的羞耻感，但这种羞耻感在人类种群与文化的代际传播中，不断剥离掉经验性的成分，上升为先天的东西，内化于人性之中。当人认识到自身的精神性个体存在时，一种灵魂的、永恒的、本质的羞耻感才独立于身体，成为人的本质性规定。其实，孟子对羞耻的探究也触及舍勒哲学人类学视域中的羞耻议题，在孟子心性论的思想视域下，作为道德意识的“耻”或“羞恶之心”，揭示了人不仅是政治的动物或理性的动物，还是先天就具有道德情感的德性动物。

二、羞耻心对社会礼制的建构

羞耻作为一种内在的道德情感，可以越出身心情感体验的范围，而对某些社会礼制的建立提供道德心理基础。孟子曾设想儒家丧葬制度的起源问题。孟子说：

① 《孟子·告子上》。

> 盖上世尝有不葬其亲者，其亲死则举而委之于壑。他日过之，狐狸食之，蝇蚋姑嘬之。其颡有泚，睨而不视。夫泚也，非为人泚，中心达于面目。盖归反蘽梩而掩之，掩之诚是也。则孝子仁人之掩其亲，亦必有道矣。①

孟子设想的具体情境是，上古时期人们将亲人的尸体抛弃在山谷之间。不埋葬父母的人，他日路过时，看到狐狸在啃噬父母的尸体，苍蝇蚊子也在咀吸着尸体，弃尸人的额头上便流下羞愧悔恨的汗水，斜着眼不敢正视眼前发生的一切。这种情不自禁的流汗行为和斜着眼去观察的羞愧行为，不是做给别人看的，而是从内心自然生发出来表现在面目上的。赵岐在解释弃尸人的流汗行为时指出：“泚，汗出泚泚然也。见其亲为兽虫所食，形体毁败，中心惭，故汗泚泚然出于额。非为他人而惭也，自出其心，圣人缘人心而制礼也。”② 赵岐所谓的“惭”，亦是羞耻感的一种表现形式，仁人孝子不忍心父母的尸体被兽虫啃噬，于是将父母的尸体埋葬起来。

与儒家相比，道家对丧葬的礼制就没有那么重视。如庄子将死，其弟子想厚葬庄子。庄子说：“吾以天地为棺椁，以日月为连璧，星辰为珠玑，万物为赍送。吾葬具岂不备邪？何以加此！”③ 庄子把天地当作棺椁，把日月当作双璧，把星辰当作珍

---

① 《孟子·滕文公上》。

② 〔清〕焦循撰，沈文倬点校：《孟子正义》（上册），中华书局 1987 年版，第 405 页。

③ 《庄子·列御寇》。

珠，把万物当作陪葬品。他的丧葬用品已经齐备，还有什么比这更好的呢！弟子们又说恐怕乌鸦和老鹰会吃掉庄子的遗体。庄子认为遗体放在地上要被乌鸦和老鹰吃掉，埋在地下要被蝼蛄和蚂蚁吃掉，把他的尸体从那边夺过来交给这边，不必如此偏心。

庄子对丧礼的态度，代表了人类对死亡及死后世界的超道德精神。反观孟子对丧礼起源的道德心理学描述，所展现出的那种不忍的、惭愧的、不安的情感，即人的羞耻感。由羞耻感而触发的埋葬行为，就是对先前弃尸行为作出自我否定的改过行为，孟子从人人所具有的羞耻心出发，证明了儒家丧葬礼制的合理性。

第三节　耻是“义利之辨”的关键

孟子认为人的羞耻感是“义”的萌芽状态或开端，即“羞恶之心，义之端也”①。孟子论“耻”（羞恶之心）的殊胜之处就在于将“羞恶之心”和“义”合在一起展开谈论，而探讨孟子的“耻”观念，又离不开“义利之辨”。儒家充分认识到人是处于两种世界或两种秩序之间的，“义”是人通向理想之“善”或“至善”的道路，但以“利”为标志的现实世界是驳杂的，有使人心陷溺的可能性。从道德行动的判断原则看，“义”又是人作为道德实践主体完成道德行为所必须遵从的道德

① 《孟子·公孙丑上》。

律，也是当下的道德决断——“耻”与“耻感”——这一道德意识萌芽的生发之源。儒家坚信圣贤人格是值得成就的，“下学而上达”便成为儒家孜孜以求的为学阶梯，片刻不能松懈，否则便有丧失做人资格的危险，这是孔孟儒家重视羞耻感的一个重要人性根源。谈“义利之辨”，孟子是绕不过去的一座高峰，因为他在孔子思想的基础上对“义利之辨”进行了更深入的考察。

一、孟子论“义利之辨”

道德问题是一个永恒的价值论问题，道德判断与道德评价往往与人际间的利益相互纠葛，而且大多数情况下两者相互冲突，行为主体为何要舍弃自己的自我利益甚至生命去恪守心中的道德原则呢？对这一问题的追问是各种伦理学或道德哲学折射出智慧与人性之光的重要原因。朱熹说：“义利之说乃儒者第一义。”① “义利之辨”构成孟子道德哲学最基本、最核心的论题，其中最著名的论断是孟子与梁惠王的对话：

> 孟子见梁惠王。王曰：“叟不远千里而来，亦将有以利吾国乎?”孟子对曰：“王何必曰利？亦有仁义而已矣。王曰‘何以利吾国’，大夫曰‘何以利吾家’，士庶人曰‘何以利吾身’，上下交征利而国危矣。万乘之国弑其君者，必千乘之家；千乘之国弑其君者，必百乘之家。万取千焉，

---

①〔宋〕朱熹撰：《晦庵先生朱文公文集》卷第二十四，见朱杰人等主编：《朱子全书》（第 21 册），上海古籍出版社、安徽教育出版社 2002 年版，第 1082 页。

千取百焉，不为不多矣。苟为后义而先利，不夺不餍。未有仁而遗其亲者也，未有义而后其君者也。王亦曰仁义而已矣，何必曰利？”①

梁惠王见到孟子后，首先想到的问题是如何使自己的国家有利可图，孟子义正词严地拒绝谈“利”，他奉劝梁惠王作为君主应该以“仁义”为立国之道。孟子说：“义，人之正路也。”② 朱熹注释说：“义者，宜也，乃天理之当行，无人欲之邪曲，故曰正路。”③ “义”被诠释为合适、适宜、正当，它并非纯主观的原则，而是规范人之行为的客观性与普适性原则，有作为道德法则的、客观的“天理”确证其正当性，它是人之所以成就其真实道德人格的康庄大道。孔子说：“政者，正也。子帅以正，孰敢不正？”④ 治理国家的执政者若想让自己所治之地的人民安居乐业，就要从自身出发，端正自己是实现国泰民安的首要原则。执政者要保有“不忍人之心”，“以不忍人之心，行不忍人之政”⑤，即推行符合正义原则的“仁政”。

孟子对孔子思想的进一步推进，其中一方面就是由“仁”到“义”的观念变革，“仁义”并举。朱熹引程子之言曰：“孟子有功于圣门，不可胜言。仲尼只说一个仁字，孟子开口便说

① 《孟子·梁惠王上》。

② 《孟子·离娄上》。

③ 〔宋〕朱熹撰：《四书章句集注》，中华书局2012年版，第287页。

④ 《论语·颜渊》。

⑤ 《孟子·公孙丑上》。

仁义。”[①] 孟子将“羞”“恶”连用，视为“义之端”，但他并没有明确界说“耻”与“羞恶之心”有何关联。朱熹道出了“耻”与“羞恶之心”的内在关系，他说：“耻便是羞恶之心。人有耻，则能有所不为。”[②] 又说：“羞，耻己之不善也。恶，憎人之不善也。”[③] 以朱熹之见，“羞”是“耻己之不善”，“羞”是面对自我而害羞，它是对自我“不义”行为的愧疚和羞耻。“恶”则是“憎人之不善”，是对他人“不义”行为的愤慨与憎恶。无论是针对自我，还是针对他人，羞恶皆指向“不善”，因其道德义愤的对象皆指向不善，便自然于心中生发一种要求止于“至善”的道德意识，这种积极的道德意识与外物接触，便呈现为可以被唤起与感染的道德情感。“恻隐”“羞恶”“辞让”“是非”是心的活动，从心向上提升就是性，从心向下落实便是情，“恻隐”“羞恶”“辞让”“是非”在善良之心的统摄下，便成为四种积极的道德情感。“羞恶”就是羞耻情感，反映了道德主体内心对不道德行为的拒斥与责难，以羞耻感或羞恶说“义”，是孟子“义论”的特色之处。

人类的实践活动主要涉及两个方面，一个与事实判断相关，一个与价值判断相关。价值判断往往指向道德生活，所谓道德生活，即道德主体以自觉自主的精神实现自己支配自己之生活。只有人类能够通过自身的反思智慧，自觉意识到世界的

---

① 〔宋〕朱熹撰：《四书章句集注》，中华书局2012年版，第199页。

② 〔宋〕黎靖德编，王星贤点校：《朱子语类》卷第十三，中华书局1986年版，第241页。

③ 〔宋〕朱熹撰：《四书章句集注》，中华书局2012年版，第239页。

二重性：一方面，人在面对自然世界时要遵循自然因果律；另一方面，人在面对人间世界时则要遵循道德律。正是在这个意义上，康德说：“有两样东西，人们越是经常持久地对之凝神思索，它们就越是使内心充满常新而日增的惊奇和敬畏：我头上的星空和我心中的道德律。”① 宇宙万物都要遵循自然秩序，根植于耳目之官的生命欲望需要遵循自然因果律，这是人人所同有的，因此，孟子强调：“口之于味也，有同耆焉。耳之于声也，有同听焉。目之于色也，有同美焉。”② 对人类而言，心具有道德能力，可以主宰身体，故而孟子又强调：“心之所同然者，何也？谓理也，义也。圣人先得我心之所同然耳。故理义之悦我心，犹刍豢之悦我口。”③ “理”与“义”是人心“所同然”，美味美食可以满足人的口腹之欲，理义则可以充实、丰盈人的精神世界。理义并不是任意主观的东西，而是人类生而具有的共同的、客观的道德原则。

二、“耻”于“不义”的存在处境

“义”作为行为正当与否的判断标准，从外在效用上说是伦理规范，从内在道德直觉上说是道德律令。人认识自然规律需要一个认知过程，然后才能顺从自然规律而行动，同理，人遵循道德律而行动也是一个有主体意识参与的过程，只有有意识

---

① ［德］康德著，邓晓芒译，杨祖陶校：《实践理性批判》，人民出版社 2003 年版，第 220 页。

② 《孟子·告子上》。

③ 《孟子·告子上》。

地遵循道德律的行为才可能具有道德价值。康德从积极的方面将这种道德意识称为“尊重”或“敬重”，我们从消极的方面可以称之为“羞耻”或“耻感”意识。耻于某种行为，是作为行为主体的人有意识地参与到对道德法则的认识活动之中所产生的结果。孟子曰：

> 乃若其情，则可以为善矣，乃所谓善也。若夫为不善，非才之罪也。恻隐之心，人皆有之；羞恶之心，人皆有之；恭敬之心，人皆有之；是非之心，人皆有之。恻隐之心，仁也；羞恶之心，义也；恭敬之心，礼也；是非之心，智也。仁义礼智，非由外铄我也，我固有之也，弗思耳矣。故曰：“求则得之，舍则失之。”①

依照人的殊异情状去行动，自然可以为善，而事实上人有不善的行为，并不是由于个人禀赋不同造成的。“四端之心”是人先天固有的，所以，孟子批判告子的“仁内义外”说，主张“仁义内在”。孟子强调“义”的内在性，“仁义礼智根于心”②，内在的“道德心”是“仁义礼智”的根源。“仁义礼智，非由外铄我也，我固有之也”，判断行为适宜性、正当性的准则内在于人性之中，具有普遍性，这是每个人心中都具有的道德律令。据刘述先先生回忆，牟宗三向他询问孟子哲学的纲领是什么，他没有回答上来，牟宗三告知他八个字：仁义内在，性由心显。

---

① 《孟子·告子上》。

② 《孟子·尽心上》。

随着学识渐长，他对此八字愈是深信不疑①。孟子所谓“仁义礼智根于心”是不能通过外在的经验归纳得到完全证明的，而只能通过内心的感应来体证，人之所以为善，究其原因在于人的先天禀赋中有超越性根源。

同时，“义”也表现在具体事情的事理与情境中，行为主体在具体情境中生成道德决断。作为“羞恶之心”的“耻”，正是面对当下具体情境所产生的一种道德意识，行为主体在“耻”的提撕下完成道德行为。可见，“耻”正是反思人的实践活动是否符合“义”，即行为正当性的关键因素。

在对“耻”“羞感”“耻感”观念的研究中，中西哲学家有相通之处。西方现象学家舍勒说：“在羞感一词的某种意义上，羞感是对我们自己的感觉的一种形式，因此属于自我感觉的范围，这是羞感的实质。因为在任何羞感里都有一个事件发生，我想称之为‘转回自我’。”② “耻感”是一种普遍的道德意识，它表现出对现实自我与现实世界之限制的超越。现实自我即指陷溺于现实时空条件与对象中的自我，而“耻感”要求从这种现实的限制中得到解放与超拔，不再陷溺于“不善”境遇下的现实世界，这意味着“耻感是将自我呈现在善面前通过自我评价所形成的一种感受”③。根据舍勒的看法，羞耻感超越特定的

① 参见刘述先：《孟子心性论的再反思》，《中国文哲研究通讯》1994 年 4 卷第 2 期。

② ［德］马克思·舍勒著，刘小枫主编，林克等译：《道德意识中的怨恨与羞感》，北京师范大学出版社 2014 年版，第 184 页。

③ 高兆明：《耻感与存在》，《伦理学研究》2006 年第 3 期。

时空条件，有一个最普遍的背景：人觉知到自己是介于两种存在秩序——灵与肉、永恒与暂时、本质与生存——之间的一道桥梁，人牢固地根植于这两种秩序之中不能松懈，否则便不再成其为人。在基督教信仰中，人已经与自己的本质性存在相异化，人是命定地要与自己的本质性存在相冲突。羞耻感是人类模棱两可的天性，神与动物是没有羞耻感的，只有处于神与动物之间的人在精神活动中，能使自己意识到不完满存在的自身与作为完满性存在的“上帝”之间的鸿沟，人没有达到完满性的存在状态是生而为人的欠缺，进而才会产生这种羞耻的道德意识与道德情感。

“义利之辨”所追问的是君子与小人、义理与食色之间的根本区别，亦是对“人是什么?”与“何谓良好生活?”等普遍性问题的追问。张汝伦先生说：“义利之辨其实不仅仅是个道德判断，更是一个生存论决断，即我们究竟要怎样生活?”① 原始儒家很早就将对人的本质或人性的追问，与道德生活紧密联系在一起。在原始儒家的思想中，我们明显可以看到义与利、君子与小人、君子所性与人之性、义理与食色之间的对置现象：

子曰：“君子喻于义，小人喻于利。”②

孟子曰：“鱼，我所欲也。熊掌，亦我所欲也。二者不

① 张汝伦：《义利之辨的若干问题》，《复旦学报》（社会科学版）2010年第3期。

② 《论语·里仁》。

可得兼，舍鱼而取熊掌者也。生，我所欲也。义，亦我所欲也。二者不可得兼，舍生取义者也。生亦我所欲，所欲有甚于生者，故不为苟得也。死亦吾所恶，所恶有甚于死者，故患有所不辟也。”①

孟子曰：“君子所性，虽大行不加焉，虽穷居不损焉，分定故也。君子所性，仁义礼智根于心。其生色也，睟然见于面，盎于背，施于四体，四体不言而喻。”②

孟子曰：“人之所以异于禽兽者几希，庶民去之，君子存之。舜明于庶物，察于人伦，由仁义行，非行仁义也。”③

成就“圣贤”人格是作为实践主体的人对自身本质性规定的认同，这种认同伴随着一种强烈的“成德”意识。“圣贤”人格是一种完满的理想状态，但很难实现，人能自觉意识到这一矛盾，因此会于人的心灵中产生“耻于不善，而又有以至于善”④的积极想法。这一羞耻感是人类所独具的普遍性道德意识，是“人之所以异于禽兽”的细微之处，而这正体现了人作为万物之灵的可贵。

---

① 《孟子·告子上》。

② 《孟子·尽心上》。

③ 《孟子·离娄下》。

④ 〔宋〕朱熹撰：《四书章句集注》，中华书局2012年版，第54页。

第四节　耻以否定性方式建构道德的形上学

儒家文化中缺少舍勒基督教神学的宗教背景，自然就没有舍勒所谓两种存在秩序之间的对置现象及其张力，但我们不难发现古今中外的伟大思想家都在某种程度上揭示了道德耻感的本体论地位。诚如高兆明先生所言：“耻感是人不可摆脱的存在本体论宿命。”① 每个人都会承认，一条行为规范或准则能够被称为道德，也就是作为约束人类行为的价值根据，它自身一定要具有绝对的普遍性与必然性。由羞耻感出发，对这种行为必然性与普遍性之最终根据的追问，会产生的逻辑结果就是由作为道德意识的耻感上升为对儒家道德形而上学的探究。康德根据道德主体发展出一种道德神学，儒家则根据道德主体发展出一种真正的道德形而上学，此即儒家仁学或仁体论哲学②。

一、孟子的道德形上学

在《孟子》文本中，“仁”“义”常常并列出现，如孟子曰：“仁，人之安宅也；义，人之正路也。”③ 又说：“仁，人心

① 高兆明：《耻感与存在》，《伦理学研究》2006 年第 3 期。

② 陈来先生在这方面进行了一些理论性的探索。在其著作《仁学本体论》中，他欲建构一种新的儒家形而上学即“新仁学”，肯定与发扬“仁体”，希冀建构一套仁学本体论或仁体论哲学。仁学本体论的理论要点是以仁为本体，如理学本体论以理为本体，仁作为本体亦称仁体。参见陈来：《仁学本体论》，生活·读书·新知三联书店 2014 年版。

③ 《孟子·离娄上》。

也；义，人路也。”[1] “居恶在？仁是也；路恶在？义是也，居仁由义，大人之事备矣。”[2] “仁”即人实然具有的普遍性的爱人之心，孟子将其形容为人最安逸的住宅，“义”即人所坚持的必由之路，强调人应该按照适宜性原则去行仁爱人。儒学是仁学，亦是人学，孟子说：“仁也者，人也。合而言之，道也。”[3] “仁”是整个道德哲学体系的拱心石，个体通过耻感意识对道德律的尊重而遵循的行为规范或准则，都是“仁”的具体体现，但不能说这些符合规范或准则的道德行为是“仁体”。孟子曰：“人不可以无耻，无耻之耻，无耻矣。”[4] “耻”是人先天固有的“羞恶之心”，杜绝做令人羞耻的事情是人的责任与义务，这一责任与义务是遵循道德律而产生的必然结果。

孟子认为“仁义礼智根于心”，“仁义”内在于人心，成为道德实践活动的内在根据。“仁”是“人心”，心具有主宰身体的功能，可以说“仁”包含了“义”，从这个角度看，孟子的道德哲学也可以称为仁学。以“仁”来统摄人与世界的关联，揭示人之所以成其为人的存在方式是源于自身的“仁”或“仁爱”，这是儒家形态的形而上学，而非西方的 Ontology。从伦理学的视角看，它以人的德性为考察对象，德性是人区别于人之外的一切存在者的本质性规定，相较于无意识的他者，德性就是人的道德意识与道德情感。邓晓芒高度肯定了儒家情感主义

① 《孟子·告子上》。
② 《孟子·尽心上》。
③ 《孟子·尽心下》。
④ 《孟子·尽心上》。

形态的德性伦理学，他认为孔孟儒家对“四端”等道德情感的预设是对人类道德生活之起点的预设，这种预设不需要严密的逻辑推理，仅凭直觉、体悟的非逻辑方式也能够建立起具有道德导向的伦理规范。在承认康德式规范伦理学所建立起来的“道德形而上学”的前提下，以儒家情感主义形态的德性伦理学作为补充，可以起到对现实的道德生活进行纠偏和补益的作用①。

人类社会历史的发展是一个不断理性化的过程，随着社会交往以及人类事务的多元化、复杂化与专业化，需要普遍性的社会伦理规范和法律规范来确保社会的良性运转，但这些普遍性的社会伦理规范与法律体系是产生于以“羞恶之心”为标识的人类良心的，人类的良知或良心是规范伦理学的真正诞生地。孟子对孔子仁学的发展之处表现在，通过对四端之心的理论证明，完成道德形上学的哲学建构。诚如李明辉先生所言，儒家的修养工夫论和道德形上学是一体两面的，都是以人的道德意识为出发点②。在孟子的道德哲学中，作为道德意识的“羞恶之心”或耻感已经被提升到道德本体和人性根源的地位，孟子的仁学本质上就是关于人何以成其为人的道德形而上学，耻感是成为一个人的人性根据，这是孟子强调“人不可以无耻”的根本原因。

---

① 邓晓芒：《康德的道德形而上学及其与儒家伦理的比较》，《道德与文明》2020 年第 2 期。

② 李明辉：《儒家与康德》（增订版），联经出版事业股份有限公司 2018 年版，第 7 页。

可见，“耻”是人对自己所负责任与义务的自觉意识。与“仁体”通而为一的人，或者说达到“仁”这种境界的人，是真正自由的人，这种自由是道德自由、内在自由与精神自由。“仁”可以说是人的行为约束性的最终根据。在康德的道德形而上学中，他认为：“约束性的根据既不能在人类本性中寻找，也不能在他所处的世界环境中寻找，而是完全要先天地在纯粹理性的概念中去寻找。”① 人类行为所遵循的道德律之最终根据不在人类本性中，而是先天地在纯粹理性的概念体系中，道德规律的质料是人，但这种人没有任何经验性成分，纯粹到摆脱一切社会关系与自然机能。反观之，孟子说“耻之于人大矣”，“耻”是一种强烈的道德意识与道德情感，是人对自身作为伦理实体与道德本能的意识、感受与自觉。孟子首先将羞耻感提升到人之存在的本体性地位或形而上学的高度，这是孟子对孔子羞耻观的一个重大革新与发展。虽然孔子和孟子同样强调羞耻的内在性与自律性，羞耻感对主体行为的调节机制即在于此，但孔子没有明确认识到羞耻的先天性，孟子则将羞恶之心规定为人先天固有的内在本性，进一步深化了人之所以成其为人的先天根据。

二、“仁则荣，不仁则辱”

孟子认为那些不仁、不智、无礼、无义的人只能做他人的仆役，这种人若以做仆役为耻，便不是真正的知耻，就好比造

---

① ［德］伊曼努尔·康德著，苗力田译：《道德形而上学原理》，上海人民出版社2012年版，第3页。

弓箭的人以造弓箭为耻，如果懂得什么是真正的羞耻，就应该好好地做一个行仁的人。所以，孟子强调：“不仁、不智，无礼、无义，人役也。人役而耻为役，由弓人而耻为弓，矢人而耻为矢也。如耻之，莫如为仁。仁者如射：射者正己而后发；发而不中，不怨胜己者，反求诸己而已矣。”① 行仁的人应该像射箭的人一样，先端正自己的态度。

孟子又说：“仁则荣，不仁则辱。今恶辱而居不仁，是犹恶湿而居下也。”② “荣”是对仁的肯定性感受，通过这一肯定性感受可以揭示人应该如何从正面行动的问题，即对正面价值的追寻与坚守。反之，“辱”则是对不仁即恶的否定性感受，通过这一否定性感受也可以揭示人应该如何从反面行动的问题，即对负面价值的否定和弃绝，防止负面价值对正面价值的欺罔和颠覆。对治国理政者而言，实行仁政就会带来荣耀，否则便会遭受耻辱。但现今这些执政者，一方面厌恶耻辱，另一方面却自处于不仁之地，这与厌恶潮湿而自处于低洼之地是一个道理。耻辱与仁有着内在的关联，厌恶耻辱而又不仁的人，不是真正的知耻之人，知耻自然便会行仁，真正的道德之知与道德践履是合二为一的。知耻既包含行为主体对道德义务的理性认知，以寻求伦理规范的普遍性，又涉及对道德义务的情感态度，即一种由内心的羞耻之情所生发的对道德义务的敬重感和执行力。

孟子又说：“人之所以异于禽兽者几希，庶民去之，君子存

---

① 《孟子·公孙丑上》。

② 《孟子·公孙丑上》。

之。舜明于庶物，察于人伦，由仁义行，非行仁义也。”① 人与禽兽不同的地方微乎其微，一般人将其丢掉了，只有君子保存着。舜明白事物的道理，知晓人类的伦理，从仁义本身去行动，把实现仁义视为一个良善的目的，以及自我价值与人生意义的落实过程，而不是把行仁义当成一种外在的手段或工具。“由仁义行”对于人而言是一个绝对命令，人若不“由仁义行”，便在道德评价上落入无耻的境地，即不再是人。所以说，“耻”是一种以否定性方式表达的“仁”，反证了“由仁义行”所具有的道德价值。达到“仁”这种境界，也就是真正承担了人之所以成其为人的一切必然性义务与责任。

在孟子的道德形而上学中，人不是一个纯粹而抽象的理性概念，而是在实际的人伦日用与生活世界中不断超越感性欲求，而欲“志于道”的人。在孟子看来，远离耻辱的最简单的方法就是“居仁由义”。“居仁由义”或“由仁义行”是儒家坚持的精神修炼方式，这种关乎整全的人之生命的学问，反映了作为生活方式的儒家哲学所具有的实践特质。

---

① 《孟子·离娄下》。

第四章　“义辱”与“势辱”：荀子耻辱观的两种面向

荀子生活于战国时代，是当时最有影响力的儒学宗师，徐复观先生高度评价了荀子，认为他是先秦儒家最后的大师①。以荀子为代表的“齐学”，和以孟子为代表的“鲁学”是孔子儒学的主要传承者。就儒家的人性论而言，孟子主性善说，荀子主性恶说。通过对郭店楚简《性自命出》等篇所反映的儒家早期人性论——“性有善有不善”——的二重构造来看，孟子、荀子的人性论很可能是对“孔孟之间”这一人性模式分别加以引申扩展而来②。就“耻”这一具体德目而言，它的基本内涵是不断丰富与完善的。通过对先秦儒家思想史的梳理，可以发现儒家学派有关羞耻的理论是一脉相承的。从孔子“行己有耻”，到荀子“义辱”与“势辱”二分的耻辱观，先秦儒家从不同角度阐

---

① 徐复观：《中国人性论史·先秦篇》，见李维武编：《徐复观文集》（修订本）第三卷，湖北人民出版社 2009 年版，第 149 页。

② 王中江：《简帛文明与古代思想世界》，北京大学出版社 2011 年版，第 181~186 页。

发了“耻”在人的实践活动中所具有的道德价值与社会功用。孔子、孟子肯定了羞耻在君子人格生成方面所具有的修身作用，荀子在这方面加以继承与深化，其突出之点在于对“义辱”与“势辱”的辨析，并且从耻辱观这一伦理认知追溯其道德形而上学基础。由此可以确证荀学是儒家仁学的重要构成部分。

第一节　耻与君子人格

先秦儒家普遍将“耻”界定为一种内在于人的道德潜能，羞耻感的强弱代表道德感的强弱。在具体的现实境遇中，保存羞耻感并以此导向个体的道德实践，成就君子人格，是儒家普遍的期许。

一、耻与人格

儒学的特质即表现在由成就个人之理想人格的工夫而带出对天道性命的体悟，所以其实践哲学的性格尤为突出。传统儒家的“成德”之教就是“为己之学”，荀子说：“古之学者为己，今之学者为人。君子之学也，以美其身；小人之学也，以为禽犊。”① 所谓“为己”，即履道而行之，它以切身的道德修养为工夫，以圣人人格为最高境界，以君子人格为基本要求。儒家伦理学与其说是德性伦理学或规范伦理学，不如说是人格伦理学，成就理想人格便是“成人”。荀子说：“生乎由是，死

① 《荀子·劝学》。

乎由是，夫是之谓德操。德操然后能定，能定然后能应。能定能应，夫是之谓成人。天见其明，地见其光，君子贵其全也。”①从孔子开始，仁与智就是儒家修身工夫中不可或缺的主要德性，也是儒家理想人格的必要德性。诚如冯契先生所言：在孔子和儒家看来，仁且智是理想人格（圣人）的主要特征②。杨国荣先生也指出：“可以看出，在仁、义、礼、智四者之中，基本品格是仁与智，所谓羞恶之心与恭敬之心（辞让之心）无非是仁智融合的具体形态，正是在这意义上，孟子有时直接以仁和智来概括理想的人格。”③ 孔、孟常仁、智并举，仁智观念图式在《论语》《孟子》中俯拾皆是，在孔、孟的理论体系建构中发挥了很大作用，荀子对孔、孟的仁智观念图式有所继承和发挥。

《荀子》记载了孔子与弟子子路、子贡、颜渊围绕“知者若何？仁者若何？”而展开的对话，此段对话涉及的仁智观念意涵丰富，值得重视。其言曰：

> 子路入，子曰：“由，知者若何？仁者若何？”子路对曰：“知者使人知己，仁者使人爱己。”子曰：“可谓士矣。”子贡入，子曰：“赐，知者若何？仁者若何？”子贡对曰：“知者知人，仁者爱人。”子曰：“可谓士君子矣。”颜渊入，子曰：“回！知者若何？仁者若何？”

---

① 《荀子·劝学》。

② 冯契：《中国古代哲学的逻辑发展》（上册），华东师范大学出版社 2016 年版，第 72 页。

③ 杨国荣：《孟子的哲学思想》，华东师范大学出版社 2009 年版，第 105 页。

颜渊对曰：“知者自知，仁者自爱。”子曰：“可谓明君子矣。”①

从孔子与弟子的对话中可知，不同人格境界的人，所对应的仁智内涵也有较大差异：对士而言，智者在于使人知己，仁者在于使人爱己，仁智皆以“自己”为归宿；对士君子而言，智者在于知人，仁者在于爱人，仁智皆以“他人”为关照对象；对明君子而言，智者在于自知，仁者在于自爱，仁智也皆以“自己”为归宿，但又和士的标准有所不同——士的标准在于使他人知己、爱己，有以人格精神感召他人、强使他人认同自己，并进而知己、爱己的“他者”成分，明君子的标准则在于自知、自爱，完全是自主和自律的。三者之间层层递进，士居其末，士君子居其中，明君子居其首。自知者是明智的，明智的人即明君子。唐君毅先生将此类自知或知己之智与知人之智合称为道德上的智，以与追求客观真理为目的的理智上的智相区别②，前者是在实践领域起作用的实践智慧，后者则是在理论领域起作用的理论智慧。

用现代哲学的术语讲，人格是对人的精神品性、个性心理、价值取向的统称，是具有自我意识的单一性存在，人之所以为人而有别于禽兽，就在于人有“人格”。所以，黑格尔强调人格“它只开始于对自身——作为完全抽象的自我——具有自我意识

① 《荀子·子道》。

② 唐君毅：《文化意识与道德理性》，中国社会科学出版社 2005 年版，第 322 页。

的时候”①，人世间最高贵的事情就是成为具有“人格”的人。因为只有人才具有自我意识，也只有人才能通过自我意识来确证自己的本质性存在。人的本质性存在区别于动物性的纯本能的、感官的存在，人是一种道德的、精神的存在，也只有人才具有荣誉感与耻辱感。德国现象学家舍勒很明确地认为羞耻感是人类独具的类似于自我保护的感觉，羞耻感的产生总是伴随着一个被他称为“转回自我”的意识现象，人的精神总是能够使人意识到自身的现实存在与理想存在之间的距离感。

儒家的“耻”观念与道德有内在联系，可以说它是人先天固有的道德意识的表述，将知耻意识与修身相结合是先秦儒家的一种修养方法。孔子强调“行己有耻”，意在提醒个体在实际行动中必须保持羞耻之心，才能断绝为恶的可能性。孟子更进一步提出“耻之于人大矣”，将“耻”视为人之所以成其为人的本质性规定。儒学是君子之学，成就君子人格是儒学在个体心性培养方面的目标，“耻”与君子人格的养成有密切关联。在荀子看来，不仁不智的行为都可能招致耻辱，其言曰：“不知其无益则不知；知其无益也，直以欺人则不仁。不仁不知，辱莫大焉。”② 以仁智匮乏为标识的耻辱产生于对自我尊严和人格的侵害，并且这种侵害的主体不是外在的东西，而是源于自我对人之所以成其为人的价值体系的破坏。对于不仁不智的行为可能招致的耻辱，只能通过个人持续精进的精神修炼加以清除。

---

① ［德］黑格尔著，范扬、张企泰译：《法哲学原理》，商务印书馆 1961 年版，第 51~52 页。

② 《荀子·正论》。

二、“君子耻不修”

儒家的君子人格以理想的道德人格为内核，道德人格的生成离不开修身，所以对儒家而言，修身或者说自我修养（self-cultivation），而不是自我迷失（self-loss），自有其合理的意义①。但理想性的、圆满的道德人格并非轻易就可以实现，人能自觉意识到这一矛盾，因此会于心灵中产生“耻于不善，而又有以至于善”② 的积极想法，伴随这一理想信念的道德意识便是人的羞耻感。荀子基本上继承了孔、孟的“耻”观念，也重视“耻”在养成君子人格方面的重要价值。他认为“耻”是内省与自律，对君子而言，令其感到羞耻的事情是个人修养上的不足。荀子曰：

> 士君子之所能不能为：君子能为可贵，不能使人必贵己；能为可信，不能使人必信己；能为可用，不能使人必用己。故君子耻不修，不耻见污；耻不信，不耻不见信；耻不能，不耻不见用。是以不诱于誉，不恐于诽，率道而行，端然正己，不为物倾侧，夫是之谓诚君子。③

这里的“可贵”是一个具有道德意涵的词。王先谦解释说：“可

① ［美］赫伯特·芬格莱特著，彭国翔、张华译：《孔子：即凡而圣》，江苏人民出版社2002年版，第123页。

② 〔宋〕朱熹撰：《四书章句集注》，中华书局2012年版，第54页。

③ 《荀子·非十二子》。

贵，谓道德也。”① 古人所谓“道德”是宇宙法则、社会理则与人伦规范的统称。若就人的内在德性而言，可以用“仁义”二字代替，“道德”与“仁义”连用时，即表达相近的意思，如“道德仁义，非礼不成”②。所以，冯友兰先生认为若“仁”“义”二字连用，其意义相当于现在所谓“道德”③。荀子认为，由知廉耻进而修身的目的是向善，他说：“见善，修然必以自存也；见不善，愀然必以自省也。善在身，介然必以自好也；不善在身，灾然必以自恶也。”④

荀子所谓“君子能为可贵”之“可贵”，亦是说君子能行“仁义”。荀子明确地指出，君子所羞耻的事情是自己的修养不好，不以受到污蔑为耻；以不守信为耻，不以不被他人信任为耻；以自己无才为耻，不以不被任用为耻。这样才能不为浮名所诱惑，不害怕外界的诽谤，率道而行，端正自己，不为外物所动摇，才能称得上是真正的士君子。君子之学是“为己之学”，意在使个人的善良天性在生活世界里得到充分圆满之实现。荀子说：“古之学者为己，今之学者为人。君子之学也，以美其身；小人之学也，以为禽犊。”⑤ 君子之学入耳箸心，心之所得，在于将经验生活中个体所遵循的社会习俗、礼制礼仪、伦理规范内化为个体的心性品质，即固化为个体的内在德性。

---

① 〔清〕王先谦撰，沈啸寰、王星贤整理：《荀子集解》，中华书局 2012 年版，第 101 页。

② 《礼记·曲礼上》。

③ 冯友兰：《贞元六书》（上），中华书局 2014 年版，第 128 页。

④ 《荀子·修身》。

⑤ 《荀子·劝学》。

正所谓“富润屋，德润身”①，财富可以装饰住宅，德性或美德则具有润泽自身的作用。对君子而言，究竟哪些是可耻的事情，哪些是不必以之为耻的事情，荀子给出了具体的分判标准，君子要做的就是以仁义行事，不必过多在意外界的评价。

第二节　廉耻与道德勇气

我们通常将害羞、羞愧、羞耻、耻辱等视为表达人的道德潜能与道德情感的词语。荀子不仅谈“耻”，而且论“廉”，常以“廉耻”并称。

一、廉耻与勇的分类

荀子所谓“廉”，意指个人德行方面的正直、高洁。荀子以“廉耻”的多寡将青少年区分为三类，即“善少者”“恶少者”“不详少者”。荀子说：“端悫顺弟，则可谓善少者矣；加好学逊敏焉，则有钧无上，可以为君子者矣。偷儒惮事，无廉耻而嗜乎饮食，则可谓恶少者矣；加惕悍而不顺，险贼而不弟焉，则可谓不详少者矣，虽陷刑戮可也。”②“详”即“祥”，王先谦注曰：“谓少年而不祥者，犹言不祥人矣。”③“善少者”有廉耻之心，端正诚实，孝顺父母，友爱兄弟，如果这种人再谦逊好学，

① 《大学》。

② 《荀子·修身》。

③ 〔清〕王先谦撰，沈啸寰、王星贤整理：《荀子集解》，中华书局 2012 年版，第 34 页。

便可称为君子了。“恶少者”没有廉耻之心，懒惰苟且，胆小懦弱。“不详少者”阴险凶悍，不逊顺，不敬长者，即便遭到刑罚杀戮也是可以的。青少年的心智不够成熟，社会经验不足，容易做出违背伦理规范而引起羞耻情感体验的事情，这对他们来说是好事情。亚里士多德（Aristotle）就认为年轻人应该表现出羞耻的感情，因为他们常受到感情的左右而做出错误甚至不道德的事情，羞耻感可以帮助他们少犯错误①。这一看法和荀子如出一辙，结合上文分析可知，荀子就极为重视青少年的道德耻感问题，知羞耻的青少年是最接近于成为君子的。

荀子又以“廉耻”的多寡将“勇”区分为四类，即“狗彘之勇”“贾盗之勇”“小人之勇”“士君子之勇”。荀子曰：

> 有狗彘之勇者，有贾盗之勇者，有小人之勇者，有士君子之勇者：争饮食，无廉耻，不知是非，不辟死伤，不畏众强，恈恈然唯利饮食之见，是狗彘之勇也。为事利，争货财，无辞让，果敢而振，猛贪而戾，恈恈然唯利之见，是贾盗之勇也。轻死而暴，是小人之勇也。义之所在，不倾于权，不顾其利，举国而与之不为改视，重死持义而不桡，是士君子之勇也。②

“狗彘之勇者”“贾盗之勇者”“小人之勇者”均无廉耻或有少

① ［古希腊］亚里士多德著，廖申白译注：《尼各马可伦理学》，商务印书馆2003年版，第124页。

② 《荀子·荣辱》。

许廉耻，只有“士君子之勇者”持“义”甚坚。羞耻心、廉耻心、羞恶心是“义”的萌芽状态，君子将羞耻心、廉耻心、羞恶心视为一种德性，一旦出现任何出于不公正的意愿的行为，君子必定为此感到羞耻，并且这种因恶行而引起羞耻的情感体验带给君子足够的道德勇气，使其不因权力、利益而动摇，以“义”为上，甚至可以将个人生死置之度外，也必定会制止他在之后的生活中做出类似的不公正行为。

羞耻感的本质在于：它反映了高层次的价值意识与低层次的价值意识之间的紧张关系，其作用在于使人朝向高层次的价值以实现自身的存在意义，免于向低层次的价值沉沦。人是包含着无限的东西和完全有限的东西的统一，就其无限性而言，人能认识到自己在自身中是自由的，而且能从一切中抽象出来；就其有限性而言，“我这样一个人”一出生就有这样的家庭环境、身材相貌、时间地点，“我”完全是被规定了的东西。人的高贵之处就在于能够保持这种矛盾，这是任何其他自然的东西所没有的，人始终是追寻存在意义的物种，这是人有别于其他动物的地方。荀子认为，人类存在的意义在于人的理智能力与道义之心总在时刻提撕与警醒着个人去努力实现更高层次的价值。荀子说：“水火有气而无生，草木有生而无知，禽兽有知而无义，人有气、有生、有知，亦且有义，故最为天下贵也。”① 荀子依据羞耻感的强弱，对“善少者”“恶少者”“不详少者”以及“猗鲵之勇”“贾盗之勇”“小人之勇”“士君子之勇”的分判，目的就是激励人追求高层次的人生价值，实现自身的存

① 《荀子·王制》。

在意义，而免于在低层次的价值中失去生命向上奋进的活力。羞耻感标志着儒家的理想与经验世界之间的紧张状态，罗哲海认为这种向上奋进的生命姿态乃是以承担压力的坚强人格为前提的①，我们说这种坚强人格正是儒家的君子人格。

二、耻与人类良心

羞耻心、廉耻心、羞恶心是人类良心的一部分，人类的一切道德行为都导源于良心。黑格尔认为：“良心如果仅仅是形式的主观性，那简直就是处于转向作恶的待发点上的东西，道德和恶两者都在独立存在以及独自知道和决定的自我确信中有其共同根源。”② 良心是自由意志的“自我确信”，荀子也重视“心”。唐君毅指出：“荀子言性恶，似对孟子而发；然荀子中心之思想，则在言心而不在言性。”③ 荀子又言：“君子养心莫善于诚，至诚则无它事矣，唯仁之为守，唯义之为行。”④ 他和孟子一样认为羞耻心作为道德潜能，导源于良心，有羞耻心或羞耻感的人自然可以行善，无羞耻心或羞耻感的人则有为恶的可能。但这并不意味着人性本无善恶可言，而是强调在后天发生学上，人总是有为恶的可能性与现实性。

追求安乐与荣誉，避免陷入危险与耻辱的境地是人的天性，

---

① ［德］罗哲海著，陈咏明、翟德瑜译：《轴心时期的儒家伦理》，大象出版社 2009 年版，第 235 页。

② ［德］黑格尔著，范扬、张企泰译：《法哲学原理》，商务印书馆 1961 年版，第 163 页。

③ 唐君毅：《中国哲学原论・原性篇》，中国社会科学出版社 2005 年版，第 31 页。

④ 《荀子・不苟》。

所以荀子说：“为君子则常安荣矣，为小人则常危辱矣。凡人莫不欲安荣而恶危辱，故唯君子为能得其所好，小人则日徼其所恶。”① 安乐与荣誉是一种善，危险与耻辱是一种恶，羞耻心之所以是道德潜能，就在于它能通过自我意识对自身的内省，觉知能带来耻辱的东西是一种恶。君子应该对此恶保持警醒之心，将善作为人自身的目的来实现，这是一个“反求诸己”的道德修养过程。

第三节　“义辱”与“势辱”

“耻”与“辱”是互训的关系，具有相近的内涵，故有子曰：“恭近于礼，远耻辱也。”② 其最初的含义是指个人因为违反社会伦理规范，受到外部社会力量的制裁与惩罚，于心灵上产生一种失去人格与尊严的道德意识。芬格莱特在《孔子：即凡而圣》一书中，也认为儒家孔子的“耻”是与“辱”具有密切关联的道德反应③。也有社会学家引入弗洛伊德的心理学理论，将耻辱感视为一种“情绪制裁”④。所谓“情绪制裁”，意指个体行为如果不符合社会的期许，则会引起社会谴责，使个

---

① 《荀子·儒效》。

② 《论语·学而》。

③ ［美］赫伯特·芬格莱特著，彭国翔、张华译：《孔子：即凡而圣》，江苏人民出版社 2002 年版，第 29~30 页。

④ 朱岑楼：《从社会个人与文化的关系论中国人性格的耻感取向》，见李亦园、杨国枢主编：《中国人的性格》，桂冠图书股份有限公司 1988 年版，第 101 页。

体于内心产生一种自我谴责的羞耻情感。这种羞耻完全是外在的、后天的，它是社会舆论与道德压力对个体的规训化结果，类似于后面讲到的荀子所谓的“势辱”，但又不完全具有对等性。就相似之处说，这种社会性羞耻都是外在的。荀子认为这种外在化的“势辱”是由不可抗力，如权势者利用权力加之于个人的伤害，没有办法通过个人修养得到清除。

一、荣辱乃“安危利害之常体”

荀子重视辨析名实关系，其对名实关系的论辩也显示了他对耻辱观的重视。荀子对当时名家的言论多有批判，宋钘是名家代表人物，他说：“见侮不辱。”① 意思是说，一个人受到欺侮而不必以此为耻辱，这样就可以平息斗争。在宋钘看来，“侮”与“辱”是不同的“名”，具有不同内涵。白奚先生曾提出，就战国时期百家争鸣的论辩情境而言，宋钘的“见侮不辱”之说与告子的“不动心”有关②。荀子不以为然，他认为人与人之间的斗争源于憎恶而不是受到侮辱，比如小偷偷了人家的猪，被偷的人之所以要追斗小偷，并不是因为丢了猪受到侮辱，而是出于对偷窃者的憎恶。即使以受到欺侮为耻辱，没有憎恶也不会发生斗争；即使不以受到欺侮为耻辱，有憎恶也会发生斗争。

荀子批评宋钘的言论不仁不智，具有欺骗性质，这才是极

---

① 《荀子·正名》。

② 白奚：《稷下学研究：中国古代的思想自由与百家争鸣》，生活·读书·新知三联书店 1998 年版，第 198 页。

大的耻辱。并且认为凡是涉及议论或有争议的地方，一定要树立一个最高标准，没有最高标准，则会造成是非不分而争辩不决的后果。荀子以古代圣王的名物制度为最高标准，对“荣辱”进行了严格区分，荀子曰：

> 故凡言议期命，是非以圣王为师，而圣王之分，荣辱是也。是有两端矣：有义荣者，有势荣者；有义辱者，有势辱者。志意修，德行厚，知虑明，是荣之由中出者也，夫是之谓义荣。爵列尊，贡禄厚，形势胜，上为天子诸侯，下为卿相士大夫，是荣之从外至者也，夫是之谓势荣。流淫、污僈，犯分、乱理，骄暴、贪利，是辱之由中出者也，夫是之谓义辱。詈侮捽搏，捶笞、膑脚，斩、断、枯、磔，藉、靡、舌绎，是辱之由外至者也，夫是之谓势辱。是荣辱之两端也。故君子可以有势辱，而不可以有义辱；小人可以有势荣，而不可以有义荣。有势辱无害为尧，有势荣无害为桀。义荣、势荣，唯君子然后兼有之；义辱、势辱，唯小人然后兼有之。是荣辱之分也。圣王以为法，士大夫以为道，官人以为守，百姓以为成俗，万世不能易也。①

《荀子》文本中常以“荣”“辱”连用，许慎《说文解字》训曰：“荣，桐木也。从木，荧省声。一曰，屋梠之两头起者为荣。”②

---

① 《荀子·正论》。

② 〔汉〕许慎撰，〔清〕段玉裁注，许惟贤整理：《说文解字》，凤凰出版社2007年版，第435页。

“荣”字最初的含义是树木生长旺盛，后来又有了房屋的屋檐两头高起的意思，引申为高于他者是一种荣耀、荣誉。

当代道德哲学家麦金太尔认为，在许多前现代社会中，一个人的荣誉源于自己及其亲属在社会阶层中的地位，诋毁、侮辱某人也就是不承认他因个人社会地位而获得的东西。当“荣”与社会性地位、身份或道德伦理相关涉时，则具有了“荣誉感”的意味①。“荣辱”对人极为重要，是人之所以成其为人的内在规定性。王先谦评论道：“圣王以荣辱为人之大分，岂如宋子以见侮为不辱哉？”② 在荀子看来，古代圣王实施教化的最高原则是辨析“荣辱”。“荣辱”又分为四个方面：“义荣”“势荣”“义辱”“势辱”。诚意立志，德行美厚，思虑明达，由内而发的荣就是“义荣”；爵位尊贵，俸禄丰厚，权势有利，为天子诸侯者，由外而来的荣是“势荣”；荒淫无度，行为放荡，悖乱礼仪等，由内而发的辱是“义辱”；被人辱骂、砍头分尸等，由外而来的辱是“势辱”。君子可以有“势辱”不可以有“义辱”，小人可以有“势荣”不可以有“义荣”。有“势辱”也可以成为尧那样的圣王，有“势荣”也可能成为桀那样的暴君。君子可以兼有“义荣”与“势荣”，小人则可以兼有“义辱”与“势辱”。圣王以“荣辱”为行为的最高法则，士大夫以此为行为的导向，官僚以之为操守，百姓将其视为社会习俗，这是在

---

① ［美］阿拉斯戴尔·麦金太尔著，宋继杰译：《追寻美德：伦理理论研究》，译林出版社2003年版，第146页。

② 〔清〕王先谦撰，沈啸寰、王星贤整理：《荀子集解》，中华书局2012年版，第333页。

任何时代都行之有效的言行圭臬。“势荣”与“势辱”是由外在的、社会性的力量加之于个人的东西，如地位、声誉、身份、刑罚等，这些东西有时不以个人的内在修养为转移，是由一种客观的“势”造成的。

“义荣”与“义辱”是内在的，与个人道德性的人格与尊严相关涉，独立于公共的身份地位与名誉声望，没有涉及声誉上的褒贬，“反求诸己”便可以实现“义荣”、摆脱“义辱”。“义”有正义、适宜、正当等内涵，比喻为人应当行走的大道，所以荀子强调“唯仁之为守，唯义之为行”①。合乎“义”的行为规范具有普遍性，对个人而言是一种完全的义务，例如“不欺骗他人”，中西哲学家都将其视为一种具有普遍性的道德规范或道德律令。康德就认为如果一个人不讲诚信，总是欺骗他人，那么这条行为准则是不可能成为一条普遍规律的②。因为如果一个人可以把不负责任的诺言变成具有普遍性的道德律，只会造成一种结果，即每个人所承诺的东西都将不会兑现，人们再也不会相信彼此之间的承诺，这种承诺会变成自欺欺人的鬼话。孝、悌、忠、信、礼、义、廉、耻是儒家的“八德”，儒家的道德概念多具有双重内蕴，一方面可以作为康德所述的道德规范或道德律令来理解，另一方面儒家的这些德目更具有美德伦理学所强调的作为人的内在品质或卓越禀赋的意涵。

① 《荀子·不苟》。

② ［德］伊曼努尔·康德著，苗力田译：《道德形而上学原理》，上海人民出版社2012年版，第31页。

荀子也谈到守信的重要性，认为君子“耻不信，不耻不见信”①。就社会与伦理规范而言，守信是一条绝对的道德律令，每个人都应该遵守，否则便会招致耻辱。就人的内在美德而言，守信是一种植根于人性的内在品质，不守信、不知耻则意味着失去了做人的根本。这种耻辱从外在行为上看，源于自己违背了具有普遍性的道德律或伦理规范，更根本的原因是丧失了守信与知耻的个人美德，这是一种典型的“义辱”。

对“荣辱”的区分关系到一个人的安危利害，真正认识什么是“荣辱”，才能以之为行为准则，使个人避免陷于不利而受辱的境地，获得生活中的诸多幸福要素，如安乐、长寿等，所以荀子认为把握“荣辱”这个“常体”是必要的：

> 荣辱之大分，安危利害之常体。先义而后利者荣，先利而后义者辱；荣者常通，辱者常穷；通者常制人，穷者常制于人：是荣辱之大分也。材悫者常安利，荡悍者常危害；安利者常乐易，危害者常忧险；乐易者常寿长，忧险者常夭折：是安危利害之常体也。②

“材悫”指“材性原悫也”③，人性原本是质朴、诚实的。“材悫”与“荡悍”，“安利”与“危害”，“乐易”与“忧险”，

---

① 《荀子·非十二子》。

② 《荀子·荣辱》。

③ 〔清〕王先谦撰，沈啸寰、王星贤整理：《荀子集解》，中华书局2012年版，第58页。

“寿长”与“夭折”是对文，前者是人所期望获得的，后者是人所厌恶的，前者是“荣”，后者是“辱”，“好荣恶辱，好利恶害，是君子小人之所同也”①，趋“荣”避“辱”是人的本性。

荀子认为“荣辱”是“安危利害之常体”，“常体”有“常道”的意味。“荣辱”是安危利害的常体、常道，把握“荣辱”这个具有常道意义的生存论概念需要引入义利之辨，意即人在面对义利时应该如何选择，是以“义”为先，还是以“利”为先，哪一种原则具有优先性。荀子认为“先义而后利者荣，先利而后义者辱”，将“义”视为优先性原则，是区分“荣辱”的内在要求。林启屏认为荀子区分“义辱”“势辱”与孔、孟“义命分立”“性命分立”实属同调，都强调了儒家在价值选择上对道德优先性的重视②。羞耻感作为一种道德潜能，具有提撕个人过一种道德生活的驱动力，它使人意识到自我在终极意义上是自由的存在，具有自主选择的行为意愿与行动能力，在各种选择项之间——“义荣”“势荣”“义辱”“势辱”——做出选择，从而显现本己的本真生活状态。

二、“义辱”“势辱”与“义利之辨”

荀子并没有将“义”与“利”视为非此即彼的绝对对立关系，而是持一种“中道而行”的圆融态度，并且肯定了“利”

---

① 《荀子·荣辱》。

② 林启屏：《从古典到正典：中国古代儒学意识之形成》，台湾大学出版中心2007年版，第252页。

的正当性，荀子曰：

> 义与利者，人之所两有也。虽尧、舜不能去民之欲利，然而能使其欲利不克其好义也。虽桀、纣亦不能去民之好义，然而能使其好义不胜其欲利也。故义胜利者为治世，利克义者为乱世。上重义则义克利，上重利则利克义。故天子不言多少，诸侯不言利害，大夫不言得丧，士不通货财。有国之君不息牛羊，错质之臣不息鸡豚，冢卿不修币，大夫不为场园，从士以上皆羞利而不与民争业，乐分施而耻积臧。然故民不困财，贫窭者有所窜其手。①

“义”与“利”都是人所期望得到的，尧、舜这样的圣王也无法使百姓摆脱对利益的追求，但是可以使百姓的逐利之心不泯灭其追求正义的道德良知。桀、纣这样的暴君也无法泯灭百姓追求正义的道德良知，但是可以使其逐利的愿望战胜其追求正义的善良天性。“义”胜“利”是治世，“利”克“义”是乱世，怎样实现治世而不是乱世呢？荀子的答案是，士君子以上的人要羞耻于逐利，不和百姓争夺事业，乐于施舍而羞耻于积累财富。荀子又引曾子之语说：“故君子苟能无以利害义，则耻辱亦无由至矣。”② 君子在自身修养上要严格要求自己，“无以利害义”是远离耻辱的基本方法，这也是羞耻感所具有的修身作用。

---

① 《荀子·大略》。

② 《荀子·法行》。

一般而言，耻辱与人的尊严和人格有着内在的密切关系，“耻感”的产生与形成始终伴随着对自我尊严和人格的关切，这种尊严和人格是人之所以成其为人的价值根据，这也是儒家对“耻”“辱”观念及“耻感”予以高度重视的原因所在。荀子将耻辱区分为“义辱”与“势辱”。在西方哲学家那里也可以看到类似的区分，如哈特曼（Eduard von Hartmann）就认为有两种类型的羞耻：在他人面前的羞耻与在自己面前的羞耻①。哈特曼认为，在他人面前的羞耻与人的荣誉感相关，在自己面前的羞耻则涉及人对自身作为伦常人格的骄傲，这种骄傲的外部显现就是人的伦常尊严。儒家所重视的是后一种意义上的羞耻，即丧失人格尊严而于良心上产生的羞耻感，外在的惩罚与羞辱等负面制裁、名誉与声望等正面奖励，终究不适合作为纯粹的道德根源。所以，德国汉学家罗哲海一再强调儒家是“凭借一种内在的羞耻感而趋向于理想，并以心灵的快乐作为自我奖励”②。

在荀子看来，以“义辱”为标识的耻辱产生于对自我尊严和人格的侵害，并且这种侵害的主体不是外在的东西，而是源于自我对人之所以成其为人的价值体系的破坏，荒淫无度、行为放荡、悖乱礼仪、逐利积藏等自我放任而没有自律的行为都可能招致“义辱”，这种耻辱可以通过个人修养而得到清除。

---

① ［德］爱德华·封·哈特曼著，倪梁康译：《道德意识现象学——情感道德篇》，商务印书馆2012年版，第39页。

② ［德］罗哲海著，陈咏明、瞿德瑜译：《轴心时期的儒家伦理》，大象出版社2009年版，第235页。

“势辱”是相对“义辱”而言的，是外在的、社会性的力量加之于个人的东西，如地位被迫下降、声誉受到毁谤、身份被玷污、无辜遭受刑罚等。这些客观时势所造成的耻辱就是“势辱”，这种耻辱没有办法通过个人修养得到清除。所以，荀子认为“君子可以有势辱，而不可以有义辱”①，而小人则可以“势辱”与“义辱”兼而有之。庄子也有类似论述：“是故大人之行……世之爵禄不足以为劝，戮耻不足以为辱；知是非之不可为分，细大之不可为倪。”② 由外在刑法而产生的“戮耻”相当于荀子的“势辱”，对于卓越的“大人”而言，这是不足以引发内在耻辱的。从单一的耻辱方面来看，君子与小人的区别就在于有没有“义辱”，君子是没有“义辱”的，小人反之。也可以反而观之，有“义辱”的则归为小人，无“义辱”的则归为君子。荀子严格分辨“荣辱”的目的是教人树立真正的耻辱感，以“义辱”为标志的耻辱感是一种内在的道德意识，它有助于培养“有耻且格”的健全人格。

第四节 荀子耻辱观的道德形上学基础

学者们普遍认为荀学是以“礼”为中心的学问。王先谦认为：“荀子言学，以礼为先，人无礼则禽犊矣。”③ 李泽厚先生

---

① 《荀子·正论》。

② 《庄子·秋水》。

③ 〔清〕王先谦撰，沈啸寰、王星贤整理：《荀子集解》，中华书局2012年版，第13页。

在谈到荀子时，亦认为相较于孔、孟对“仁”的重视，“礼”是荀学的核心观念①。

一、礼的起源

荀子对“礼”的起源也给出了解释。荀子曰：

> 礼起于何也？曰：人生而有欲，欲而不得，则不能无求；求而无度量分界，则不能不争；争则乱，乱则穷。先王恶其乱也，故制礼义以分之，以养人之欲，给人之求，使欲必不穷乎物，物必不屈于欲，两者相持而长，是礼之所起也。②

“礼”是伦理规范是“人道之极”，圣王制作礼制、礼仪的目的在于调节与制衡人的欲望，止息争乱，维持良好的社会秩序。

荀子的可贵之处在于他认识到人有思辨理性与道德理性，而且人以正义原则为价值导向，采用群居的生存方式构成社会。荀子说：“水火有气而无生，草木有生而无知，禽兽有知而无义，人有气、有生、有知，亦且有义，故最为天下贵也。力不若牛，走不若马，而牛马为用，何也？曰：人能群，彼不能群也。人何以能群？曰：分。分何以能行？曰：义。”③ 在儒家看

---

① 李泽厚：《中国古代思想史论》，生活·读书·新知三联书店2008年版，第111页。

② 《荀子·礼论》。

③ 《荀子·王制》。

来，人是生来就要进入现实世界，并且要在现实世界之中成就自身的。更具体地说，人要进入到“群”即社会之中，具有被塑造为一个圣贤君子的潜能。人能结群而生活，是因为个人的天资禀赋有先验的差异性，基于生理与理智上的差异形成不同的分工合作，“分”的背后是以“义”为导向的道德自觉与价值选择①。

荀子的思想有很强的经验性格，所以他“隆礼重法”，但是也应该看到他对“仁”与“礼”关系的看法，在本质上与孔、孟是一脉相承的，都是特殊历史时期产生的儒家仁学的分支。道德形而上学追问道德行为的根据和基础，从形而上的层面探讨诸如什么是善、善何以可能等普遍性问题。荀子的耻辱观作为一种标识人类道德行为之导向的价值理念，也关涉着具有普遍性的道德问题，自有作为其基础的道德形而上学为指导，这个道德形而上学即荀子的仁学。

二、耻辱感建构仁学

荀子对其仁学思想进行过理论阐释，荀子曰：

> 人主仁心设焉，知其役也，礼其尽也。故王者先仁而后礼，天施然也。②
>
> 仁，爱也，故亲。义，理也，故行。礼，节也，故成。仁有里，义有门。仁非其里而虚之，非礼也。义非其门而

---

① 曾振宇：《性质美：荀子人性论辩诬》，《中国文化研究》2015 年第 1 期。

② 《荀子·大略》。

由之，非义也。推恩而不理，不成仁；遂理而不敢，不成义；审节而不知，不成礼；和而不发，不成乐。故曰：仁、义、礼、乐，其致一也。君子处仁以义，然后仁也；行义以礼，然后义也；制礼反本成末，然后礼也。三者皆通，然后道也。①

先王之道，仁之隆也，比中而行之。曷谓中？曰：礼义是也。道者，非天之道，非地之道，人之所以道也，君子之所道也。②

什么是“先王之道”呢？王先谦注释说：“先王之道，谓儒学，仁人之所崇高也，以其比类中道而行之，不为诡异之说，不高不下，使贤不肖皆可及也。”③“先王之道”就是儒学，儒学就是仁学。“仁”先而“礼”后，“仁”不仅在逻辑上居于优先地位，而且是“礼”之“天地精神”④。

儒学即仁学，仁学即“人学”，是追问人之所以成其为人的学问。羞耻感、羞恶感、耻辱感是人区别于动物的类本质性规定，人不可以无耻，人之所以在自我意识中产生羞耻、羞恶、耻辱的道德意识与道德情感，是为了自己向善以及与他人为善，这些都基于恻隐之心的“仁”。从存在之本质显现上看，人是道

① 《荀子·大略》。

② 《荀子·儒效》。

③ 〔清〕王先谦撰，沈啸寰、王星贤整理：《荀子集解》，中华书局2012年版，第121页。

④ 牟宗三：《名家与荀子》，吉林出版集团有限责任公司2015年版，第134页。

德的存在，“仁”是一切道德的源出处，具有本体的意蕴，是形成作为道德潜能的耻辱感的基本前提。耻辱感是人的精神位格中心的“良知动荡”，一方面具有否定的谴责性作用，亦即对不道德行为的羞恶之情；另一方面又具有肯定的解放性的建构作用，使人知耻而后勇，由低层次的价值序列超拔挺进高层次的价值序列，以此成就圆满而完善的君子人格。所以说，耻辱感是以否定的谴责性作用与肯定的建构性作用通向“仁”、把握“仁”，特殊的耻感境遇只是本体之“仁”的具体显现。

第五章　耻、自耻与廉耻之志：汉儒对耻观念的继承与深化

先秦诸子时代是一个充满思想创造活力的时代，百家争鸣、精神自由的时代风气使得士人阶层尚能与君主保持温和的距离，而秦汉大一统专制帝国的建立使得士人阶层感受到前所未有的政治压力。两汉士人阶层的人格形态以及两汉思想文化发展的基本方向，都是在政治压力感之下形成的。自汉武帝“罢黜百家，独尊儒术”以降，作为国家治理和社会统治层面的儒学（儒家“六经”①）便成为汉朝的官方意识形态，儒家思想的地位得到进一步巩固和提高。汉儒充分认识到廉耻作为统治手段的重要性，以及在朝纲崩溃、社会动荡之际，儒家士人群体如何保有自耻和廉耻的气节，不屈服于邪恶政治势力的

---

① 儒家“六经”在汉武帝尊崇儒学以前已经获得作为经典的权威地位，庄子有言曰：“其明而在数度者，旧法世传之史尚多有之。其在于《诗》《书》《礼》《乐》者，邹鲁之士、缙绅先生多能明之。《诗》以道志，《书》以道事，《礼》以道行，《乐》以道和，《易》以道阴阳，《春秋》以道名分。其数散于天下而设于中国者，百家之学时或称而道之。”（《庄子·天下》）汉武帝的贡献是采纳董仲舒的建议，宣告了儒家“六经”的既存权威性地位。

压迫，以刚毅的道德勇气抵御社会不正之风对儒家君子式道德人格的戕害。

第一节　董仲舒论耻与复仇

董仲舒是今文经学家，曾任国子博士，两次为国相，教学精勤，以治《公羊春秋》著称于世。在三对汉武帝的策问中提倡罢黜百家，推崇孔子六艺之学，开启了儒学国教化的历程，为两汉儒家宗师。班固有言曰："汉兴，承秦灭学之后，景、武之世，董仲舒治《公羊春秋》，始推阴阳，为儒者宗。"① 按照冯友兰先生对中国哲学史分期的看法，董仲舒实为中国哲学由"子学时代"进入"经学时代"的第一人。所以，他在谈到董仲舒在两汉儒者中的地位时说："此时之时代精神，此时人之思想，董仲舒可充分代表之。"② 汉朝初年的思想状况还是先秦思想的格局，自董仲舒出，先秦思想发生了很大的转折，汉代思想的特性是由董仲舒塑造的。董仲舒在吸收先秦原始儒家传统思想的同时，又建立了独具特色的春秋公羊学体系。其春秋公羊学的主旨是"奉天法古"，其复仇说、名节论、汤武革命说、夷夏之辨等理论也是基于儒家传统伦理思想的。董仲舒特别推崇《春秋》的"大复仇"与名节论，践履复仇与保守名节的行为是羞耻感起作用的结果。董仲舒提出"行仁义而羞可耻"，认为羞耻感作为一种觉醒的道德意识，根源于"仁义"这一形上

① 〔汉〕班固撰，〔唐〕颜师古注：《汉书》，中华书局 1962 版，第 1317 页。

② 冯友兰：《中国哲学史》（下册），重庆出版社 2009 年版，第 9 页。

道德本体。人是“仁义”的存在，即人是道德的存在，“仁义”为形下的现实道德生活奠定基础。在传统社会中，当政治与伦理秩序无法有效运作，人们对正义之善的合理诉求得不到满足时，因为有“仁义”作为基础，提倡复仇与推崇名节遂成为一种可欲的正义行为。

一、公羊学的“大复仇”说

《春秋》是孔子所作，《春秋》的大复仇思想有其深刻的社会政治背景。孟子有言：“世衰道微，邪说暴行有作，臣弑其君者有之，子弑其父者有之。孔子惧，作《春秋》。”① 在世道衰微的动荡时代，社会处于无序状态，造成臣弑其君、子弑其父等违背人伦的悲惨现实，旧有的礼乐制度不能保障人们对社会正义的渴慕与需求，孔子忧惧而作《春秋》。在《春秋》一书中，孔子记载了很多著名的复仇事件，如齐襄公灭纪复九世之仇、伍子胥鞭尸楚庄王为父复仇等。在价值评价上，孔子对这些复仇事件持守一种礼赞与推崇的态度。儒家的复仇思想不局限于《春秋》，而是一种具有普遍性的观念。《礼记》有言：“父之仇，弗与共戴天。兄弟之仇，不反兵。交游之仇，不同国。”② 可见，复仇与儒家伦理有着密切的关系。孟子亦有言：“吾今而后知杀人亲之重也：杀人之父，人亦杀其父；杀人之兄，人亦杀其兄。”③ 董仲舒也认识到世道衰微的春秋时代是一

---

① 《孟子·滕文公下》。

② 《礼记·曲礼上》。

③ 《孟子·尽心下》。

个非正义的时代，他说：

> 周衰，天子微弱，诸侯力政，大夫专国，士专邑，不能行度制法文之礼。诸侯背叛，莫修贡聘，奉献天子。臣弑其君，子弑其父，孽杀其宗，不能统理，更相伐锉以广地，以强相胁，不能制属，强奄弱，众暴寡，富使贫，并兼无已，臣下上僭，不能禁止。①

儒家思想以伦理为本位，以血亲为基础的儒家伦理是维系人际关系与社会有序运转的天然基石。杀人至亲是大事件，它破坏了血亲伦理，这是儒家所不能容忍的。从道德哲学的角度看，对血亲伦理的破坏是对自我尊严的伤害，而自我尊严是人之所以为人的内在价值，自我尊严的丧失必然引起强烈的耻感，在特定社会背景下，诉诸复仇与持守名节是消除耻感的重要方式。

后世公羊学家以“微言”与“大义”判别春秋三传之高下，清儒皮锡瑞明确界说二者内涵之不同：“《春秋》有大义，有微言。所谓大义者，诛讨乱贼以戒后世是也；所谓微言者，改立法制以致太平是也。”② 公羊学家认为《春秋》“微言”与“大义”兼而有之，《春秋》的大复仇思想属于“诛讨乱贼以戒后世”之范围，即侧重于伸张正义。公羊学家对儒家大复仇思

---

① 〔汉〕董仲舒撰，朱方舟整理，朱维铮审阅：《春秋繁露》，上海书店出版社 2012 年版，第 132 页。

② 〔清〕皮锡瑞著，吴仰湘点校：《经学通论》，中华书局 2018 年版，第 365 页。

想的论述，根据其内容不同，可以分为三种类型：个人复国君杀父之仇；臣子复乱臣贼子弑君之仇；国君复国君先祖之仇①。这三种类型并非完全独立存在，有时会有交叉与重叠。

首先，个人复国君杀父之仇。典型的例子是伍子胥为父报仇。吴国大夫伍子胥的父亲无罪却为楚平王所杀，在楚国准备出兵讨伐蔡国之际，蔡国向吴国求援，吴国派伍子胥救援。伍子胥感觉复仇时机成熟，于是率军入楚，鞭尸楚平王，报了父仇。司马迁高度评价了伍子胥为父报仇的行为，他说：“向令伍子胥从奢俱死，何异蝼蚁。弃小义，雪大耻，名垂于后世，悲夫！”② 君主违背道义，不尽君主之道，就是独夫民贼，无正当理由诛杀臣子，臣子的儿子就可以向君主复仇。君主的权威不是绝对的，这与孟子“闻诛一夫纣矣，未闻弑君也”③ 的思想可谓是一脉相承。董仲舒正面肯定了伍子胥，说道：“故伍子胥，一夫之士也，去楚干阖庐，遂得意于楚，所托者诚是，何可御耶？”④ 可见，董仲舒借发扬公羊学的大复仇说，来宣扬孔孟等原始儒家对暴君暴政的批判精神。

其次，臣子复乱臣贼子弑君之仇。春秋时代，周道衰废，乱臣贼子弑君事件很多。《史记·太史公自序》载：“《春秋》

---

① 蒋庆：《公羊学引论：儒家的政治智慧与历史信仰》，福建教育出版社 2014 年版，第 260 页。

② 〔汉〕司马迁撰，〔南朝宋〕裴骃集解，〔唐〕司马贞索隐，〔唐〕张守节正义：《史记》，中华书局 1982 年版，第 2183 页。

③ 《孟子·梁惠王下》。

④ 〔汉〕董仲舒撰，朱方舟整理，朱维铮审阅：《春秋繁露》，上海书店出版社 2012 年版，第 136 页。

之中，弑君三十六，亡国五十二，诸侯奔走不得保其社稷者不可胜数。”① 乱臣贼子弑君是大罪，不为君主复仇的臣子是要被视为弑君之人的。《春秋公羊传·宣公六年》记载：“赵盾弑君，此其复见何？亲弑君者，赵穿也。亲弑君者赵穿，则曷为加之赵盾？不讨贼也。”② 董仲舒在《春秋繁露》中表达了自己对这类复仇事件的看法：

> 《春秋》之义，臣不讨贼，非臣也。子不复仇，非子也。故诛赵盾贼不讨者，不书葬，臣子之诛也。许世子止不尝药，而诛为弑父。楚公子比胁而立，而不免于死。③

君主死后“不书葬”的先例是鲁隐公。为君主举办葬礼是臣子的责任，鲁隐公被其弟桓公弑杀，鲁国臣子没有诛杀弑君之贼，《春秋》认为鲁国没有臣子，所以“不书葬”。在《春秋》的记载中，弑晋灵公的是赵穿而非赵盾，但《春秋》把弑君的罪名加之于赵盾，究其原因，是赵盾作为臣子没有尽到臣子为君报仇雪耻的义务。一国之君被弑杀，对臣子而言是奇耻大辱，臣子有责任为君主复仇。《白虎通义》中也有类似的论断：“子得

---

① 〔汉〕司马迁撰，〔南朝宋〕裴骃集解，〔唐〕司马贞索隐，〔唐〕张守节正义：《史记》，中华书局 1982 年版，第 3297 页。

② 刘尚慈译注：《春秋公羊传译注》，中华书局 2010 年版，第 343 页。

③ 〔汉〕董仲舒撰，朱方舟整理，朱维铮审阅：《春秋繁露》，上海书店出版社 2012 年版，第 133 页。

为父报仇者，臣子于君父，其义一也。忠臣孝子所以不能已，以恩义不可夺也。”① 臣对君要尽忠，子对父要尽孝，虽然社会伦理上的职责有所不同，但从本质上看，均是道义所在，是人之所以成其为人的内在要求。反之，臣对君不尽忠，子对父不尽孝，则是违背伦理规范的，是儒家君子应该引以为耻的事情。

最后，国君复国君先祖之仇。先祖可以是祖父以至百世祖，《春秋公羊传》中就有这种非常独特的九世复仇的事例，甚至百世复仇的理论。《春秋》庄公四年夏，书曰：“纪侯大去其国。”《春秋公羊传》解释说：

> 大去者何？灭也。孰灭之？齐灭之。曷为不言齐灭之？为襄公讳也。《春秋》为贤者讳。何贤乎襄公？复仇也。何仇尔？远祖也。哀公亨乎周，纪侯谮之。以襄公之为于此焉者，事祖祢之心尽矣。尽者何？襄公将复仇乎纪，卜之，曰：“师丧分焉。”“寡人死之，不为不吉也。”远祖者，几世乎？九世矣。九世犹可以复仇乎？虽百世可也。②

孔子作《春秋》，书“纪侯大去其国”而不书灭国，是为了替齐襄公隐讳，因为灭他人之国是不符合礼制的。董仲舒也解释说：“纪侯之所以灭者，乃九世之仇也。一旦之言，危百世之

---

① 〔汉〕班固撰，吴人整理，朱维铮审阅：《白虎通义》，上海书店出版社2012年版，第298页。

② 刘尚慈译注：《春秋公羊传译注》，中华书局2010年版，第112页。

嗣，故曰大去。”① 齐襄公杀死鲁桓公，又与妹妹通奸，并非贤明之君，孔子为什么要替齐襄公隐讳呢？原来齐襄公的远祖齐哀公曾被纪侯诬陷，而遭到周天子的诛杀。齐襄公复仇的心志坚定，即使战前的占卜对自己不利，也要兴师复仇。公羊家礼赞齐襄公为九世祖复仇，并认为虽百世亦可复仇。

齐襄公身处礼崩乐坏的社会变革时代，周天子失去权威，诸侯国不再服从周天子的诏令。当旧有的维系社会正义的制度规范失去赏善罚恶的社会功能与伦理意义的时候，惩罚非道义行为的责任与义务是否应该由个人去承担？国君之仇“百世可复”是很极端的提法，卿大夫之家为什么不能复百世仇？今君为先君报仇雪耻是否存在迁怒于人的情况呢？《春秋公羊传》对这些疑问进行了进一步解释：

> 家亦可乎？曰：不可。国何以可？国君一体也。先君之耻，犹今君之耻也；今君之耻，犹先君之耻也。国君何以为一体？国君以国为体，诸侯世，故国君为一体也。今纪无罪，此非怒与？曰：非也。古者有明天子，则纪侯必诛，必无纪者。纪侯之不诛，至今有纪者，犹无明天子也。……有明天子，则襄公得为若行乎？曰：不得也。不得则襄公曷为为之？上无天子，下无方伯，缘恩疾者可也。②

---

① 〔汉〕董仲舒撰，朱方舟整理，朱维铮审阅：《春秋繁露》，上海书店出版社 2012 年版，第 136 页。

② 刘尚慈译注：《春秋公羊传译注》，中华书局 2010 年版，第 112 页。

《春秋公羊传》是用“国君一体”来解释的，诸侯是世袭的，最初被分封为诸侯者与其世袭的子孙，皆称为一国的诸侯。国君一体，先君的耻辱就是今君的耻辱，今君的耻辱亦是先君的耻辱，荣辱与时俱在，今君为先君报仇雪耻是义务。《春秋公羊传》又认为今君为先君报仇雪耻是可以的，其正当性需要满足的充分条件是无圣明天子主持正义，违背仁义的恶行无法得到应有的惩罚。如齐襄公九世祖被纪侯诛杀，因为没有圣明天子的缘故，纪侯一直未受到应有的惩罚。齐襄公不诛杀纪侯会令先君蒙受耻辱，诛杀纪侯不是迁怒于他，而是雪耻与寻求正义的明智之举。

二、尚耻与“《春秋》贤死义”

原始儒家很自觉地将气节提升到儒者精神生命的高度，知耻、尚耻与重气节操守是一体两面的关系，只有知耻、尚耻的人才能做到在任何艰难处境下都保有儒家君子的气节操守，重气节操守的人必然也是知耻、尚耻的人。曾子说：“可以托六尺之孤，可以寄百里之命，临大节而不可夺也。君子人与？君子人也。”① 孟子对“浩然之气”的强调也突出了这一点，孟子说：“难言也。其为气也，至大至刚，以直养而无害，则塞于天地之间。其为气也，配义与道；无是，馁也。是集义所生者，非义袭而取之也。行有不慊于心，则馁矣。”② 这种至大至刚的气节是正义行为的积累所致，不是偶然的正义行为就可以取得

① 《论语·泰伯》。

② 《孟子·公孙丑上》。

的，只要行为有愧于心，此种气节就会疲弱。

孔子作《春秋》用“纪侯大去其国”而不书灭国，一方面是替齐襄公隐讳，另一方面也是替纪侯隐讳，因为《春秋》“贤死义”。董仲舒有言：

> 齐将复仇，纪侯自知力不加而志距之，故谓其弟曰：我宗庙之主，不可以不死。汝以酅往，服罪于齐，请以立五庙，使我先君岁时有所依归，率一国之众，以卫九世之主。襄公逐之不去，求之弗予，上下同心而俱死之。故谓之大去。《春秋》贤死义，且得众心也，故为讳灭。以为之讳，见其贤之也。以其贤之也，见其中仁义也。①

《春秋》认为纪侯为了偿还先君之罪，使先祖得到祭祀而自愿服罪于齐国，为仁义而死，并深得百姓拥戴，所以，要隐讳地记载纪国被灭国这一事实。《管子》云：“国有四维。一维绝则倾，二维绝则危，三维绝则覆，四维绝则灭。倾可正也，危可安也，覆可起也，灭不可复错也。何谓四维？一曰礼，二曰义，三曰廉，四曰耻。”② 维系国家存亡有四个纲领：礼、义、廉、耻。耻不仅对于国家兴亡至关重要，对作为个体的人而言，亦是如此。孟子说：“人不可以无耻，无耻之耻，无耻矣。”③ 人不可

---

① 〔汉〕董仲舒撰，朱方舟整理，朱维铮审阅：《春秋繁露》，上海书店出版社 2012 年版，第 129 页。

② 《管子·牧民》。

③ 《孟子·尽心上》。

以没有羞耻心，没有羞耻心的羞耻，是真的无耻至极。齐襄公与纪侯都是有羞耻心的君主，齐襄公为仁义而复仇纪侯，纪侯为仁义而服罪于齐国，都是值得礼赞的。所以，董仲舒认为这是《春秋》替两位君主隐讳的主要原因。

复仇是在非正义社会背景下，以极端方式寻求正义的一种行为，因此它可能造成一种新的对正义的侵害。其潜存的内在矛盾可能会使复仇行为陷于“复仇循环”的无限进程，世代相传以至于无穷。九世乃至百世复仇的理论，便是这种“复仇循环”的典型证明。所以，黑格尔认为：在无法官和法律的社会状态中，刑罚经常具有复仇的形式。在未开化民族，复仇永不止息①。黑格尔认为复仇不是正义的真正形式，刑罚才是正义的真正形式，应该以刑罚的正义取代复仇的正义。我们不必以现代人的观念过分苛责古人的大复仇思想，这种思想的存在必有其深刻的社会历史背景。我们应该回到真实的历史本身，礼乐制度作为周朝的“成文的法”，是治国理政的依据，也是维系诸侯国、周天子与诸侯、君臣、父子、夫妇之间关系的纽带。春秋之际，礼崩乐坏，暴君杀忠臣，逆臣贼子弑君，父子相杀，社会陷入无序状态，刑罚的正义根本无法通过常规途径实现，只能通过复仇这种“非正义的真正形式”来勉强维持正义。

复仇会引起战争，《春秋》是厌恶战争的。董仲舒说：“《春秋》之书战伐也，有善有恶也。恶诈击而善偏战，耻伐丧

① ［德］黑格尔著，范扬、张企泰译：《法哲学原理》，商务印书馆 1961 年版，第 123~124 页。

而荣复仇。奈何以《春秋》为无义战而尽恶之也？"① 复仇之战是否具有正义性呢？董仲舒的回答是肯定的，他说："不义之中有义，义之中有不义。"② 复仇之战属于"不义之中有义"的一类。董仲舒不仅继承了《春秋》的大复仇思想，而且突显了"死义"的名节。

春秋时期齐国大夫逢丑父在齐晋鞍之战中，使用桃代李僵之计保全齐顷公生还，但《春秋》还是批评了逢丑父。董仲舒认为被敌人俘虏后逃脱是令人耻辱的事情，是君子特别看不起的，逢丑父欺诈三军，用令国君受辱的方式使其生还，所以《春秋》要贬低他。董仲舒给出了自己的解决方案：

> 丑父大义，宜言于顷公曰：君慢侮而怒诸侯，是失礼大矣；今被大辱而弗能死，是无耻也，而复重罪；请俱死无辱宗庙，无羞社稷。如此，虽陷其身，尚有廉名。当此之时，死贤于生。故君子生以辱，不如死以荣，正是之谓也。③

董仲舒认为逢丑父与齐顷公受到羞辱后重新犯罪，为了不玷污宗庙与社稷，他们都应该死掉。死是比生更好的选择，这样尚

---

① 〔汉〕董仲舒撰，朱方舟整理，朱维铮审阅：《春秋繁露》，上海书店出版社2012年版，第124页。

② 〔汉〕董仲舒撰，朱方舟整理，朱维铮审阅：《春秋繁露》，上海书店出版社2012年版，第124页。

③ 〔汉〕董仲舒撰，朱方舟整理，朱维铮审阅：《春秋繁露》，上海书店出版社2012年版，第126页。

可保全廉洁的名节。人有廉耻心而“死义”，廉耻心是从哪里来的？廉耻心是天赋予人的，有廉耻心的人受到耻辱后不会逃生。人世间最大的耻辱是国君丢掉君位成为俘虏，当耻辱不可回避时，君子应该视死如归。

董仲舒重视“死义”，这对汉代士人阶层甚至整个华夏民族在人物价值评价时，特别重视气节与名节的风尚产生了深远影响。王莽篡汉之际，汉朝士人阶层的尚耻与重气节的精神最为突出，史书对此有详细记载。《后汉书·党锢列传》有言：

> 自武帝以后，崇尚儒学，怀经协术，所在雾会，至有石渠分争之论，党同伐异之说，守文之徒，盛于时矣。至王莽专伪，终于篡国，忠义之流，耻见缨绋，遂乃荣华丘壑，甘足枯槁。虽中兴在运，汉德重开，而保身怀方，弥相慕袭，去就之节，重于时矣。①

东汉朝纲崩坏时，出现很多能守住廉耻之节、视死如归的名节之士，以董仲舒在两汉的地位，他的耻辱观应该是形成东汉名士高尚人格的重要思想源头。

张君劢先生曾以专文申述中华民族的气节②，认为气节是中华民族的精神所在，它是由理性、殉道精神与信心凝聚而成的

---

① 〔南朝宋〕范晔撰，〔唐〕李贤等注：《后汉书》，中华书局 1965 年版，第 2184~2185 页。

② 张君劢：《中华民族精神——气节》，见程文熙编：《中西印哲学文集》（上册），台湾学生书局 1981 年版，第 597~628 页。

一种生命理性。复仇与名节是个体觉知到加之于自身的羞辱后，而于现实生活中雪耻或远离耻辱的一种非常态方式。汉朝臣子极为重视名节，随国运兴衰，“去就之节，重于时矣”。耻感的确立是对自我尊严的维护，这种道德意识与道德情感一旦形成，便会促使个体时刻关注人之所以为人的尊严，防范、拒斥或报复任何可能对自我尊严带来伤害的行为。人的羞耻感驱使人以足够的道德勇气，遵守仁义之法，对待政治事务，以实现自我德性的完善，这也体现了贵族与士人阶层追求政治生活与道德生活之一致性的努力。其实，这是中国文化的重要特点，是政治法则（礼制）与伦理道德（仁义）相一致的一种表现，这一特点可概括为“道德气氛特重”。

董仲舒所做的努力是将儒家的道德理想主义真正地落地生根，推进儒学社会化的实现，这也是其作为春秋公羊学大家注重《春秋》学的动机所在。董仲舒提倡“《春秋》贤死义”的“义勇”精神，突显了“死义”的气度与名节，这种给予复仇与名节以特别肯定的价值评价之风，促成汉末党锢时代士人阶层“危言深论，不隐豪强”① 的诤谏之风。

三、“行仁义而羞可耻”

董仲舒是两汉儒家公羊学的标杆性人物，他推崇的大复仇与名节论体现了华夏民族的尚耻精神。尚耻必以知耻为前提，知耻由内在的道德自我而转出，代表了人的道德意识的觉醒。

---

① 〔南朝宋〕范晔撰，〔唐〕李贤等注：《后汉书》，中华书局 1965 年版，第 2186 页。

知耻使人意识到自己必须对自己的行为负责，并相信自己有践履道德的自由，以成就君子人格和实现道德生活。复仇与名节正是基于羞耻感这种道德意识而形成的社会风尚，是对非正义社会的一种正义诉求。

冯友兰认为董仲舒发挥儒家的社会哲学与道德哲学，为西汉社会的新秩序建立了理论根据①。董仲舒的道德哲学是怎样的呢？先秦儒家常常将“耻”“羞”“辱”与“仁”“义”联系起来，孟子早就提出“羞恶之心，义之端也”②。董仲舒也有“行仁义而羞可耻”的提法，可见羞耻作为一种觉醒的道德意识，总有一个名之为“仁义”的形上道德本体，作为其道德生活之基础。董仲舒《春秋繁露》曰：

> 天施之在人者，使人有廉耻者，不生大辱。大辱莫甚于去南面之位而束获为虏也。曾子曰：辱若可避，避之而已；及其不可避，君子视死如归。③
>
> 《春秋》以为人之不知义而疑也，故示之以义，曰国灭君死之，正也。正也者，正于天之为人性命也。天之为人性命，使行仁义而羞可耻，非若鸟兽然，苟为生苟为利而已。是故《春秋》推天施而顺人理，以至尊为不可以生于至辱大羞，故获者绝之。以至辱为亦不可以加于至尊大位，

① 冯友兰：《贞元六书》（下），中华书局2014年版，第855页。

② 《孟子·公孙丑上》。

③ 〔汉〕董仲舒撰，朱方舟整理，朱维铮审阅：《春秋繁露》，上海书店出版社2012年版，第126页。

故虽失位弗君也。①

董仲舒的耻辱思想表面上来源于《春秋》的复仇论，从他引用曾子之言来看，其在一定程度上也受到曾子羞耻观的影响。人与其他生命体的区别，就在于人有廉耻之节、羞耻之心等道德意识。董仲舒认为人不是鸟兽，不只是单纯地追求自然性的感性欲求与社会性的名利欲求的满足，人是道德的存在，君子人格是可期的。

董仲舒认为"天之为人性命，使行仁义而羞可耻"，人的性命是天赋予的，这个性命使人去做符合仁义的行为而以损伤仁义为耻辱。在《春秋繁露·仁义法》中，他进一步解释什么是"仁"与"义"。《春秋繁露·仁义法》提倡先秦儒家仁义之旨，但这一篇在其"天"的哲学系统遮蔽下，发挥的影响甚小，徐复观是较少能认识到此篇重要性的学者之一②。董仲舒从形而下的"本体之用"解释说："爱在人谓之仁，义在我谓之义。仁主人，义主我也。故曰仁者人也，义者我也，此之谓也。"③ 爱的对象是他者时，谓之仁。义的对象是我时，谓之义。所谓"本体"，并不是西方哲学传统中与现象界相分离的先验的或超验的某种形而上的实在。它具有本根、根本或最终根据的意思。儒

① 〔汉〕董仲舒撰，朱方舟整理，朱维铮审阅：《春秋繁露》，上海书店出版社 2012 年版，第 126 页。

② 徐复观：《两汉思想史（选录）》，见李维武编：《徐复观文集》（修订本）第五卷，湖北人民出版社 2009 年版，第 169 页。

③ 〔汉〕董仲舒撰，朱方舟整理，朱维铮审阅：《春秋繁露》，上海书店出版社 2012 年版，第 155 页。

家以“仁义”为本体，即认为天之所赋的“仁义”（道德或德性）是人之所以成其为人的最终根据，人是道德的存在。儒家哲学的一大特质是“体用一源”，儒家以“仁义”为本体，“行仁义而羞可耻”是仁义之体的显现，是本体之用。董仲舒又强调：“《春秋》之所治，人与我也。所以治人与我者，仁与义也。以仁安人，以义正我，故仁之为言人也，义之为言我也，言名以别矣。”① 《春秋》是治国理政的经书，董仲舒的春秋公羊学在此基础上，建构了一套完善的以“仁义”为纲领的政治哲学与道德哲学体系，就这一点而言，董仲舒是对先秦孔孟儒学的继承。

董仲舒又从宇宙—道德本体论的角度解释“仁”，他说：“人之受命于天也，取仁于天而仁也。”② 又说：“霸王之道，皆本于仁。仁，天心，故次以天心。”③ 在《春秋繁露》中，“天”这一概念具有多种含义，又以自然之天与义理之天为主。由阴阳、四时、五行气化而成的宇宙秩序就是“天”的秩序，是天道的同义语。董仲舒说：“天志入，其道也义。为人主者，予夺生杀，各当其义，若四时；列官置吏，必以其能，若五行；好仁恶戾，任德远刑，若阴阳。此之谓能配天。”④ “仁”属于天

---

① 〔汉〕董仲舒撰，朱方舟整理，朱维铮审阅：《春秋繁露》，上海书店出版社2012年版，第154页。

② 〔汉〕董仲舒撰，朱方舟整理，朱维铮审阅：《春秋繁露》，上海书店出版社2012年版，第166页。

③ 〔汉〕董仲舒撰，朱方舟整理，朱维铮审阅：《春秋繁露》，上海书店出版社2012年版，第141页。

④ 〔汉〕董仲舒撰，朱方舟整理，朱维铮审阅：《春秋繁露》，上海书店出版社2012年版，第193页。

之德。理想的人间秩序即道德秩序，以“仁义”为根基，是人道的同义语。“仁，天心”表明宇宙秩序即道德秩序。人自天禀受性命后，以“仁义”为体，落实于具体的个体行为上，如提倡复仇与推崇名节即“行仁义”的体现，也是本体之用。

董仲舒也在“义利之辨”这一思想视域下，论证了天之所赋的“仁义”（道德或德性本体）是人之所以成其为人的最终根据。“耻辱”是从人之意识与行为的否定方面对“仁义”的证成。班固将董仲舒的思想旨趣归纳为“正其谊不谋其利，明其道不计其功”①。“义利之辨”的实质是弘扬儒家的“耻辱”文化精神，《春秋繁露》曰：

> 凡人之性，莫不善义，然而不能义者，利败之也。故君子终日言不及利，欲以勿言愧之而已，愧之以塞其源也。②
>
> 天之生人也，使人生义与利。利以养其体，义以养其心。心不得义不能乐，体不得利不能安。义者心之养也，利者体之养也。体莫贵于心，故养莫重于义，义之养生人大于利。奚以知之？今人大有义而甚无利，虽贫与贱，尚容其行，以自好而乐生，原宪、曾、闵之属是也。人甚有利而大无义，虽甚富，则羞辱大恶。③

---

① 〔汉〕班固撰，〔唐〕颜师古注：《汉书》，中华书局 1962 版，第 2524 页。

② 〔汉〕董仲舒撰，朱方舟整理，朱维铮审阅：《春秋繁露》，上海书店出版社 2012 年版，第 127 页。

③ 〔汉〕董仲舒撰，朱方舟整理，朱维铮审阅：《春秋繁露》，上海书店出版社 2012 年版，第 157 页。

“义”代表人的精神生活，它是心灵具有超越性、无限性、绝对性等特征的标志，超越感性欲求、成就道德境界是“义”之所向。“利”代表人的物质生活，它是生理的、自然的、有限的。致力于成就君子人格的人，必须经由“义”对“利”的不断超越，才能得以实现。董仲舒的论证是基于现实经验的生活世界，孔子弟子原宪诸人“有义而甚无利，虽贫与贱，尚容其行，以自好而乐生”便是明证。那些无义而富贵的人，则因其恶行而饱受羞辱，有羞耻之心的人不会因利忘义。

儒家道德哲学即儒家仁义之学，人的本质性规定是什么？人何以成其为人？这一直是儒家哲学关注的核心问题。董仲舒也不例外，他说：“天地之精所以生物者，莫贵于人。人受命乎天也，故超然有以倚。物疢疾莫能为仁义，唯人独能为仁义；物疢疾莫能偶天地，唯人独能偶天地。”① 董仲舒在这个问题上，与孔孟原始儒家的回答是一致的，人之所以超越天地所生的他物，就在于人有“仁义”，人是“仁义”的存在，即人是道德的存在。人的群体性生活需要外在规范，即“礼”。所以，他又说：“礼者，庶于仁文，质而成体者也。今使人相食，大失其仁，安著其礼？方救其质，奚恤其文？故曰当仁不让，此之谓也。”② 作为社会生活与伦理规范的“礼”是“仁义”的外在形式，“仁义”是“礼”的本根或本体，“礼”是“仁义”之发用

① 〔汉〕董仲舒撰，朱方舟整理，朱维铮审阅：《春秋繁露》，上海书店出版社2012年版，第173页。

② 〔汉〕董仲舒撰，朱方舟整理，朱维铮审阅：《春秋繁露》，上海书店出版社2012年版，第125页。

与外显。暴君杀忠臣、逆臣贼子弑君、父子相杀是对礼制的背离，是对人作为道德本体的否定，刑罚的正义是对这一否定的否定。当刑罚的正义失效时，复仇便成为对刑罚的进一步扬弃。因此，个人复国君杀父之仇、臣子复乱臣贼子弑君之仇、国君复国君先祖之仇等复仇行为，便具有了正义的形式。

概而言之，董仲舒提出“行仁义而羞可耻”的羞耻理论，可见羞耻作为一种觉醒的道德意识，总有一个名之为“仁义”的形上道德本体，作为其道德生活之基础。在社会正义得不到合法与有效伸张的暴政、无序、混乱时代，提倡复仇与推崇名节是对僭越礼制行为的拨乱反正，有其道德哲学作为基础，它是一种值得肯定的、具有正义性的道德行为，并非滥杀无辜的非正义行为。

第二节　贾谊论廉耻作为统治手段

贾谊是西汉初年著名的政论家、思想家，著有《新书》，他主张以儒家的礼教仁政来治理国家。西汉初年，能够承传先秦诸子的学术遗风，以最大的热情和渊博的学识为巩固皇权专制政治而提出良策的，当首推儒生贾谊。贾谊对儒家礼教之实质内容有概括性表达，他说：“君惠臣忠，父慈子孝，兄爱弟敬，夫和妻柔，姑慈妇听，礼之至也。君惠则不厉，臣忠则不贰，父慈则教，子孝则协，兄爱则友，弟敬则顺，夫和则义，妻柔则正，姑慈则从，妇听则婉，礼之质也。”① 儒家礼制的精神就

① 〔汉〕贾谊撰，阎振益、钟夏校注：《新书校注》，中华书局2000年版，第215页。

是将最基本的人伦关系，如君臣、夫妻、父子、兄弟、朋友等，纳入制度化的等级秩序中，以此规范人的行为，确保社会秩序和政治秩序的稳定与和谐。所以，贾谊说：“故仁人行其礼，则天下安而万理得矣。”① 西汉建立了统一的帝国，在皇权专制的政治背景下，必须以“礼”作为教化的手段，在贾谊的心目中，礼是社会结构、政治结构中的精神纽带与组织原理。孔子弟子有子说过：“恭近于礼，远耻辱也。”② 贾谊也强调用“耻”作为统治手段来教化君子。

一、“廉耻礼节以治君子”

儒家培养的士君子是道德操守和政治能力都很高的人，他们组成的官僚集团是古代社会治理和国家政治体制运作的主体，这些人都有很强烈的自尊心，任何让他们感受到羞耻的事情都会伤害其自尊心。因此，国家的最高统治者皇帝应该对群臣的自尊心加以严格的呵护，懂得用“廉耻礼节以治君子”，即使直接将他们赐死，也不要用严酷的刑罚对之进行人格上的侮辱。贾谊主张用廉耻来激励群臣、礼遇群臣，他用“投鼠忌器”来譬喻君主与群臣的关系。贾谊说：

> 鄙谚曰：“欲投鼠而忌器。”此善喻也。鼠近于器，尚惮而弗投，恐伤器也，况乎贵大臣之近于主上乎！廉耻礼

---

① 〔汉〕贾谊撰，阎振益、钟夏校注：《新书校注》，中华书局2000年版，第217页。

② 《论语·学而》。

> 节以治君子，故有赐死而无僇辱。是以系、缚、榜、笞、髡、刖、黥、劓之罪，不及士大夫，以其离主上不远也。礼，不敢齿君之路马，蹴其刍者有罪；见君之几杖则起，遭君之乘舆则下，入正门则趋；君之宠臣虽或有过，刑僇不加其身，尊君之势也。此则所以为主上豫远不敬也……被僇辱者不太迫乎？廉耻不行也，大臣无乃握重权，大官而有徒隶无耻之心乎？夫望夷之事，二世见当以重法者，投鼠而不忌器之习也。①

古代有“刑不上大夫，礼不下庶人”之说，对士大夫之类的统治阶层而言，最好的教化之法是礼治而非严酷的刑罚。严酷的刑罚对他们来说是一种严重的人格侮辱，遭受多次严酷刑罚后，他们会如同其他犯人一样丧失羞耻之心。群臣与君主都是国家机器的控制者，如果群臣的廉耻心得不到应有的保护，将会伤及君主自身的权威。秦二世身陷囹圄之时，被处以重罚而没有保全基本的羞耻与尊严，就是因他平时“投鼠而不忌器”的恶习所致。贾谊以秦二世为例，借此说明“廉耻礼节以治君子”的重要性。

儒家向来重视君臣之间在政治责任与义务上的平等观念，即君主有仁爱臣子的责任，臣子有效忠于君主的义务，双方之间的责任与义务关系不是单向的，而是双向的。孟子很早就指出过这一点，他说：“君之视臣如手足，则臣视君如腹心；君之

① 〔汉〕贾谊撰，阎振益、钟夏校注：《新书校注》，中华书局2000年版，第80页。

视臣如犬马，则臣视君如国人；君之视臣如土芥，则臣视君如寇仇。”① 贾谊与孟子的思考有相似之处，他以豫让为智伯复仇的故事为例证：豫让是春秋末年晋国贵族中行氏的幕僚，晋国另一贵族智伯灭了中行氏，豫让不仅没有替中行氏复仇，还做了智伯的幕僚。后来，晋国另一贵族赵襄子灭了智伯，豫让的态度却和之前侍奉中行氏的时候大不一样，他决意为智伯复仇，三番五次谋杀赵襄子。有人问豫让为何前后两次的态度截然不同。豫让答复道：“中行众人畜我，我故众人事之；智伯国士遇我，故为之国士用。”② 智伯以国士之礼对待豫让，和中行氏对待遇让如普通人的做法形成鲜明对比，所以身为臣子的豫让对待二人的态度也极为不同。

最后，贾谊总结说：

> 故人主遇其大臣如遇犬马，彼将犬马自如也；如遇官徒，彼将官徒自为也。顽顿无耻，𡖉苟无节，廉耻不立，则且不自好，苟若而可，见利则逝，见便则夺。主上有败，则因而推之矣；主上有患，则吾苟免而已，立而观之耳；有便吾身者，则欺卖而利之耳。人主将何便于此？群下至众，而主至少也，所托财器职业者率于群下也。但无耻，但苟安，则主罢病。③

---

① 《孟子·离娄下》。

② 〔汉〕贾谊撰，阎振益、钟夏校注：《新书校注》，中华书局2000年版，第81页。

③ 〔汉〕贾谊撰，阎振益、钟夏校注：《新书校注》，中华书局2000年版，第81页。

在贾谊看来，如果君主用对待犬马的态度对待其臣子，那么臣子就会像犬马一样行事；如果君主将臣子视为宠爱的对象，以符合礼制的方式对待，那么臣子也将履行好自己身为臣子的职责。如果不能确立廉耻之心，臣子就不会洁身自好，而且会苟且偷安、毫无气节；如果君主有灾难，这样的臣子只会攫取个人利益，而不顾君主的安危。所以，贾谊指出："遇之有礼，故群臣自憙；厉以廉耻，故人务节行。上设廉耻礼义以遇其臣，而群臣不以节行而报其上者，即非人类也。"① 他认为君主必须用廉耻礼节来激励群臣的操守和气节，反过来，如果群臣不以廉耻之心和高洁气节回报君主的话，那么这样的群臣也不属于人类了。"非人类"是一个严厉的道德谴责用语，和孟子"人不可以无耻"的论断具有相同的内涵，即强调了廉耻之心是人类的本质性规定。没有廉耻之心的人与禽兽无异，即失去了人之所以成其为人的资格。

二、廉耻之节是治国的关键

贾谊在反思秦国商鞅变法时说，商鞅违背礼义，背弃伦理道德，把全部心思都用在奖励耕战的军功事务上，秦国人被事业成功的功利主义思想支配，和睦的人伦关系也变得紧张，这严重败坏了秦国原本和睦友爱的社会风俗。秦国虽然取得了成功，兼并了其他六国，建立了大统一的王朝，但秦朝的统治阶层不知道在取得政权成功之后恢复礼义廉耻，结果导致了王朝

① 〔汉〕贾谊撰，阎振益、钟夏校注：《新书校注》，中华书局2000年版，第82页。

的倾覆。贾谊说：“蹶六国，兼天下，求得矣；然不知反廉耻之节、仁义之厚，信并兼之法，遂进取之业，凡十三岁而社稷为墟。不知守成之数，得之之术也，悲夫！”① 贾谊提醒汉初的统治阶层，建立政权之后的守成之法是“反廉耻之节、仁义之厚”。

贾谊痛斥邪恶败坏的社会风俗，认为这已经严重危害到国家政治的稳定。他重提管子的“四维论”，说道：

> 夫邪俗日长，民相然席于无廉丑，行义非循也。岂且为人子背其父，为人臣因忠于主哉？岂为人弟欺其兄，为人下因信其上哉？陛下虽有权柄事业，将所寄之？管子曰：“四维，一曰礼，二曰义，三曰廉，四曰耻。”“四维不张，国乃灭亡。”云使管子愚无识人也，则可；使管子而少知治体，则是岂不可为寒心？今世以侈靡相竞，而上无制度，弃礼义，捐廉丑，日甚，可为月异而岁不同矣。②

“民相然席于无廉丑”的“丑”即“耻”，贾谊习用“丑”为“耻”。良善政治基于稳定的社会秩序，稳定的社会秩序基于敦厚的风俗，敦厚的风俗则基于人与人之间互助和睦的合理关系，建立人与人之间的合理关系离不开礼义廉耻的教化作用。贾谊

① 〔汉〕贾谊撰，阎振益、钟夏校注：《新书校注》，中华书局 2000 年版，第 97～98 页。

② 〔汉〕贾谊撰，阎振益、钟夏校注：《新书校注》，中华书局 2000 年版，第 91 页。

向汉初朝廷献策，提出用《管子》的“四维论”，即“礼义廉耻”，来教化群臣和百姓，安抚人心秩序，形成人际间的合理关系，以达到移风易俗的社会教化目的。唯有此，才能保障政权的稳定与社会的和谐。

管仲在齐国为相，以“尊王攘夷”为政治口号，力主保存诸夏文华，所以他赢得了孔子的称赞。孔子说：“管仲相桓公，霸诸侯，一匡天下，民到于今受其赐。微管仲，吾其被发左衽矣。”①管子提出了著名的“四维论”，高度肯定了廉耻在治国理政与社会控制方面的作用。管子曰：“国有四维。一维绝则倾，二维绝则危，三维绝则覆，四维绝则灭。倾可正也，危可安也，覆可起也，灭不可复错也。何谓四维？一曰礼，二曰义，三曰廉，四曰耻。礼不逾节，义不自进，廉不蔽恶，耻不从枉。故不逾节则上位安，不自进则民无巧诈，不蔽恶则行自全，不从枉则邪事不生。”②礼义廉耻是国家治理的四大纲领，没有这“四维”，则有亡国灭种的危险。人有廉耻心就不会与邪恶同流合污，邪恶的事情自然不会滋生。廉耻是做人必须具有的气节和操守。

管仲是“柔性”的法家，而商鞅、韩非是“刚性”的法家，主张以严刑峻法治国，反对以儒家典籍和儒术治国。商鞅明确指出儒家的礼乐、《诗》、《书》、仁义等教化思想是危害国家的虱子，采用儒家的教化方式治国就无法使人们从事农战，国家必定陷于贫弱的境地。他主张给参加农战的人民授予官爵，对不参加农战而无益于国家强大的儒生、商人和手工业者，必

---

① 《论语·宪问》。

② 《管子·牧民》。

须加以压制。韩非更是明确批评“儒以文乱法”①，主张“以法为教”“以吏为师”②，用严厉的赏罚作为管理民众的手段。而管仲除了重视“刑法”，也对儒家的德治观念有所吸收。正如朱伯崑所言，儒法争论的焦点不是要不要道德的问题，而是德治还是法治的问题③。

先秦法家的哲学根基建立在对社会心理现象的敏锐观察上，是一套严密管控人的心理与行为的规范系统，它要求个体毫无条件地服从国家利益，对不能产生实际效益的东西如儒、道两家的宇宙论和形而上学缺乏兴趣。法家极为强调通过严刑峻法来进行国家治理和社会控制，从法、术、势三个方面践行其“尊君”“专任刑法”的政治理念。

先秦儒家羞耻观的重心是将耻视为修养工夫的内省要素，以培植士人的道德人格为要务。管子和贾谊则从政治伦理在制度运作中的实际效应角度，来探讨耻作为统治技艺在治国理政中的价值。贾谊之所以重提管子的“四维论”，是因为他在总结秦二世而亡的教训时，深刻认识到“礼义廉耻”或“仁义”作为统治手段在政治上的重要意义，即所谓“仁义不施，攻守之势异也”④。身为儒者的贾谊对儒家的仁政抱有极大的信心，他认为只有最高统治阶层认同并施行儒家的仁政，以“礼义廉耻”教化群臣与百姓，国家才能长治久安。

---

① 《韩非子·五蠹》。

② 《韩非子·五蠹》。

③ 朱伯崑：《先秦伦理学概论》，北京大学出版社1984年版，第235页。

④ 〔汉〕贾谊撰，阎振益、钟夏校注：《新书校注》，中华书局2000年版，第3页。

三、避免羞耻性伤害

作为统治手段的羞耻，具有提撕个体道德人格生成、促进个体遵守社会共同体价值规范与免于刑罚的积极功能。但需要注意的是，羞耻本身也具有某种潜在的危害性，研究羞耻现象的价值伦理学家舍勒对此有过精彩评论。舍勒认为，对于求爱行为的被拒绝以及触及灵魂的羞辱这类最深痛的人类体验，压抑与复仇是唯一的情感疏导方式，而且这也可以用来解释一个事实，即压抑及其有害后果也往往产生于这些羞耻的心理与情感体验。故而，舍勒在谈到后天的羞耻感教育时，主张让羞耻感自由发展，避免过激的羞耻性伤害①。

传统儒家认为，由于普通百姓不能觉知他们自己的“大命”是由上天所赋予的，因此也就不知道什么是真正的羞耻，对羞耻的感受极为迟钝，而明王训诫和治理百姓的一个重要任务，就是要让百姓“明耻”，即知道什么是羞耻。通过“明耻”对百姓的行为进行约束，“耻”就变成了一种重要的统治手段。如清华简《命训》曰：

> 夫民生而耻不明，上以明之，能无耻乎？如有耻而恒行，则度至于极。②

---

① ［德］马克思·舍勒著，刘小枫主编，林克等译：《道德意识中的怨恨与羞感》，北京师范大学出版社 2014 年版，第 211 页。

② 李学勤主编：《清华大学藏战国竹简》（伍），中西书局 2015 年版，第 125 页。

> 极命则民堕乏，乃旷命以代其上，殆于乱矣。极福则民禄，民禄干善，干善违则不行。极祸则民畏，民畏则淫祭，淫祭则罢家。极耻则民枳，民枳则伤人，伤人则不义。极赏则民贾其上，贾其上则无让，无让则不顺。极罚则民多诈，多诈则不忠，不忠则无复。凡厥六者，政之所殆。天故昭命以命力曰：大命世罚，小命罚身。福莫大于行，祸莫大于淫祭，耻莫大于伤人，赏莫大于让，罚莫大于多诈。是故明王奉此六者，以牧万民，民用不失。①

“耻”是与天道之“命”相对的观念，对它的习俗化、习惯化运用可以达到抑恶扬善的社会教化目的。“耻”与“祸”“福”“赏”“罚”都是统治者管理国家的统治手段和治理工具，这与管子将“礼”“义”“廉”“耻”视为“国之四维”，当作治国理政的重要方略与手段的思想旨趣是相似的。百姓有羞耻感则从善如流，没有羞耻感则为恶不止，上位者应该激发、引导百姓的羞耻感，如果人人“有耻而恒行”以至于达到“无耻可耻”的程度，也就没有违法乱纪的可耻行为出现了。“极命”“极福”“极祸”“极耻”“极赏”“极罚”都不是合理的统治手段，会导致民不聊生，会使政权处于危殆的境地。如若百姓的羞耻感太过，他们没有改过自新的机会，就会苦不堪言，走上叛变之路，背信弃义伤害善类。这也是贾谊批评秦政过于严苛的用意所在。以严刑峻法

① 李学勤主编：《清华大学藏战国竹简》（伍），中西书局 2015 年版，第 125 ~126 页。

伤害百姓的羞耻心，会使百姓丧失基本人格尊严，进而导致政治合法性危机，走向政权崩溃。

从社会学的角度看，羞耻感是一种社会情感，其触发因素是主体间性的社会交往规则以及共同体价值，一旦个体违反了共同体的规则和价值信仰，便会引起他者与社会的舆论谴责。与此同时，个体会产生一种痛苦的羞耻感，这种羞耻感有时可能对一个人的身心造成潜在的羞耻性伤害。正如英国哲学家威廉斯所言："羞耻的根源在于更一般意义上的暴露，在于处于不利之中：我要用一个非常一般的术语来说，在于权力的丧失。"①羞耻总是在具体的社会情境中暴露出来的，自身缺陷的暴露以及道德完善性的受损促使个体将意识转回到自我身上。故而，羞耻感产生于个体在意识到自身处于权力丧失或不利地位的时候，它是主体在意识到这一损失时的自我保护性情感，其自我保护性感受的本质是始终如一的。

羞耻应该保留在适度的范围内。羞耻阈限过高，会使人的羞耻感迟钝，甚至造成无耻化倾向。在娱乐至死的现代社会，人的羞耻感不断衰减，寡廉鲜耻或无耻的人与事表现在日常生活中的方方面面。羞耻阈限过低，会使人产生不良的压抑性心理与情感反应，它与自卑感相伴而生，有时还滋生出恐惧、嫉妒、怨恨等不良情绪，不利于个人的心智发展。人在羞耻不堪的境况下，往往会通过累积、递增与转嫁的方式给自身、他人及社会共同体带来消极后果。羞耻感关涉个人的人格尊严，感

---

① ［英］伯纳德·威廉斯著，吴天岳译：《羞耻与必然性》，北京大学出版社2014年版，第184页。

受到羞耻的人希望得到他人的爱与尊重，也害怕失去这种爱与尊重；掌握权力的权势者则基于巩固权力的考虑，会利用弱势者的羞耻感对其进行公开羞辱，并使后者的羞耻感转变为一种压抑性心理与情感状态，在不断累积、递增的心理作用下，给弱势者带来极大的心理创伤与精神危机，甚至危害其生命安全。所以，我们应该重视羞耻感的阈限以避免羞耻性伤害。

玛莎·纳思邦在《逃避人性：恶心、羞耻与法律》中对于国家应当保护公民免于遭受社会性羞耻和恶心伤害的讨论有其正面意义，例如通过禁止羞耻性惩罚的施行来保护同性恋者的自由，以及保障残障人士在公共场所的人格尊严。但她忽视了那些轻微的羞耻性惩罚并不构成对人格尊严的根本性伤害，也并不一定会导致很大的政治与法律风险。此外，将羞耻感限定在伦理道德的范围内，有助于提撕个体过一种在伦理意义上有价值的道德生活，避免触犯法律与违背社会共同体的伦理规范，从而起到道德教化与社会治理的作用。

第三节　荀悦论“自耻”是修行之本

荀悦是东汉末年著名思想家，著有《汉纪》《申鉴》。《四库全书总目提要》将《申鉴》列为儒书，称这部政论性著作“本于儒术”。日本学者渡边秀方也认为荀悦的学问本于儒家，《申鉴》阐释的是纯正的儒家义理①。荀悦的声望在中唐时期达

① ［日］渡边秀方著，刘侃元译：《中国哲学史概论》，山西人民出版社 2015 年版，第 44 页。

到鼎峰，中唐以后日渐衰落，《申鉴》则更少被人提及①。荀悦在《申鉴》首篇《政体》中开宗明义地说："夫道之本，仁义而已矣。五典以经之，群籍以纬之，咏之歌之，弦之舞之。前鉴既明，后复申之。故古之圣王，其于仁义也，申重而已。"②荀悦认为道的根本是仁义，五经所载是仁义之纲要，群书所论是对儒家仁义之道的阐发，连人们的歌咏舞蹈也是赞颂仁义的，申述古人的仁义之道是荀悦著《申鉴》的根本宗旨。荀悦继承了先秦儒家的耻观念，并创造性地提出"自耻"的观念，这是荀悦耻论的一大特色。

一、"君子审乎自耻"

荀悦作为传统意义上的儒家士大夫，修身对其来说是必要的成德之方，而"耻"正是修身工夫的必要德性。他对儒家"耻"观念的创造革新之处在于将"耻"分为三类，即"耻诸神明""耻诸人""自耻"，并认为君子修身应该以自耻为准绳，自耻是修身之本。荀悦用一段对话阐明了"耻"的分类思想：

> 或曰："修行者，不为人耻诸神明，其至也乎？"曰："未也。自耻者，本也。耻诸神明，其次也。耻诸人，外

① 陈启云著，高专诚译：《荀悦与中古儒学》，辽宁大学出版社2000年版，第255~257页。

② 〔汉〕荀悦撰，〔明〕黄省曾注，孙启治校补：《申鉴注校补》，中华书局2012年版，第1页。

矣。夫唯外，则慝积于内矣。故君子审乎自耻。”①

对于进德修业之人而言，在为人上做到无愧于天地神明是不是修德的极致状态？荀悦认为“不为人耻诸神明”还不是修德的极致状态，“自耻”才是修德的根本大法，“耻诸神明”处于次要位置，“耻诸人”则流于表面工夫，就更落于下乘。何谓“自耻”？黄省曾注曰：“能自愧耻，则必能修行，而幽明无怍矣。”② 顾名思义，“自耻”就是经由自我审视与内省而来的羞耻感，于自己内心处确证自己的德行是否因有瑕疵而对自我感到羞耻，无愧于心自然能够无愧于天地神明。然而那种以他者的意见和眼光为羞耻之标准的羞耻是外在于主体性的，是一种他律性的羞耻。在很多情况下，人们为了掩盖他者目光审视下的羞耻感，就会走向羞耻德性的反面，变成一种去道德化的面子工夫或面子意识，表现为一种外在的、矫揉造作的羞耻，其内心深处可能并没有真诚地感到羞耻。自我羞耻虽然是主体在面对自我、诘问自我时产生的情感体验，但这种自我感受却离不开与他者相关的共同体价值。这种他者并不一定是具体的、现实的人，用威廉斯的话说，也可能是抽象的、普遍的“内在化他者”，他说：“内在化的他者确实是抽象化的、普遍化的和理想化的，但是他潜在地仍然是某人（somebody）而不是乌有

① 〔汉〕荀悦撰，〔明〕黄省曾注，孙启治校补：《申鉴注校补》，中华书局2012年版，第215页。

② 〔汉〕荀悦撰，〔明〕黄省曾注，孙启治校补：《申鉴注校补》，中华书局2012年版，第216页。

(nobody)，是某人而不是我。”① “自耻”不仅是对社会伦理规范与法律准则的尊重和敬畏，更是对自我人格尊严的呵护与关切，也证明了良心的存在，在普遍意义上确证人是有道德感的存在。君子作为修行之人，若想达到成德成圣的理想境界，应该坚持以“自耻”为本。

羞耻感是个人对自我之人格尊严受到伤害的一种保护性感受，就其本质而言，它是出于内在自我的道德意识，这种羞耻是先天的，可视为人的良知提醒装置，是人之所以成其为人的本质性规定。此种羞耻，我们不妨称之为原初型羞耻或内在型羞耻，这也就是荀悦所重视的“自耻”。因外在的传统、社会与舆论压力而产生的羞耻感则是后天的，与一定的社会、历史环境相关联，我们可以把这种羞耻称为社会型羞耻或外在型羞耻，这也就是荀悦所谓的“耻诸神明”“耻诸人”。如妇女裹小脚的行为，在清代的社会风俗中并不会产生羞耻感问题，但在现代社会，裹小脚的妇女可能会面临极大的社会舆论压力，从而引发其羞耻感受。这种羞耻感是奠基于自我内省的原初型羞耻之上的，因为任何外在的羞耻都需要自我意识的反馈才能发生，转回自我是生成羞耻感之道德心理机制中必不可少的关键环节。

二、知耻则进于圣贤

在荀悦看来，所有情、意、心、志都是“性”的别名，人的心志不洁净，则足以诱发羞耻的情感体验。他说：“想伯夷于

---

① ［英］伯纳德·威廉斯著，吴天岳译：《羞耻与必然性》，北京大学出版社2014年版，第94页。

首阳，省四皓于商山，而知夫秽志者之足耻也。”① 周武王灭商，殷商的大臣伯夷、叔齐以归顺周朝为耻辱，遂饿死于首阳山。司马迁对他们坚守高洁的气节给予表彰，司马迁说：“武王已平殷乱，天下宗周，而伯夷、叔齐耻之，义不食周粟，隐于首阳山，采薇而食之。及饿且死，作歌。”② 荀悦还特别强调儒家君子应该慎独，赴谷必坠、失水必溺，这些都是人的眼睛易于观察到的；赴陷阱则陷落，失道义则沉沦，陷阱、道义这些是人的眼睛不易看见的，是人心不知省察的缘故，君子应该对这种处于幽暗隐微之际的东西保持谨慎的态度，以免给自己招致不必要的耻辱。

荀悦又提出君子应该将追求大道作为自己毕生的志向，以圣贤人格为典范，知耻则可以进达于圣贤之境。上古时代的唐、虞之治和中古时代的孔子之治都是应该追求的大道，追求小道便足以让人感到羞耻。因此，荀悦说道：

> 德比于上，欲比于下。德比于上故知耻，欲比于下故知足。耻而知之，则圣贤其可几；知足而已，则固陋其可安也。圣贤斯几，况其为慝乎？固陋斯安，况其为侈乎？是谓有检。纯乎纯哉，其上也。其次得概而已矣。莫匪概也，得其概，苟无邪，斯可矣。君子四省其身，怒不乱德，

① 〔汉〕荀悦撰，〔明〕黄省曾注，孙启治校补：《申鉴注校补》，中华书局2012年版，第216页。

② 〔汉〕司马迁撰，〔南朝宋〕裴骃集解，〔唐〕司马贞索隐，〔唐〕张守节正义：《史记》，中华书局1982年版，第2123页。

喜不义也。①

根据孙启治的校补，“君子四省其身，怒不乱德，喜不义也”一句有脱漏，“喜不义也”当为“喜不乱义也”②。此段大意是说，将自己的道德与唐、虞和孔子作比较，以不如这些古圣先贤为个人生命的耻辱，知道羞耻以后方能勤勉不止而德业共进，进而离成就圣贤人格就不远了。君子就应该时刻保持内省的自我反思意识，愤怒的时候不背离道德，喜悦的时候不违背道义。

从伦理学的角度看，来自他者和社会谴责的负面性评价构成道德评价的外在权威，外部权威实施伦理制裁的重要手段就是羞耻感，而与之相对的内部权威实施伦理制裁的方式则是来自良心的自我谴责。美国哲学家罗尔斯（John Bordley Rawls）在谈到如何定义羞耻时说：我们可以把羞耻规定为当某人经受了对于他的自尊的一种伤害或对于他的自尊的一次打击时所产生的那种情感。③ 羞耻感的产生是由于我们对自身的人格尊严——这种特殊的善或德性——的贬低而产生的道德心理与道德情感。这与荀悦的耻论有相似之处，羞耻的本质就是我们对自身的人格尊严格外关注，以及对这种特殊的善或德性的自我保护性意识，这种向内反思的羞耻，就是荀悦所言的自耻。面

① 〔汉〕荀悦撰，〔明〕黄省曾注，孙启治校补：《申鉴注校补》，中华书局2012年版，第216~217页。

② 〔汉〕荀悦撰，〔明〕黄省曾注，孙启治校补：《申鉴注校补》，中华书局2012年版，第220页。

③ 〔美〕约翰·罗尔斯著，何怀宏等译：《正义论》，中国社会科学出版社1988年版，第445页。

对自我的羞耻才是根本的羞耻，面对天地神明和他者的羞耻是次生的羞耻。自耻对后两种类型的羞耻具有奠基作用，不知道自耻的人，也不可能真正地做到在面对天地神明和他者时，因自我德性的瑕疵而真诚地感到羞耻。此即知耻，知耻是入德之门、进圣之阶。

第六章　复活与新生：“北宋四子”理学视域中的耻观念

先秦儒学是中国儒学发展史上的第一个高峰，这一时期的儒家提出了很多具有哲学突破意义的核心观念与理论问题，奠定了儒家哲学的基本思想性格与精神旨趣。宋明理学是儒学发展史上又一个极为重要的高峰，宋明理学吸收了佛学论“心性”，以及道家论“有无”的逻辑思辨性格，在理论抽象程度上要比先秦儒学更加彻底。本章主要介绍“北宋四子”，即周敦颐、张载、程颐、程颢的耻观念，从中梳理出他们继承与发展先秦儒家耻观念的基本脉络与开拓创新之处，展现先儒家耻观念在北宋的复活与新生。

第一节　周敦颐论名与耻

周敦颐是宋代理学的开山鼻祖，《宋元学案》载黄宗羲之子黄百家按语曰：“孔、孟而后，汉儒止有传经之学，性道微言之绝久矣。元公崛起，二程嗣之，又复横渠诸大儒辈出，圣学大昌。故安定、徂徕卓乎有儒者之矩范，然仅可谓有开之必先。

若论阐发心性义理之精微，端数元公之破暗也。”① 黄百家认为周敦颐上承孔、孟，打破儒家道统中绝千年的幽暗，开辟宋儒心性义理学之先河，黄百家对周敦颐历史地位的评价基本符合理学发展的实际情况。先秦儒家以“名”胜于“实”为耻，强调“为己之学”的主体意识与人格向度。人的“羞恶之心”或羞耻心是“义”的萌芽、开端，知耻的修养工夫内在地关联着正义、道义的涵育与培植。周敦颐注重从名实关系上阐释儒家的耻观念，以“名”胜“实”为耻，“实”胜“名”为善，并认为羞耻感是推行儒家教化理念的道德情感基础。

一、名胜于实为耻

名实关系是中国古代哲学中很重要的逻辑理论问题，其理论源头可以追溯到先秦时代的“名实”学说。先秦诸子哲学中有两种不同类型的名实学说：一种是以孔子为代表的儒家的“正名”学说，另一种是以名家、墨家为代表的“名实之辩”理论。两者在思想旨趣上差异很大，前者将论辩的思想旨趣聚焦在伦理政治意义上的礼制名分上，后者则将论辩的思想旨趣聚焦在语法修辞逻辑上。现代新儒家牟宗三先生将儒家的正名学说称为“春秋教”，其目的是摄“智”归“仁”，建立儒家的仁义之道；又将名家的名实之辩理论称为“纯名理”，其目的是开辟纯理智上的解放，是智性上的独立发展。他认为在先秦哲学中，具有伦理政治意义的正名思想与纯粹语言逻辑意义上的

---

① 〔清〕黄宗羲撰，〔清〕全祖望补修：《濂溪学案上》，见陈金生、梁运华点校：《宋元学案》卷十一，中华书局 1986 年版，第 482 页。

名实之辩理论之间有内在的承继关系。牟宗三先生说：“故春秋时代孔子之正名乃向两路发展：一是发展而为儒家之春秋教，义道之建立；一是稍后发展而为名家之纯名理，名理域之开辟。”①

名家对名实关系作纯粹语言逻辑意义上的概念解析，与儒家注重实践效果的实用理性精神背道而驰。司马谈对此有所批评，他说：“名家苛察缴绕，使人不得反其意，专决于名而失人情，故曰‘使人俭而善失真’。若夫控名责实，参伍不失，此不可不察也。”② 唐代儒者对儒家的正名学说与“正言析辞”的名实之辩作了如下判断：“名者，所以正百物，叙尊卑，列贵贱，各控名而责实，无相僭滥者也。……拘者为之，则苛察缴绕，滞于析辞而失大体。”③ 由此可知，名实理论确实最早出自儒家，其核心理论关注的是伦理政治意义上的礼制名分问题。

孔子首先提出了“正名”学说。《论语》中子路与孔子的一段对话着重阐述了正名的观念，从中大致可以看出儒家正名学说的政治伦理意涵，这段对话的内容是子路向孔子问政：

> 子路曰：“卫君待子而为政，子将奚先？”子曰：“必也正名乎！”子路曰：“有是哉，子之迂也！奚其正？”子曰：“野哉，由也！君子于其所不知，盖阙如也。名不正，则言

① 牟宗三：《名家与荀子》，吉林出版集团有限责任公司 2015 年版，第 65 页。

② 〔汉〕司马迁撰，〔南朝宋〕裴骃集解，〔唐〕司马贞索隐，〔唐〕张守节正义：《史记》，中华书局 1982 年版，第 3291 页。

③ 〔唐〕魏徵、令狐德棻撰：《隋书》，中华书局 1973 年版，第 1004 页。

不顺；言不顺，则事不成；事不成，则礼乐不兴；礼乐不兴，则刑罚不中；刑罚不中，则民无所错手足。故君子名之必可言也，言之必可行也。君子于其言，无所苟而已矣。”①

杨伯峻先生在注释这段对话时，也指出孔子所谓正名，是为了纠正礼制、名分上用词不当的现象，不涉及纯粹语法修辞范畴中的语言学问题，而是有关伦理与政治问题的，所以他把“名不正”解释为“名分上的用词不当”②。从孔子所用礼乐、刑罚等词，也可以看出孔子正名思想的逻辑出发点是现实的政治伦理问题。关于孔子正名的内容，被人广为引用的一段语录是孔子答齐景公问政。齐景公向孔子请教如何为政，孔子答复道：“君君，臣臣，父父，子子。”③ 君主要像君主，臣子要像臣子，父亲要像父亲，儿子要像儿子，这就是最核心的政治问题。孔子正名思想的目的在于端正礼制名分条件下人与人之间的合理关系，有职位之名就应该尽到职位之实的责任和义务，做到名实相符。

由名实相符自然引申出名誉问题，能够做到名实相符的人是君子，是具有很高道德操守和政治能力的人，这种社会评价可以统称为个人名誉。儒家并不否定个人追求名声的欲望，孔、孟对名声欲持充分肯定的态度，他们特别尊崇名声。如孔子说：

---

① 《论语·子路》。

② 杨伯峻译注：《论语译注》，中华书局 2009 年版，第 233 页。

③ 《论语·颜渊》。

"君子疾没世而名不称焉。"① 君子死后，美好的名声没有得到称述，君子是要引以为恨的。孟子也说过："好名之人，能让千乘之国，苟非其人，箪食豆羹见于色。"② 但孟子也指出："声闻过情，君子耻之。"③ 声誉超过实际情况的，君子应该引以为耻。在孔、孟看来，人的最高善是享有以耻或羞恶之心为标识的道德良心，而不仅仅是享有外在的声誉、名望和社会公众的尊重。因为前者真正揭示了儒家伦理作为自律道德的本质实情，而后者则过于强调外在化羞耻的伦理根基作用，暗示了一种乐于用名誉受损、单纯跟随公众舆论而羞耻的说法，去代替与内在化标准相关的任何形式的羞耻态度，如表达个人内在信念的道德耻感。

周敦颐承续孔、孟在名实理论上注重伦理政治面向的思维特质，在自己的道德哲学中阐释了名胜于实为耻的名实之说。周敦颐在《通书》第十四章题为《务实》的一文中说："实胜，善也；名胜，耻也。故君子进德修业，孳孳不息，务实胜也。德业有未著，则恐恐然畏人知，远耻也。小人则伪而已！故君子日休，小人日忧。"④ 朱熹注解曰："实修而无名胜之耻，故休；名胜而无实修之善，故忧。"⑤ 周敦颐所开创的宋代理学很强

---

① 《论语·卫灵公》。

② 《孟子·尽心下》。

③ 《孟子·离娄下》。

④ 〔宋〕周敦颐著，陈克明点校：《周敦颐集》卷二，中华书局 2009 年版，第 25 页。

⑤ 〔宋〕周敦颐著，陈克明点校：《周敦颐集》卷二，中华书局 2009 年版，第 26 页。

调务实精神，认为君子就应该进德修业，生生不息，以务实为胜。在德业上没有取得显著的成就时，对外在他者的看法保持一种忧惧谨慎的态度，这是远离耻辱的方法。小人则只会矫揉造作地用各种虚伪的手段来维持自己名不副实的声誉。君子以务实的实践精神将进德修业视为一生的志业，故而可以远离名胜于实所招致的耻辱，以怡然自得的心情享受快乐的生活。小人名声在外而不进德修业，在以名胜实的情况下还要煞费苦心地保有自己虚假的名声，因利欲熏心而忧虑重重。周敦颐志趣高洁，淡泊名利，曾作《爱莲说》表达自己重名节操守的人生哲学。他说：

> 水陆草木之花，可爱者甚蕃。晋陶渊明独爱菊。自李唐来，世人甚爱牡丹。予独爱莲之出淤泥而不染，濯清涟而不妖，中通外直，不蔓不枝，香远益清，亭亭净植，可远观而不可亵玩焉。予谓菊，花之隐逸者也；牡丹，花之富贵者也；莲，花之君子者也。噫！菊之爱，陶后鲜有闻；莲之爱，同予者何人？牡丹之爱，宜乎众矣！①

历代很多学者认为周敦颐在人格上、思想上与道家有很深的渊源，如蒲宗孟说他“然至其孤风远操，寓怀于尘埃之外，当有高栖遐遁之意，则世人未必尽知之也”②。其实，周敦颐的《爱

---

① 〔宋〕周敦颐著，陈克明点校：《周敦颐集》卷三，中华书局2009年版，第53页。

② 〔宋〕周敦颐著，陈克明点校：《周敦颐集》附录一，中华书局2009年版，第94页。

莲说》有很深的佛学因缘，其理论依据是将《爱莲说》与《华严经探玄记》卷三的一段文字作对比发现，《爱莲说》以莲花比喻自性清净的表达，与《华严经探玄记》将莲花比喻为佛性的理路基本一致①。但从这首以莲自喻的《爱莲说》可以看出，道家和佛家的隐逸生活，并不是周敦颐最渴慕的人生理想。周敦颐所称颂的理想人格，实际上是他所称道的君子人格，君子人格是儒家理想中最基本的道德人格，这种人格不同于佛教和道教所追求的隐士人格。周敦颐在现实生活中所表现出的君子人格，赢得了后人的景仰和赞叹，"周茂叔胸中洒落，如光风霁月"② 一语便是对其高洁人格的最佳评价。

二、"必有耻则可教"

周敦颐不仅从名实关系探讨了羞耻感的问题，而且在《通书》第八章《幸》中分析了羞耻与教化的关系问题。他指出："人之生，不幸，不闻过；大不幸，无耻。必有耻，则可教；闻过，则可贤。"③ 朱熹注解曰："不闻过，人不告也；无耻，我不仁也。有耻，则能发愤而受教；闻过，则知所改而为贤。然不可教，则虽闻过而未必能改矣。以此见无耻之不幸为尤大也。"④"无耻"即心中没有任何羞耻感受，这个词本身蕴涵着严厉的道

---

① 侯外庐、邱汉生、张岂之主编：《宋明理学史》（上），西北大学出版社2018年版，第70~72页。

② 〔宋〕朱熹、吕祖谦纂，张京华辑校：《近思录集释》，岳麓书社2010年版，第983页。

③ 〔宋〕周敦颐著，陈克明点校：《周敦颐集》卷二，中华书局2009年版，第21页。

④ 〔宋〕周敦颐著，陈克明点校：《周敦颐集》卷二，中华书局2009年版，第21页。

德谴责意味，孟子早就说过：“人不可以无耻，无耻之耻，无耻矣。”① “无耻”的反面即“有耻”，与无耻所揭示的道德缺陷相比，有耻则是一个积极肯定的道德语词。儒学是“为己之学”，反求诸己是修身的根本原则。君子在反求诸己的过程中，喜欢从别人那里听到自己的过错，如果没有听到过错则是一种不幸，因为错失了改过自新的机会。孟子对子路闻过则喜的好学精神大加赞誉，他说：“子路，人告之以有过则喜。”② 从别人那里听到自己的过错是一件值得喜乐的事情，而非人生的不幸。人生更大的不幸是没有羞耻感，没有羞耻感是不仁的表征，羞耻感是以否定性的方式通向至善之仁，无耻则不能够激励自己去接受新的教诲，即便听到自己所犯的过错，也没有改过自新的精神动力。

从中可以看出，羞耻本身蕴含着一种不安的心理倾向，内心的不安意味着灵魂的躁动，良知没有得到自然的朗现，这种不安的心理活动是炽烈的羞耻感起作用的结果，根源于这种不安之感的否定性行为就是改过自新。“改过”作为一种入德成圣的修养工夫，在明末清初时期的儒家那里发展到了一个高峰③。其中，最具代表性的就是李二曲的“改过自新”说，他以“改过”作为为学的首要宗旨。他说：“悔过自新，乃千圣进修要

① 《孟子·尽心上》。

② 《孟子·公孙丑上》。

③ 但凡违背儒家伦理规范的言语、行为和意念都可以纳入儒家改过工夫及其理论所涵盖的范围，如不仁、不义、无耻、无礼、不敬、不孝等。作为一种修身工夫的改过观念并非为儒家所专有，先秦时期的道家、墨家、法家也有丰富的改过思想。参见郑基良：《先秦两汉改过思想之研究》，文津出版社有限公司 2010 年版。

诀，人无志于做人则已，苟真实有志做人，须从此学则不差。"①改过与羞耻都在儒家道德哲学中具有重要地位，羞耻感作为一种内在的精神动能，在提撕个体勇于改掉自己的人性弱点而不断实现自我超越方面，起到重要的精神动力作用。

周敦颐在指出改过与知耻是入德成圣的方便法门基础上，也提出了一个成就理想人格的基本次第。他在《通书》第十章《志学》一文中说：

> 圣希天，贤希圣，士希贤。伊尹、颜渊，大贤也。伊尹耻其君不为尧、舜，一夫不得其所，若挞于市。颜渊"不迁怒，不贰过"，"三月不违仁"。志伊尹之所志，学颜子之所学。过则圣，及则贤，不及则亦不失于令名。②

儒家认为"生知安行"的人是"圣人"，"学知利行"的人是"贤人"，"困之勉行"的人是"学者"。士人希望成为贤人，贤人希望成为圣人，圣人希望与天道合一，这可以说是儒家修身之学的一般次第。

"伊尹耻其君不为尧、舜"中的伊尹是辅佐商汤的贤相，伊尹以他的君上商汤不能成为尧、舜那样的圣人，便自责地引以为耻辱。颜渊是孔子最得意的弟子，他能够做到"三月

---

① 〔清〕李颙撰：《悔过自新说》，见陈俊民点校：《二曲集》卷一，中华书局1996年版，第4页。

② 〔宋〕周敦颐著，陈克明点校：《周敦颐集》卷二，中华书局2009年版，第22~23页。

不违仁”，能够做到这一点的就是贤人，超过这个标准的就可以称之为圣人；即使做不到，也不失为保有令名的士君子。伊尹代表了儒家得君行道的典范臣子形象，致力于国家的治理和百姓的福祉，这是儒家的外王之路；颜渊则代表了儒家自我修养的榜样，追求自我超越与精神境界的提升，这是儒家的内圣之路。以后的宋明理学家就把“志伊尹之所志，学颜子之所学”作为对儒者的德性要求，尤其是“学颜子之所学”得到二程等宋明理学家的推崇，程颢回忆他追随周敦颐为学的心路历程时说：“昔受学于周茂叔，每令寻颜子、仲尼乐处，所乐何事。”① “孔颜乐处”遂成为宋明理学中极为重要的思想论题。

周敦颐在《通书》第二十三章《颜子》一文中说：“夫富贵，人所爱也。颜子不爱不求，而乐乎贫者，独何心哉？天地间有至贵至爱可求，而异乎彼者，见其大而忘其小焉尔。见其大则心泰，心泰则无不足。无不足则富贵贫贱处之一也。处之一则能化而齐。”② 颜渊对世俗意义上的功名利禄、荣华富贵看得很淡泊，他追求的是一种超越自然欲望、实用价值，甚至超越道德境界的天人合一的精神境界。周敦颐寻孔颜乐处的思想，使先秦儒家以克己复礼和博施济众为主要内容的仁学，增添了超道德的精神境界与人格审美的内容，这些都对后世儒家思想

① 〔宋〕程颢、程颐：《河南程氏遗书》卷第二，见王孝鱼点校：《二程集》，中华书局2004年版，第16页。

② 〔宋〕周敦颐著，陈克明点校：《周敦颐集》卷二，中华书局2009年版，第33页。

的发展产生了重要影响。从这些方面看，周敦颐不愧是宋代理学的开山宗师。

第二节　张载论羞耻与义理

张载是宋代理学“关中学派”的创始者，也是理学、道学中气本论思想的集大成者。张载的思想体大精深，与他勤勉好学、有志于道的精神分不开，其弟子吕大临说张载“终日危坐一室，左右简编，俯而读，仰而思，有得则识之，或中夜起坐，取烛以书，其志道精思，未始须臾息，亦未尝须臾忘也。”① 二程、朱熹都对他评价甚高，王夫之则称：“张子之学，上承孔孟之志，下救来兹之失，如皎日丽天，无幽不烛，圣人复起，未有能易焉者也。”② 张载在《正蒙》《横渠易说》中着重从义理的角度对儒家的耻观念进行发挥，重申君子在修身上应该做到“行己有耻”，“行己有耻”的标准就是看主体的行为是否符合“义理”，违背义理就应该引以为耻。

一、《正蒙》重申“君子耻之”

孔子曾对国家政治处于清明或黑暗的不同时期，儒家士君子应该持有何种羞耻观进行过辩证的思考。孔子说：“天下有道则见，无道则隐。邦有道，贫且贱焉，耻也；邦无道，富且贵

---

① 〔宋〕张载著，章锡琛点校：《张载集》，中华书局 1978 年版，第 383 页。

② 〔宋〕张载著，章锡琛点校：《张载集》，中华书局 1978 年版，第 409 页。

焉，耻也。”① 国家政治清明的时候，以贫且贱为耻辱；国家政治黑暗的时候，以富且贵为耻辱。张载重新申述了孔子辩证的羞耻观，他在《正蒙》第十一章《三十篇》一文中评注说：

> “天下有道则见，无道则隐”，“君子疾没世而名不称”，盖“士而怀居，不可以为士”，必也去无道，就有道。遇有道而贫且贱，君子耻之。举天下无道，然后穷居独善，不见知而不悔，《中庸》所谓“惟圣者能之”，仲尼所以独许颜回“惟我与尔为有是”也。②

儒家有强烈的淑世精神，力图从得君行道与觉民行道的双重路径造就一个天下太平的有道世界，这是儒家的政治理想。在一个有道的社会里，君子不应该再固守贫且贱的安贫乐道精神，这种消极无为的思想是与儒家经世致用的现实主义取向背道而驰的，故君子应该以“遇有道而贫且贱”为耻辱。天下无道之时，君子处于富且贵的位置也是可耻的，因为君子对黎民百姓生活于恶劣的社会环境中的黑暗现实置之不顾，自己却独享荣华富贵，这是不仁不义的表现。当无力扭转黑暗的政治环境时，君子应该像颜渊一样独善其身，即便不为他人所知，也不会有任何悔恨，这是圣人才能达致的精神境界。

儒家的仁人君子不会因个人无法控制的外在于己身的吉凶祸福而忧虑，君子反身而诚，就能够获得极大的心灵快乐。张

① 《论语·泰伯》。

② 〔宋〕张载著，章锡琛点校：《张载集》，中华书局 1978 年版，第 43 页。

载在《正蒙》第十二章《有德篇》一文中谈论荣辱时说：“困辱非忧，取困辱为忧；荣利非乐，忘荣利为乐。”① 君子所忧患的不是困境中的耻辱，而是招致这种外在耻辱的原因，尤其是因个人违背义理的行为所招致的羞辱，这与荀子对“义辱”与“势辱”的分判有相同的价值取向。荀子说：“流淫、污優，犯分、乱理，骄暴、贪利，是辱之由中出者也，夫是之谓义辱。詈侮捽搏，捶笞、膑脚，斩、断、枯、磔，藉、靡、舌缫，是辱之由外至者也，夫是之谓势辱。”② 张载所谓“困辱”，与由艰难困局所形成的险恶处境中的“势辱”相似，这是君子无法依靠个人德性上的自我转化而加以消除的，故而君子也不必为之忧虑。但如果因自己的道德操守而使自己处于被羞辱的境地，这就是荀子所谓的“义辱”了。君子可以有“困辱”和“势辱”，但应该坚决杜绝“义辱”和“取困辱”，君子必须对此处境感到忧虑，因为这种耻辱完全取决于个人对自我道德尊严的弃绝。

二、《横渠易说》以卦爻辞说耻

《横渠易说》是张载诠释《周易》的著作。《周易》作者在仰观俯察的实际生活体验中领悟到事物的矛盾运动规律，对事物之间的对立转化有着深刻的认识。正是基于这种认识，《周易》中的卦爻辞充满着浓郁的忧患意识，其具体表现主要是身处顺境时应居安思危，保持戒惧警惕之心；身处逆境时应自强不息，谨慎应对以摆脱困境。与忧患意识具有密切关联的是耻

① 〔宋〕张载著，章锡琛点校：《张载集》，中华书局 1978 年版，第 46 页。

② 《荀子·正论》。

感意识，耻感意识作为一种强烈的道德意识，对君子担负起真正的主体性责任，使君子对自己在进德修业方面的不足之处保持忧患的心理意识有重要作用。《周易》兴起于文王、周公时代，彼时殷商时代支配先民生活的人格化的至上神观念正在慢慢消退，“以德配天”的观念开始在周人的精神生活中占据主导地位。在以信仰为精神生活之核心的原始宗教背景下，人会感到自我的渺小，占据整个人身心的是恐怖与绝望的心理和精神状态，人会求之于外界，希望获得帮助，对因信仰而获得恩典与拯救的教义深信不疑，把一切问题的责任全部交给异己的至上神。耻感与忧患意识不同于作为原始宗教之动机的恐怖与绝望，此种主体性责任意识的形成乃是行为主体对吉凶祸福、成败得失深思熟虑而来的对未来事态的远见，在这种远见中，行为主体发现吉凶祸福、成败得失与自身的行为密切相关，行为主体负有绝对的责任。

张载以其中的若干卦爻辞为例，阐释了耻观念的丰富内涵。《周易·否·象》曰：“‘包羞’，位不当也。”张载注释说：“六三，包羞。《象》曰：‘包羞’，位不当也。处否而进，履非其位，非知耻者也。”① 《否》卦下坤上乾，乾为天在上，坤为地在下，天地阴阳不交，君子应该以节俭为德避免灾祸。六三爻辞所谓“包羞”即取其进献之物，但六三以阴居阳位，履非其位，这是不知羞耻的做法，真正知耻的人应该知道德不配位会招致无妄之灾。

张载《横渠易说》的修养工夫论思想很丰富，其中《蒙》

① 〔宋〕张载著，章锡琛点校：《张载集》，中华书局1978年版，第96页。

《颐》二卦所体现的养正工夫论更是独具特色。其养正工夫论合蒙养与颐养两种互补的养正之功，起始于养心，终成于正性①。张载在解《颐》卦时，就提出一种可以称为"颐养"的养正工夫论，颐养以强调主体自觉的自养为主，重在教导儒者自作主宰、自我修养。《周易·颐·彖》曰："'颐贞吉'，养正则吉也。'观颐'，观其所养也；'自求口实'，观其自养也。天地养万物，圣人养贤以及万民，颐之时大矣哉！"张载指出："观颐，辨养道得失，欲观人处己之方。"② 君子应该效法的自养之道有谨言慎行、节饮食等。张载在解初九爻辞时说："初九，舍尔灵龟，观我朵颐，凶。《象》曰：'观我朵颐'，亦不足贵也。体躁应上，观我而朵其颐，求养而无耻者也。"③ 《颐》卦的初九爻居下为阳，故呈向上躁进之态势，与六四阴爻是正应关系，阳爻在下本应该是自养之道，但因贪欲的驱使而求养于人，这种人已经丧失羞耻之心，这已然和君子所追求的养正工夫论相背离。这是初九阳爻失养正之象，君子应该引以为耻，并以此自警。培养羞耻之心是张载养正工夫的重要内容，培养羞耻之心要求其不仅要不放失，而且要反身而诚，面对真实的自我，力求自养之道。

张载主张培养羞耻之心是为了"变化气质"，他说："为学大益在自求变化气质，不尔皆为人之弊，卒无所发明，不得见

① 参见刘泉、林乐昌：《从蒙、颐二卦看张载的养正工夫论——以〈横渠易说〉为文献基础》，《船山学刊》2016 年第 6 期。

② 〔宋〕张载著，章锡琛点校：《张载集》，中华书局 1978 年版，第 118 页。

③ 〔宋〕张载著，章锡琛点校：《张载集》，中华书局 1978 年版，第 118 页。

圣人之奥。”① 即由“气质之性”返回到“天地之性”。张载认为，在这个“变化气质”或“正性”的过程中，“礼”居于重要地位，“克己复礼”可以成就人的德性。张载在《经学理窟·学大原上》中说：“学者且须观礼，盖礼者滋养人德性，又使人有常业，守得定，又可学便可行，又可集得义。养浩然之气须是集义，集义然后可以得浩然之气。严正刚大，必须得礼上下达。义者，克己也。”② 儒家的礼教之礼是外在的社会伦理规范的总称，礼的价值根源是“义理”。义理是人心之所同然，是圣贤与普通人都具有的道德本体，义理不须外求，张载说：“须是自求，已能寻见义理，则自有旨趣，自得之则居之安矣。”③ 寻见义理的过程即“克己复礼”的过程，就是要克制自己的私欲，学礼、知礼、行礼是成就完满人性过程中必不可少的环节。张载在注解《周易·大壮》时说：

> 克己，下学上达交相养也，下学则必达，达则必上，盖不行则终何以成德？明则诚矣，诚则明矣，克己要当以理义战退私己，盖理乃天德，克己者必有刚强壮健之德乃胜己。“雷在天上，大壮，君子以非礼弗履。”夫酒清人渴而不敢饮，肴干人饥而不敢食，非强有力者不能人所不能。人所以不能行己者，于其所难者则惰，其异俗者虽易而羞缩。惟心弘则不顾人之非笑，所趋义理耳，视天下莫能移

---

① 〔宋〕张载著，章锡琛点校：《张载集》，中华书局1978年版，第321页。

② 〔宋〕张载著，章锡琛点校：《张载集》，中华书局1978年版，第279页。

③ 〔宋〕张载著，章锡琛点校：《张载集》，中华书局1978年版，第273页。

其道。然为之人亦未必怪,正以在己者义理不胜惰与羞缩之病,消则有长,不消则病常在,消尽则是大而化之之谓圣。意思龌龊,无由作事。在古气节之士冒死以有为,于义未必中,然非有志概者莫能。况吾于义理已明,何为不为?正以不刚。惟大壮乃能克己,盖君子欲身行之,为事业以教天下。今夫为长者折枝,非不能也,但耻以为屈而不为耳,不顾义理之若何。①

“克己复礼”就是要以义理战胜个人一己之私欲,义理是生生不息的“天德”,克己之人必须具有刚健坚强的意志力。有时候人之所以不能按照自己内心的义理要求行事,多半是因为畏难而堕落,或因为怕人耻笑而退缩不前。只有内心弘大、义理充盈的君子才能以义理战胜“惰与羞缩之病”,进而成就圣贤人格。张载借孟子批评梁惠王不肯“为长者折枝”的故事,指出诸如梁惠王这样的君主不是不能做到敬爱老人,只是这些地位尊贵之人将俯身弯腰屈就普通人视为一种羞耻的行为,而将义理弃之不顾。

张载以自身的生活体验为例,说明克服恐为人所耻笑的心理情结需要义理作为内在驱动力。他说道:

某始持期丧,恐人非笑,己亦自若羞耻,自后虽大功小功亦服之,人亦以为熟,己亦熟之。天下事,大患只是畏人非笑,不养车马,食粗衣恶,居贫贱,皆恐人非笑。不知当生则生,当死则死,今日万钟,明日弃之,今日富

① 〔宋〕张载著,章锡琛点校:《张载集》,中华书局1978年版,第130页。

贵，明日饥饿亦不恤，惟义所在。[①]

宋代新儒家不仅在道统、学统上接续原始儒家的精神命脉，精研古代礼制，而且身体力行、躬身实践丧葬礼等古礼，试图恢复古礼[②]。张载身体力行，居家服丧礼，践行古代礼制。刚开始服丧礼的时候，他有一种害怕被人耻笑的羞耻情结，而后他坚定意志，克服了这种害怕他者眼光的畏惧与羞耻感，并最终体悟到恐人非笑是过于看重世俗价值评价的结果，真正的儒者应该将自己行为正当性的根据放在“惟义所在”上，一切行为都以内心的义理为最终准绳，不违背自我的道德直觉。

作为外在社会政治伦理规范的礼制、礼仪和礼节的真正起源是人心。张载说：“礼非止著见于外，亦有无体之礼。盖礼之原在心，礼者圣人之成法也，除了礼天下更无道矣。欲养民当自井田始，治民则教化刑罚俱不出于礼外。五常出于凡人之常情，五典人日日为，但不知耳。”[③] 所谓“无体之礼”，也就是人内心所具有的仁、义、礼、智、信等义理，人心是外在规范之礼的诞生地，养民治民都要依靠礼的规范作用来实现，儒家的常道就在凡俗的人伦日用之中，真正的耻辱是不知道如何“克己复礼”，恭敬地遵守“礼”才能远离耻辱。张载服丧礼的事例说明羞耻的基本意涵是要有所为有所不为，在应该有所为

---

① 〔宋〕张载著，章锡琛点校：《张载集》，中华书局1978年版，第291页。

② 参见叶平：《古礼与北宋儒者的治心、义理之学》，《中州学刊》2007年第6期。

③ 〔宋〕张载著，章锡琛点校：《张载集》，中华书局1978年版，第264页。

的地方坚持去做是不必引以为耻的，在应该有所不为的地方仍坚持去做才是应当引以为耻的，儒者应当树立正确的羞耻观。

第三节　二程论廉耻与羞恶之心

二程是宋明新儒学中"洛学"的代表，他们兄弟的学问与性格有较大差异，所以有学者认为程颢是宋明"心学"的源头，而程颐则是宋明"理学"的源头。现代新儒家牟宗三先生则根据自己对西方哲学尤其是康德哲学的消化与吸收，将程颢的思想体系归为"即活动即存有"的"纵贯系统"，而将程颐的思想体系归为"只存有而不活动"的"横摄系统"①。程颢更注重内在的生命体验、体悟与证悟，而不像程颐那样注重"格物穷理"。程颐说："涵养须用敬，进学则在致知。"② 程颐走的是强调向外致知的进学路径。但程颢与陆九渊、王阳明强调"心即理""心外无理"的心学传统并不在同一个义理间架内，所以，陈来先生认为二程共享"理学"之名，只代表兄弟二人在治学与境界取向上的不同，并不是现代哲学家所理解的心学与理学之间的绝对差异③。基于此，本节将二程放在一起来探讨他们理学思想系统中的耻观念。宋明理学家大都经历过泛滥于诸家，

① 参见牟宗三：《心体与性体》（上），吉林出版集团有限责任公司 2013 年版，第 39~53 页。

② 〔宋〕程颢、程颐：《河南程氏遗书》卷第十八，见王孝鱼点校：《二程集》，中华书局 2004 年版，第 188 页。

③ 陈来：《宋明理学》，生活·读书·新知三联书店 2011 年版，第 99 页。

出入佛老而后“归本六经”的学思历程，程颐自谓其兄是儒家圣人之道的继承者。程颐说：“周公没，圣人之道不行；孟轲死，圣人之学不传。道不行，百世无善治；学不传，千载无真儒。无善治，士犹得以明夫善治之道，以淑诸人，以传诸后；无真儒，天下贸贸焉莫知所之，人欲肆而天理灭矣。先生生千四百年之后，得不传之学于遗经，志将以斯道觉斯民。”① 这段话虽然是程颐对其兄程颢学思生命的盖棺定论，但也可以视为宋明理学家群体的夫子自况，他们以强烈的道统意识和担当精神接续先秦孔孟之学的真精神，以真儒自居，力求实现儒家理想的善治之道。“耻”在二程的哲学观念中并不居于核心位置，二程论耻的特点是从廉耻的社会教化功能角度谈儒家的善治之道，申论以道觉民的社会政治理念，并继承孟子的心性论传统，从心、性、情之间的关系探求羞恶之心与羞恶之情。

一、“廉耻格而风教厚”

儒家哲学是作为一种生活方式的哲学，实现自我转化和世界转化是其基本目的，廉耻观念在实现儒者的自我转化方面具有重要的动力作用。程颐说：“大凡儒者，未敢望深造于道，且只得所存正，分别善恶，识廉耻。如此等人多，亦须渐好。”②

---

① 〔宋〕程颢、程颐：《河南程氏文集》卷第十一，见王孝鱼点校：《二程集》，中华书局2004年版，第640页。

② 〔宋〕程颢、程颐：《河南程氏遗书》卷第十七，见王孝鱼点校：《二程集》，中华书局2004年版，第175页。

程颐将辨别廉耻和分别善恶视为儒者深造于道的基本要求，由此可见，正确的廉耻观对儒者的自我修养是极为重要的。先秦儒家已经提出"以礼养耻"的理念，即要求人们在日常生活中学会"克己复礼"，将作为外在制度设施、社会风俗、伦理规范的"礼"内化于心，养成辨别廉耻的道德心理习惯，使其沉淀为一种坚固的民族文化心理结构。有子说："信近于义，言可复也；恭近于礼，远耻辱也；因不失其亲，亦可宗也。"① 二程解释说："信非义也，以其言可复，故曰近义。恭非礼也，以其远耻辱，故曰近礼。因其事而不失其所亲，亦可宗也，况于尽礼义者乎？"② 恭敬不是礼，依孟子之见，恭敬之心只是礼的开端，但由于恭敬可以起到使人远离耻辱的道德净化作用，所以才称之为"近礼"。

二程以有志于道和成就圣贤人格为儒家宗旨，以不知儒家的圣人之道为耻。程颐和其弟子的一段对话很好地揭示了何谓"有耻不能之心"：

> 或问："人有耻不能之心，如何？"曰："人耻其不能而为之，可也。耻其不能而揜藏之，不可也。"问："技艺之事，耻己之不能，如何？"曰："技艺不能，安足耻？为士者，当知道。己不知道，可耻也。为士者当博学，己不博学，可耻也。耻之如何，亦曰勉之而已，又安可嫉人之能

① 《论语·学而》。

② 〔宋〕程颢、程颐：《河南程氏遗书》卷第九，见王孝鱼点校：《二程集》，中华书局2004年版，第105页。

而讳己之不能也?”①

程颐认为人的天赋能力有差异，在自己做不到的事情上以之为耻并奋力去做，是值得赞赏的，但掩盖、文饰自己所不能是不可以的。对儒家的士君子而言，技艺是小道，不足以为耻，不知儒家的圣人之道才是应该以引为耻的。二程另有言曰：“耻不能而为之，可也；耻不能而隐之，不可也。至于疾人之能，又大不可也。若夫小道曲艺，虽不能焉，君子不耻也。”② 儒家的圣人之道以文章、经文训诂、佛老异端为对立面。所以，二程说：“后之儒者，莫不以为文章、治经术为务。文章则华靡其词，新奇其意，取悦人耳目而已。经术则解释辞训，较先儒短长，立异说以为己工而已，如是之学，果可至于道乎?”③ 二程所谓“知道”之“道”其实就是儒家之道、圣人之道，或程颢所谓自家体贴出来的“理”与“天理”，这也是宋明新儒学被称为“理学”“道学”的直接原因。儒家士君子还应该有渊博的学识，不博学也是可耻的，如果儒家士君子在这些地方引以为耻，那么也不必嫉妒别人所能而自己不能的地方，而是应该以“知耻近乎勇”的气魄勉而行之。

古代的儒者既是儒家文化的传承者，也是君主专制政治下

---

① 〔宋〕程颢、程颐：《河南程氏遗书》卷第十八，见王孝鱼点校：《二程集》，中华书局2004年版，第189页。

② 〔宋〕程颢、程颐：《河南程氏粹言》卷第二，见王孝鱼点校：《二程集》，中华书局2004年版，第1256页。

③ 〔宋〕程颢、程颐：《河南程氏文集》卷第八，见王孝鱼点校：《二程集》，中华书局2004年版，第580页。

的文官，将儒家的政治制度设计和社会治理方略落实于具体的社会层面，是宋明新儒家觉民行道的题中应有之义。程颢在晋城为官时，就期待在社会风俗方面有所作为，"乡民为社会，为立科条，旌别善恶，使有劝有耻"①。他在上神宗《论十事札子》中说："古者政教始乎乡里，其法起于比闾族党，州乡酂遂，以相联属统治，故民相安而亲睦，刑法鲜犯，廉耻易格，此亦人情之所自然，行之则效，亦非有古今之异者也。"② 儒家的政教从最基层的乡里开始，百姓知廉耻就不会触犯刑法，形成和睦友爱的社会人际关系便是可以做到的事情。儒家虽然强调以道德教化为主，但并没有彻底否定刑法在国家政治与社会生活中的必要性，而是认为再严酷的刑法若想取得良好的社会治理效果，也要以人的知耻心或羞耻感为前提。刑法是一种强制性社会治理手段，在严刑峻法的治国方略下，刑法对个人的外在强制是严酷的，外在强制越是通过严密的社会结构转化为自我强制，包罗着人的行为之自我强制的环圈越是精细复杂。生活在这种社会环境下的人，对于违反社会法令的恐惧就越是强烈地具有羞耻感的意味，而这种羞耻感的道德心理，又反过来保证、促进了实施刑罚与法令的有效性。

二程和张载在切磋学问时也谈到培养士君子廉耻之节的重要性。程颐说："今责罪官吏，殊无养士君子廉耻之道。必断言

① 〔清〕黄宗羲撰，〔清〕全祖望补修：《明道学案》，见陈金生、梁运华点校：《宋元学案》卷十三，中华书局1986年版，第538页。

② 〔宋〕程颢、程颐：《河南程氏文集》卷第一，见王孝鱼点校：《二程集》，中华书局2004年版，第453页。

徒流杖数，赎之以铜，便非养士君子之意。如古人责其罪，皆不深指斥其恶，如责以不廉，则曰俎豆不修。”① 程颐指出，培养儒家士君子的廉耻之道或廉耻之节，是防患于未然的教化手段。他在给皇帝的上书中也提到了“廉耻格而风教厚”的社会教化问题，程颐在《为家君应诏上英宗皇帝书》中说：

> 陛下诚能专心致志，孜孜不倦，以求贤为事，常恐天下有遗弃之才，朝廷之上，推贤援能者登进之，蔽贤自任者疏远之，自然天下向风。自上及下，孰不以相先为善行，荐达为急务？搜罗既广，虽小才片善，无所隐晦。如此则士益贵而守益坚，廉耻格而风教厚矣。天下之贤，其有遗乎？既得天下之贤，则天下之治不足道也。②

选贤任能是确保古代政治体制良性运作的关键环节。程颐这样的儒家士大夫建议宋朝皇帝孜孜不倦地求贤任能，真正将有政治才能的儒家士君子选拔上去，以他们的典范人格去影响普通百姓的日常生活，使百姓在潜移默化的道德熏陶下涵养德性，从善如流。在儒家士君子的带动下，养成人人知廉耻、守礼节的品性，社会风尚自然就会趋于敦厚淳朴，天下

---

① 〔宋〕程颢、程颐：《河南程氏遗书》卷第十，见王孝鱼点校：《二程集》，中华书局2004年版，第112页。

② 〔宋〕程颢、程颐：《河南程氏文集》卷第五，见王孝鱼点校：《二程集》，中华书局2004年版，第526页。

贤士也能倾尽其才为朝廷效力，实现天下大治就是水到渠成的事情。

二、心性论视域下的“羞恶之心”

心性问题是宋明理学中最核心的哲学问题，程颐对儒家思想体系中的核心观念之相互关系有一个概括的说法。他说：“在天为命，在义为理，在人为性，主于身为心，其实一也。心本善，发于思虑，则有善有不善。若既发，则可谓之情，不可谓之心。”① 但在二程的理学体系中，“理”或“天理”是位阶最高的观念，也是最形而上学化的实体观念。程颐用“理”来规定人的性，发展了传统儒家的人性论。他说：“性即理也，所谓理，性是也。”② 就宇宙万物而言，它是自然法则和事物内部的本质规律；就社会伦理而言，它是道德伦理规范；就人性而言，它是人的道德本质，人性是禀受自上天的先天之理。程颢说：“盖上天之载，无声无臭，其体则谓之易，其理则谓之道，其用则谓之神，其命于人则谓之性，率性则谓之道，修道则谓之教。”③

程颢继承了《中庸》“天命之谓性，率性之谓道，修道之谓教”的人性学说，认为人性是天之所赋，是每个人生而具足的，

---

① 〔宋〕程颢、程颐：《河南程氏遗书》卷第十八，见王孝鱼点校：《二程集》，中华书局2004年版，第204页。

② 〔宋〕程颢、程颐：《河南程氏遗书》卷第二十二，见王孝鱼点校：《二程集》，中华书局2004年版，第292页。

③ 〔宋〕程颢、程颐：《河南程氏遗书》卷第一，见王孝鱼点校：《二程集》，中华书局2004年版，第4页。

由此可以看出程颢或多或少地承认了“生之谓性”的自然人性观，所以，他说：

> “生之谓性”，性即气，气即性，生之谓也。人生气禀，理有善恶，然不是性中元有此两物相对而生也。有自幼而善，有自幼而恶，是气禀有然也。善固性也，然恶亦不可不谓之性也。盖“生之谓性”“人生而静”以上不容说，才说性时，便已不是性也。凡人说性，只是说“继之者善”也，孟子言人性善是也。夫所谓“继之者善”也者，犹水流而就下也。皆水也，有流而至海，终无所污，此何烦人力之为也？有流而未远，固已渐浊；有出而甚远，方有所浊。有浊之多者，有浊之少者。清浊虽不同，然不可以浊者不为水也。如此，则人不可以不加澄治之功。故用力敏勇则疾清，用力缓怠则迟清，及其清也，则却只是元初水也。亦不是将清来换却浊，亦不是取出浊来置在一隅也。水之清，则性善之谓也。故不是善与恶在性中为两物相对，各自出来。①

如孟子这样的传统性善论者认为人性本善，而人的恶只是人心陷溺的结果，即后天社会环境对人之善良天性的戕害。宋明理学家在解决人性善恶的问题上不同于孟子，而是从“气禀”的角度解释善恶的来源问题，因为气禀有善有恶，善恶都是人的性，只不过恶来自“气质之性”，与之相对的“天命之性”或

---

①〔宋〕程颢、程颐：《河南程氏遗书》卷第一，见王孝鱼点校：《二程集》，中华书局2004年版，第10~11页。

“天地之性”则是纯然至善的性。由气禀而来的人性是可以改变的，正如浊水经过澄清便可以变成清水，如此一来，儒家关于恶的来源问题就被归于“气质之性”，变化气质是道德修养的过程。纯然至善的天地之性、义理之性与驳杂不纯的气质之性，常常交互斗争。二程曰：“义理与客气常相胜，又看消长分数多少，为君子小人之别。”① “义理”战胜“客气”则成就人的君子人格，“客气”战胜“义理”则使人沦落为小人，这就是天理与人欲的交战，人的道德意识与私人欲望交织纠缠在一起，成为人与生俱来的最原始的人类精神现象。而由气质之性返归天地之性，就成为儒家修养工夫论的重要内容。

二程又从“羞恶之心”的角度讨论人性之善恶，其言曰：“有人胸中常若有两人焉，欲为善，如有恶以为之间；欲为不善，又若有羞恶之心者。本无二人，此正交战之验也。持其志，便气不能乱，此大可验。要之，圣贤必不害心疾，其佗疾却未可知。佗藏府，只为元不曾养，养之却在修养家。”② 羞恶之心来源于孟子，孟子说：“恻隐之心，仁之端也；羞恶之心，义之端也；辞让之心，礼之端也；是非之心，智之端也。人之有是四端也，犹其有四体也。”③ 在孟子看来，“羞恶之心”是“义”的开端或初始状态，羞恶之心含有以己之不善为羞耻与憎恶他

① 〔宋〕程颢、程颐：《河南程氏遗书》卷第一，见王孝鱼点校：《二程集》，中华书局2004年版，第4页。

② 〔宋〕程颢、程颐：《河南程氏遗书》卷第二，见王孝鱼点校：《二程集》，中华书局2004年版，第53页。

③ 《孟子·公孙丑上》。

人之恶的双重意蕴，亦可以称为羞耻心。

程颢说：“羞恶则有所不为。知所止，乃义之端。”① 当人有为恶的意念生发时，人的羞耻心就会发出不要为恶的警醒之声，这种发自良心的道德意识，具有遏制邪恶意念兴发的作用，使人趋善避恶。但需要指出的是，宋明理学家在理解“四端之心”上持有一种普遍的观念，即作为一种德性的恻隐之心涵盖了羞恶之心、恭敬之心和是非之心，其他三端的独立性是付之阙如的。有人问二程说：“尽心之道，岂谓有恻隐之心而尽乎恻隐，有羞恶之心而尽乎羞恶也哉?”二程回答说：“尽则无不尽，苟一一而尽之，乌乎而能尽?”② 在二程的理解中，人在“尽心”的过程中，首先尽的是恻隐之心，恻隐之心内在地包含了羞恶之心，有了恻隐之心自然就会有耻于为恶的羞耻感受。如果说“恻隐之心”与“仁”同属于本心的层面，是作为一种发自本心并且蕴含着价值确立、判断和践履的道德意识与道德情感的话，那么“羞恶之心”与“义”也应该同属于本心的层面。前文在分析孟子心性论中的羞恶之心时已经指出，孟子的“四端之心”各具明见性，是独立生成的道德意识与道德情感，羞恶之心与恻隐之心是互补的关系，后者并不能涵盖前者的全部意蕴。

二程主要从心与性的义理间架来诠释孟子的“四端之心”，

---

① 〔宋〕程颢、程颐：《河南程氏外书》卷第二，见王孝鱼点校：《二程集》，中华书局2004年版，第364页。

② 〔宋〕程颢、程颐：《河南程氏粹言》卷第二，见王孝鱼点校：《二程集》，中华书局2004年版，第1254页。

只在极少数情况下引入了"情"的视角来谈恻隐之心。如程颐和弟子的下面这段对话：

> 问仁。曰："此在诸公自思之，将圣贤所言仁处，类聚观之，体认出来。孟子曰：'恻隐之心，仁也。'后人遂以爱为仁。恻隐固是爱也。爱自是情，仁自是性，岂可专以爱为仁？孟子言恻隐为仁，盖为前已言'恻隐之心，仁之端也'，既曰仁之端，则不可便谓之仁。退之言'博爱之谓仁'，非也。仁者固博爱，然便以博爱为仁，则不可。"①

这就是程颐所谓"爱自是情，仁自是性"之说。程颐认为恻隐是情感之爱，是仁性之发端，"仁之端"不等于"仁"，但他没有明确谈到羞恶之心也是一种先天的道德情感。在二程的理学系统中，"情"是由"性"的发动所致，二程曰："利贞者分在性与情，只性为本，情是性之动处，情又几时恶。"② 又曰："夫恻隐之类，皆情也，凡动者谓之情。"③ 情因感而生，性是本，情欲的萌动一旦突破天理的规范，则有流于为恶的可能性。

---

① 〔宋〕程颢、程颐：《河南程氏遗书》卷第十八，见王孝鱼点校：《二程集》，中华书局2004年版，第182页。

② 〔宋〕程颢、程颐：《河南程氏遗书》卷第二，见王孝鱼点校：《二程集》，中华书局2004年版，第33页。

③ 〔宋〕程颢、程颐：《河南程氏遗书》卷第九，见王孝鱼点校：《二程集》，中华书局2004年版，第105页。

先秦儒家并没有像汉唐宋明儒家对“性”和“情”作出“性善情恶”这样的严格区分，如“孔孟之间”的儒家文献《性自命出》中所提出的“性自命出，命自天降，道始于情，情生于性”① 的论断。孟子虽然没有太多直接论述“情”观念的语句，但他的“四端之心”既是人的仁、义、礼、智之性，也是人先天固有的道德情感。荀子也说：“性者，天之就也；情者，性之质也；欲者，情之应也。”② 性是天之所赋，情是性的质料。汉儒将性情与天道阴阳观念相结合始有“尊性贱情”之说，如董仲舒说：“身之有性情也，若天之有阴阳也。言人之质而无其情，犹言天之阳而无其阴也。”③ 汉儒以降的儒家多以情和欲相接相连之情欲为情。

二程对情或情欲的看法明显直接受到唐代儒家李翱的影响，李翱是宋明新儒学的重要先驱和思想源头。唐君毅先生对其评价甚高，说他“前承汉儒，后启宋儒之价值”④。李翱在《复性书》中说道：“性者天之命也，圣人得之而不惑者也；情者性之动也，百姓溺之而不能知其本者也。”⑤ 李翱虽然认为情由性而生，情是性之动，但情是“性之邪”，后世如二程对情欲的批判多受到李翱“性善情恶”说的影响。朱熹继承

---

① 荆门市博物馆编：《郭店楚墓竹简》，文物出版社 1998 年版，第 179 页。

② 《荀子·正名》。

③ 〔汉〕董仲舒撰，朱方舟整理，朱维铮审阅：《春秋繁露》，上海书店出版社 2012 年版，第 161 页。

④ 唐君毅：《中国哲学原论·原性篇》，中国社会科学出版社 2005 年版，第 201 页。

⑤ 〔唐〕李翱撰：《李文公集》，上海古籍出版社 1993 年版，第 6 页。

了二程的这种分判，又加上对张载"心统性情"之说的深化，从而提出心、性、情三分的义理间架来接着诠释孟子的"四端之心"①。

① 李明辉：《儒家与康德》（增订版），联经出版事业股份有限公司2018年版，第132页。

第七章　“心统性情”与“本心”：朱陆耻论的不同取向

朱熹和陆九渊分别是宋明道学中理学派与心学派的代表性人物，朱陆之争不仅表现在“尊德性”与“道问学”的不同治学路径上，也表现在二者对儒家耻观念的不同诠释上。儒家的耻观念或“羞恶之心”属于心性论层面的问题，朱熹在“心统性情”义理间架下对“羞恶之心”作了理解，他基本上将羞恶诠释为一种根源于主宰之心而生发于外的情感，这种情感属于感性的、经验的层面。陆九渊则不赞成朱熹的“心统性情”说，陆九渊主张人先天固有的羞恶等“四端”都是“本心”固有的德性，它们是先天的道德情感，这又回到了孟子的立场上。他以“本心”论耻的羞耻观凸显了心学将伦理道德收摄于内在良心的特质。

第一节　朱熹“心统性情”义理间架下的羞恶之心

朱熹是宋代理学的集大成者，他诠释儒家经典的杰作如《四书章句集注》成为科举考试官方要求的必读书目。朱熹的理学思想在中国古代社会长期居于主导地位，由明清两朝皇帝主持编纂的《四书大全》《性理大全》《性理精义》等著作都广采博纳了朱熹的理学思想。其门人在《朱子行状》中说朱熹是“万世宗师”，近代史学大家钱穆先生亦曾说：“在中国历史上，前古有孔子，近古有朱子，此两人，皆在中国学术思想史及中国文化史上发出莫大声光，留下莫大影响。旷观全史，恐无第三人堪与伦比。”① 从中可以看出，朱熹在儒家道统中的地位直追孔孟。他的理学思想体系庞大且义理精深，其中极具特色的“心统性情”说，在心、性、情三分而又统一的义理间架下，阐释了儒家一以贯之的羞耻观念。朱熹从心、性、情三个相互关联的观念出发对羞恶与羞恶之心的理解，拓展了儒家羞耻观念的思想视域，在儒家羞耻观念的发展历程中具有重要的理论价值和典范意义。

一、“知耻是由内心以生”

朱熹通过诠释“四书”等儒家经典而建立自己的儒家哲学体系，以对抗佛老思想的冲击与挑战，以书院讲学、论辩、著书立说等方式宣讲儒家精神，使先秦原始儒学在宋代重新复活，所以，以朱熹为集大成者的宋代儒家群体又被称为新儒家，他们的儒学思想被称为新儒学②。朱熹的羞耻思想也是在经典诠释

---

① 钱穆：《朱子学提纲》，生活·读书·新知三联书店 2002 年版，第 1 页。

② 宋代新儒学是相对于先秦原始儒学、汉代儒学而言的，张君劢先生将中唐韩愈以降至曾国藩一千多年间的儒学新思潮统称为新儒学的思想史，他认为这是儒学的再生，新儒学的文艺复兴。宋代新儒学或新儒家只是其中的一股重要思潮。参见张君劢：《新儒家思想史》，中国人民大学出版社 2006 年版，第 11~12 页。

的学思历程中得以展开的，如孔子说：“古者言之不出，耻躬之不逮也。”① 朱熹注解说：“此章紧要在‘耻’字上。若是无耻底人，未曾做得一分，便说十分矣。人之所以易其言者，以其不知空言无实之可耻也。若耻，则自是力于行，而言之出也不敢易矣。这个只在耻上。”② 朱熹认为空言无实之人是可耻的人，不知耻的人不可能有笃实践履的道德修养工夫，言胜于实是君子应该以之为耻并加以警戒的，这种无耻的人在任何其他事情上都不会取得成功。所以，朱熹强调：“但无耻一事不如人，则事事不如人矣。”③ 羞耻感强的人会有足够的勇气去否定自己的不当行为，坚定心志，在砥砺前行的过程中达成改过迁善的成德目标，并且更可能实现既定的人生理想。

朱熹将羞耻视为源于人之心灵的内在道德意识，知耻也必然由内心生发，他说：“知耻是由内心以生，闻过是得之于外。人须知耻，方能过而改，故耻为重。”④ 周敦颐曾指出人的不幸在于“不闻过”，更大的不幸是无耻，即“不知耻”。朱熹进而点出“闻过”与“知耻”之间的道德心理关联——知耻是从内心生发的一种道德意识，闻过则是来自外在的社会评价体系，闻过是为了“改过”，只闻过而不知改过，则闻过对于个人的现实生活便无实际意义。改过的关键在于知耻，知耻由内心而发，

---

① 《论语·里仁》。

② 〔宋〕黎靖德编，王星贤点校：《朱子语类》卷第二十七，中华书局 1986 年版，第 706 页。

③ 〔宋〕朱熹撰：《四书章句集注》，中华书局 2012 年版，第 358 页。

④ 〔宋〕黎靖德编，王星贤点校：《朱子语类》卷第九十四，中华书局 1986 年版，第 2400 页。

是行为主体将道德责任与社会义务转回自我，对自己良心的自我省察，这是一种极为猛烈的良知决断，其决断完全出自自我的良知和内心的警醒。

羞耻感作为一种自律性的道德意识，更能激发闻过的行为主体在改过的过程中，真正地将良知这把“手术刀”在自我解剖的过程中不假借于外在的社会压力，在精神凝聚的真诚状态下反思自己的过错并加以改正。知耻是闻过而能改过的先决条件，改过便可以消除道德上的耻辱感。耻辱加身而不知羞耻的人已然丧失做人的资格，知耻而改过的人可以重获新生，耻辱在己不在人。所以，朱熹说：“兼有在里。且如见尊长而拜，礼也，我却不拜。被诘问，则无以答，这便是为人所耻辱。有一般人不当拜而拜之，便是谄谀，这则可耻可辱者在我矣。”① 按照礼仪对长辈尽恭敬之礼，就可以免除不恭敬的耻辱，无论是当拜而不拜，还是不当拜而拜，都取决于自我的决断而非外在的强制。他认为因失礼而来的耻辱完全是自我决断的结果，所以说这种耻辱都是由自己不符合礼的行为招致的。

在强调“知耻是由内心以生”之外，朱熹进而也指出廉耻在士君子的个人修养以及社会教化方面所具有的重要意义。儒家士君子应该知道何谓廉耻之节，“礼义廉耻”是“国之四维”，寡廉鲜耻的人道德感极为薄弱，不可能“克己复礼”，也不会做反求诸己的内省工夫。真正致力于成就儒家君子人格以及圣贤人格的儒者，必须以寡廉鲜耻为个人修身的障碍，并通

① 〔宋〕黎靖德编，王星贤点校：《朱子语类》卷第二十二，中华书局 1986 年版，第 522 页。

过严格的修身实践对之加以克服。廉耻之节是指在应该隐忍的地方加以隐忍，在不应该做的事情上杜绝去做，所以，朱熹引孟子之语强调说：“人须是有廉耻。孟子曰：‘耻之于人大矣！’耻便是羞恶之心。人有耻，则能有所不为。今有一样人不能安贫，其气销屈，以至立脚不住，不知廉耻，亦何所不至！”① “耻”对人而言是安身立命的大事，孟子所说的“羞恶之心”就是耻，人有羞耻心、廉耻心才能在不符合社会伦理道德规范的地方有所不为。朱熹特别指出，有一种不能安于贫贱的人最容易成为不知廉耻的人，不知廉耻便丧失了自作主宰的道德主体意识，进而便有可能肆意冲破社会伦理道德的藩篱而无恶不作，这种人是真正的无耻之人、无德之人，在放任不管的情况下具有很大的社会危害性。

二、“心统性情”论域下的羞恶与羞恶之心

“心统性情”说始于张载，二程无此说。性是与情相对而言的，心又是和性情相对而言。有人问何为“心统性情”，张载说：“性者理也。性是体，情是用，性情皆出于心，故心能统之。统如统兵之统，言有以主之也。且如仁义礼智是性也，孟子曰‘仁义礼智根于心’，恻隐、羞恶、辞让、是非本是情也，孟子曰‘恻隐之心，羞恶之心，辞让之心，是非之心’；以此言之，则见得心可以统性情。”② 朱熹的“心统性情”说和他对

---

① 〔宋〕黎靖德编，王星贤点校：《朱子语类》卷第十三，中华书局1986年版，第241页。

② 〔宋〕张载著，章锡琛点校：《张载集》，中华书局1978年版，第339页。

《中庸》“已发”“未发”的理解是关联在一起的。前期，他一直认为心只能是已发，没有未发之前的状态，未发的只能是性，这种理解可以概括为“心为已发，性为未发”，但情感与“已发”“未发”之间的关系没有得到解决。在朱熹四十岁之际，他彻底否定了之前的想法，提出一种关于心、性、情的新理论，史称“中和新说”。朱熹说：“皆以思虑未萌、事物未至之时，为‘喜怒哀乐之未发’。当此之时，即是心体流行，寂然不动之处，而天命之性，体段具焉。以其无过不及，不偏不倚，故谓之中。然已是就心体流行处见，故直谓之性则不可。”① 心的作用过程可以分为两个阶段，即寂然不动的未发状态和感而遂通的已发状态，无过无不及、不偏不倚之“中”的状态不具指代性，也表示心的未发状态。在朱熹对“已发”“未发”提出的新解释框架内，他对性与情之间的体用关系有了更为清晰而明确的认识，“未发”是性，“已发”是情。朱熹说：“情之未发者，性也，是乃所谓中也，天下之大本也；性之已发者，情也，其皆中节，则所谓和也，天下之达道也。”② 在朱熹的哲学思想中，性是一个具有本体地位的观念，情则是一个属于现象界的人类意识活动，性是情的根本、根源，情是性的发用与表现。

---

① 〔宋〕朱熹撰：《晦庵先生朱文公文集》卷第六十七，见朱杰人等主编：《朱子全书》（第23册），上海古籍出版社、安徽教育出版社2002年版，第3267～3268页。

② 〔宋〕朱熹撰：《晦庵先生朱文公文集》卷第六十七，见朱杰人等主编：《朱子全书》（第23册），上海古籍出版社、安徽教育出版社2002年版，第3274页。

朱熹在正面继承、发挥张载“心统性情”说的基础上，也从反面批评二程的弟子谢良佐所谓“性体心用”说。谢良佐是二程弟子中最富有思想创造力的大儒，他认为：“性，本体也。目视耳听，手举足运，见于作用者，心也。”① 谢良佐以作用为心的主张与张载、朱熹的“心统性情”说大异其趣，朱熹指出性是本体，情是作用，心则统性情，心主宰动静。他批评谢良佐因受佛教思想的影响太深而直指性为本体，心被规定为作用，情就丧失了作用的地位，心也偏于动的方面。朱熹进而认为：“且性之为体，正以仁义礼智之未发者而言，不但为视听作用之本而已也。”② 性不仅是外在视听作用的本体，也是内在道德意识的根本、根源，这是儒家不同于佛教心性论的殊胜之处。朱熹关于“心统性情”的主要表述如下：

> 恻隐、羞恶、辞让、是非，情也。仁、义、礼、智，性也。心，统性情者也。端，绪也。因其情之发，而性之本然可得而见，犹有物在中而绪见于外也。③
>
> 性者，理也。性是体，情是用。性情皆出于心，故心能统之。统，如统兵之“统”，言有以主之也。且如仁义礼智是性也，孟子曰：“仁义礼智根于心。”恻隐、羞恶、辞

① 〔宋〕谢良佐撰，〔宋〕曾恬、胡安国辑录，〔宋〕朱熹删定：《上蔡语录》，见朱杰人等主编：《朱子全书外编》（第3册），华东师范大学出版社2010年版，第2页。

② 〔宋〕朱熹撰：《晦庵先生朱文公文集》卷第七十四，见朱杰人等主编：《朱子全书》（第24册），上海古籍出版社、安徽教育出版社2002年版，第3584页。

③ 〔宋〕朱熹撰：《四书章句集注》，中华书局2012年版，第239页。

逊、是非，本是情也，孟子曰：“恻隐之心，羞恶之心，辞逊之心，是非之心。”以此言之，则见得心可以统性情。一心之中自有动静，静者性也，动者情也。①

问：“‘心统性情’，统如何？”曰：“统是主宰，如统百万军。心是浑然底物，性是有此理，情是动处。”又曰：“人受天地之中，只有个心性安然不动，情则因物而感。性是理，情是用，性静而情动。且如仁义礼智信是性，然又有说‘仁心、义心’，这是性亦与心通；说恻隐、羞恶、辞逊、是非是情，然又说道‘恻隐之心，羞恶之心，是非之心’，这是情亦与心通说。这是情性皆主于心，故恁地通说。”②

《礼记》载：“人生而静，天之性也；感于物而动，性之欲也。”③ 朱熹的弟子陈淳指出，所谓“性之欲便是情”④，在心里面未发的就是性，与外在事物接触便发动出来呈现为情，情是从性中发出来的，喜、怒、哀、惧、爱、恶、欲七者都是情，《中庸》只分析了喜、怒、哀、乐四者。

孟子提出的恻隐、羞恶、辞让、是非也是情，性中有仁则

---

① 〔宋〕黎靖德编，王星贤点校：《朱子语类》卷第九十八，中华书局 1986 年版，第 2513 页。

② 〔宋〕黎靖德编，王星贤点校：《朱子语类》卷第九十八，中华书局 1986 年版，第 2513~2514 页。

③ 《礼记·乐记》。

④ 〔宋〕陈淳著，熊国祯、高流水点校：《北溪字义》，中华书局 1983 年版，第 15 页。

感通而发为恻隐，性中有义则感通而发为羞恶，性中有礼则感通而发为辞让，性中有智则感通而发为是非。恻隐、羞恶是以情言，仁、义是以性言，心统合性与情言，所以说“心统性情”。朱熹心性论的特点就表现在他以心统贯性与情，有时又表现为“心主性情”的理论形态。他说：“仁义礼智，性也；恻隐、羞恶、辞让、是非，情也；以仁爱，以义恶，以礼让，以智知者，心也。性者，心之理也；情者，心之用也；心者，性情之主也。”① 仁、义、礼、智是性，性是无形无象的形而上存在者，恻隐、羞恶、辞让、是非是情，情是生发于外而被感受到的形而下存在者，前者是心之理，后者是心之用，由发于外的情之善可以推知人之性本善。

朱熹又从体用关系角度来说明仁、义、礼、智之性与恻隐、羞恶、恭敬、是非之情的关系。前者是体，是真实的存在，后者是用，是从真实存在的本体、本根发出，容不得虚假伪饰。他说：

> 论其体，则实是有仁义礼智；论其用，则实是有恻隐、羞恶、恭敬、是非，更假伪不得。试看天下岂有假做得仁，假做得义，假做得礼，假做得智！所以说信者，以言其实有而非伪也。更自一身推之于家，实是有父子，有夫妇，有兄弟；推之天地之间，实是有君臣，有朋友。都不是待后人旋安排，是合下元有此。又如一身之中，里面有五脏

① 〔宋〕朱熹撰：《晦庵先生朱文公文集》卷第六十七，见朱杰人等主编：《朱子全书》（第23册），上海古籍出版社、安徽教育出版社2002年版，第3254页。

> 六腑，外面有耳目口鼻四肢，这是人人都如此。存之为仁义礼智，发出来为恻隐、羞恶、恭敬、是非。①

纯粹至善的天理只在人心中，恻隐、羞恶、恭敬、是非是良心的四种不同表征，唯有存养之功才能保障人不堕入私心私欲的陷阱。朱熹常用水有源便流出的自然状态，来譬喻人的恻隐之心、羞恶之心是根于人的本性而自然呈现出来的。例如，遇见孺子入井，便在内心生发出恻隐之心；遇见令人羞恶的事情，便在内心生发出羞恶之心。这些都是由人的心自然生发出来的不可遏制的道德意识与道德情感，是人之所以成其为人的本质性规定，人依照心的自然呈现去应事接物，如果见孺子入井而不恻隐，见可羞恶的事情而不羞恶，便是对人心的违逆，这是对道德价值的欺罔。儒家的人生哲学主张节制欲望，但不认同寡情乃至无情，人生是以情为主的，情失于正则流于物欲，所以要以心来主宰情。钱穆先生认为，宋儒论“心统性情”代表了中国儒学思想的一个重要特质，即重视心之情感的部分远胜于重视理智的部分，但程朱理学中所谓情感的部分应该由理智的部分来完成②。

在朱熹“心统性情”论域下的羞恶、羞恶之心与恻隐、恻隐之心有何关系？羞恶之心是否基于恻隐之心而起？这也是非常重要的问题。如见孺子入井可推知人有恻隐之心而不是羞恶之心，朱熹的解释是“理各有路”。所谓“理各有

① 〔宋〕黎靖德编，王星贤点校：《朱子语类》卷第十四，中华书局 1986 年版，第 256 页。

② 钱穆：《孔子与论语》，九州出版社 2011 年版，第 320 页。

路”，从“已发”之情的角度看，大意是说情各有当然之则，不能逾越当然之则，如当喜则喜、当怒则怒等，符合当然之则的可以称之为“情之中节”，此“情之中节”从人之本性发出便是善；不符合当然之则的，可以称之为“情之不中节”，此“情之不中节”是感于物欲而动，而不是从人之本性发出，故而有恶之显现。

孟子说：“乃若其情，则可以为善矣，乃所谓善也。若夫为不善，非才之罪也。”① 朱熹注释说：“人有是性，则有是才，性既善则才亦善。人之为不善，乃物欲陷溺而然，非其才之罪也。”② 人之所以为恶而不为善，不是人之本性的缘故，也不是由于个人才能的差异所致，而完全是物欲陷溺造成的结果。本于人之本性而发出的情都是符合当然之则的，也就是朱熹所谓的“理各有路”，所以朱熹才说如果做了翻墙偷盗的事情必然会引发的道德感受是“羞恶之心”，做了不恭敬的事情自然引发的道德感受是“恭敬之心”，在辨别事情的是非问题上自然引发的道德感受是“是非之心”，不同的感受对象引发不同的感受体验。

但朱熹有一个总的观点是“仁包四德”，他说：“人只是这一个心，就里面分为四者。且以恻隐论之：本只是这恻隐，遇当辞逊则为辞逊，不安处便为羞恶，分别处便为是非。若无一个动底醒底在里面，便也不知羞恶，不知辞逊，不知是非。”③

---

① 《孟子·告子上》。

② 〔宋〕朱熹撰：《四书章句集注》，中华书局2012年版，第334页。

③ 〔宋〕黎靖德编，王星贤点校：《朱子语类》卷第九十五，中华书局1986年版，第2416页。

人的心只有一个，却从内部分为四个方面，即恻隐之心、羞恶之心、辞让之心、是非之心。但总的来说，恻隐之心是那个“动底醒底”的，也就是说，恻隐之心在与外物相感通上是最灵敏的。

> 又问：“明道先生以上蔡面赤为恻隐之心，何也？”曰：“指其动处而言之，只是羞恶之心。然恻隐之心必须动，则方有羞恶之心。如肃然恭敬，其中必动。羞恶、恭敬、是非之心，皆自仁中出。故仁，专言则包四者，是个带子。无仁则麻痹死了，安有羞恶恭敬是非之心！仁则有知觉，痒则觉得痒，痛则觉得痛，痒痛虽不同，其觉则一也。”①
>
> 问：“恻隐之心，如何包得四端？”曰：“恻隐便是初动时，羞恶、是非、恭敬，亦须是这个先动一动了，方会恁地只于动处便见。譬如四时，若不是有春生之气，夏来长个甚么？秋时又把甚收？冬时又把甚藏？”恻隐是个脑子，羞恶、辞逊、是非须从这里发来。若非恻隐，三者俱是死物了。恻隐之心，通贯此三者。②

恻隐之心位于四者之首，恻隐之心是最活跃的，只要本着恻隐之心，人遇到应当辞让的事情就会辞让，遇到应当羞恶的事情

① 〔宋〕黎靖德编，王星贤点校：《朱子语类》卷第五十三，中华书局 1986 年版，第 1297 页。

② 〔宋〕黎靖德编，王星贤点校：《朱子语类》卷第五十三，中华书局 1986 年版，第 1289 页。

就会羞恶，遇到应当辨别的事情就会辨别是非。从情感的产生次序上看，恻隐是前提条件，羞恶则依赖于恻隐，恻隐是主脑，羞恶因恻隐而起①。笔者在前文分析孟子论“四端之心”时已经指出，孟子并没有明确地认为恻隐是本，其余三者是末且皆以恻隐为先决条件，尤其是羞恶之心在孟子心性论的思想视域下，可以说是独立自存的道德意识与道德情感。羞恶情感的产生源于道德主体对不当行为或“不义”之行的羞耻与憎恶，不当行为或“不义”之行对他者的伤害则会引发主体的同情感。羞恶可以说是一种自然的、强烈的人的心灵之震荡，羞恶情感会因恻隐的同情心理而强化。

第二节　陆九渊以“本心”论耻的羞耻观

陆九渊是宋明道学中心学派的代表性人物，他反对程、朱的“性即理”说，而提出“心即理”的思想。在心性论上，陆九渊也不赞成张载、朱熹的“心统性情”说。依据前文分析，朱熹系统阐释了张载“心统性情”的心性理论，认为恻隐、羞恶、辞让、是非是情，仁、义、礼、智是性，性为情之本体、本根，情为性之作用、发用。陆九渊不认同这种区分，而是主

---

① 陈乔见教授对前贤论恻隐之心（仁之端）与羞恶之心（义之端）之关系的观点进行了总结，他认为这些观点可以分为三大类：其一，认为恻隐是本，羞恶是末，恻隐是羞恶的必要条件；其二，认为恻隐能够触发羞恶；其三，认为义是合宜，是仁的发用流行。参见陈乔见：《羞恶、义与正当——孟子“羞恶之心，义之端也”详解及其理论内涵》，《中山大学学报》（社会科学版）2016年第2期。

张人先天固有的“四端”都是“本心”具有的德性，他以“本心”论耻的羞耻观极具心学特色。

一、“耻存则心存”

“本心”观念是陆九渊心学体系中最核心的观念，其弟子傅季鲁说：“先生之道，精一匪二，揭本心以示人，此学门之大致。”① “本心”被陆九渊视为学问宗旨，这个观念来源于孟子。陆九渊的高第杨简曾向老师请教什么是本心，陆九渊回答说：“恻隐，仁之端也，羞恶，义之端也，辞让，礼之端也，是非，智之端也。此即是本心。”② 杨简只是在道德认知的层面认知本心，但他对本心的当下呈现缺少直接的体认经验。在师徒两人就本心问题展开论辩之际，作为地方执政官的杨简遇到一个卖扇子的诉讼案件，杨简当庭对此案进行了公正的判决。陆九渊以此实际生活经验点拨杨简，说杨简在断案时，本着是即是、非即非的明见性原则处理这件诉讼案，就是其本心呈现的证明，杨简于是大悟本心之旨。人的本心具有四端，本心澄明，四端自然呈现于外，甚至不须对四端一一加以扩充。陆九渊说：

> 近来论学者言：“扩而充之，须于四端上逐一充。”焉有此理？孟子当来，只是发出人有是四端，以明人性之善，

---

① 〔宋〕陆九渊著，钟哲点校：《陆九渊集》卷三十六，中华书局1980年版，第523页。

② 〔宋〕陆九渊著，钟哲点校：《陆九渊集》卷三十六，中华书局1980年版，第487页。

不可自暴自弃。苟此心之存，则此理自明，当恻隐处自恻隐，当羞恶，当辞逊，是非在前，自能辨之。①

只要存养本心，不自暴自弃，人性之善即在四端上自然呈现。孟子的本心就是人的良心、良能、良知，他说：“人之所不学而能者，其良能也；所不虑而知者，其良知也。孩提之童，无不知爱其亲者；及其长也，无不知敬其兄也。亲亲，仁也；敬长，义也。”② 亲亲之仁、敬长之义是人先天固有的仁义之心，放失此仁义之心、良心，“谓失其本心”，本心并不是抽离于人之外的抽象道德实体，而是内在于人心的具有普遍性的道德意识、道德情感，它超越具体时空条件的限制而植根于人的内心，是人心的本然状态。作为内在道德意识的本心，不需要依赖后天的社会教化就可以导向符合社会伦理规范的道德行为，这就是孟子所谓“舜明于庶物，察于人伦，由仁义行，非行仁义也”③ 的道德直觉力量，人在经验世界中的道德生活之所以可能，就在于人先天固有的本心。所以，陆九渊说：“古之人自其身达之家国天下而无愧焉者，不失其本心而已。”④ 人的一切不道德行为都源于“失其本心”。

陆九渊认为，不同时代与社会环境下人的本心是相同的，天理是天下共有的公理，即人同此心，心同此理，普通人与圣

① 〔宋〕陆九渊著，钟哲点校：《陆九渊集》卷三十四，中华书局1980年版，第396页。

② 《孟子·尽心上》。

③ 《孟子·离娄下》。

④ 〔宋〕陆九渊著，钟哲点校：《陆九渊集》卷十九，中华书局1980年版，第227页。

人具有同一个本心，普遍性和永恒性是本心最重要的两个特征。杨简为陆九龄（复斋）、陆九渊（象山）二先生祠所写的记文，也生动地诠释了这一点。其文略云：

> 道心大同，人自区别。人心自善，人心自灵，人心自明，人心即神，人心即道，安睹乖殊？圣贤非有余，愚鄙非不足。何以证其然？人皆有恻隐之心，皆有羞恶之心，皆有恭敬之心，皆有是非之心。恻隐、仁，羞恶、义，恭敬、礼，是非、智，仁义礼智，愚夫愚妇咸有之，岂特圣贤有之？人人皆与尧舜禹汤文武周公孔子同，人人皆与天地同。又何以证其然？人心非血气，非形体，广大无际，变通无方，倏焉而视，又倏焉而听，倏焉而言，倏焉而动，倏焉而至千里之外，又倏焉而穷九霄之上，不疾而速，不行而至，非神乎？不与天地同乎？学者当知举天下万古之心皆如此也。孔子之心如此，七十子之心如此，子思孟子之心如此，复斋之心如此，象山之心如此。①

道心即人的本心，道心、本心原本是相同的，是人自我区割造成了本心的陷溺，而呈现出本心的非本真状态。陆九渊认为人的本心具有“自善”“自灵”“自明”的特点，这些特点说明本心是不假外求而自作主宰的。恻隐之心、羞恶之心、恭敬之心、

① 〔宋〕陆九渊著，钟哲点校：《陆九渊集》卷三十六，中华书局1980年版，第514~515页。

是非之心是人人都具有的本心之核心内容，圣贤与普通人在这一点上并没有特殊之处，孔子、子思、孟子、陆九渊等都共有一个本心。本心的普遍性使得人在道德上获得了平等性，道德的平等性意味着作为道德主体的每个人都具有成就圣贤人格的潜能，成就圣贤人格的成败只在于道德主体是否将“自善”“自灵”“自明”的本心本真地呈现于外。

陆九渊关于本心“自善”“自灵”“自明”的提法，说明他极为重视自作主宰的“自”。他又说：“‘诚者自诚也，而道自道也。’‘君子以自昭明德。’‘人之有是四端，而自谓不能者，自贼者也。’暴谓‘自暴’。弃谓“自弃’。侮谓‘自侮’。反谓‘自反’。得谓‘自得’。‘祸福无不自己求之者’。圣贤道一个‘自’字煞好。”① 道德行为的原动力不是外在的社会压力或抽象的天理，而是内在的道德意识与道德情感，只有自作主宰的道德自我才能导向真实的道德践履活动，达致一定的道德境界，甚至超道德的精神境界都必须从内在的自我出发。针对程、朱以格物穷理的方式向外求索天理等伦理道德规范的学问进路，陆九渊更注重向内收摄精神的内在超越之路。所以，陆九渊说：“人精神在外，至死也劳攘，须收拾作主宰。收得精神在内时，当恻隐即恻隐，当羞恶即羞恶。谁欺得你？谁瞒得你？见得端的后，常涵养，是甚次第。”② 人将精神收摄于内在的本心即可

① 〔宋〕陆九渊著，钟哲点校：《陆九渊集》卷三十四，中华书局 1980 年版，第 427 页。

② 〔宋〕陆九渊，钟哲点校：《陆九渊集》卷三十五，中华书局 1980 年版，第 454 页。

自作主宰，当恻隐之时即恻隐，当羞恶之时即羞恶，常常对四端进行涵养便不会使本心陷溺，亦即使本心澄明于外，而不复有个体私欲、私意的自我阻隔。

程朱理学对儒家道德哲学的贡献在于，将经验生活中的社会伦理规范通过抽象的理性思辨推向绝对的形而上学之域。陆九渊的贡献则在于将道德法则收摄于人之内心，把人视为道德活动的主体，突出了人的道德主体性之于道德法则与社会政治规范的优先性，每个人内在的道德意识与普遍的道德法则是统一的，作为普遍性伦理道德规范的天理是内在于人之本心的。人的羞耻感是本心的重要表征之一，陆九渊说：“道行道明，则耻尚得所，不行不明，则耻尚失所。耻得所者，本心也，耻失所者，非本心也。圣贤所贵乎耻者，得所耻者也。耻存则心存，耻忘则心忘。”① 政治清明之际，人们在应当羞耻时感到羞耻，在应当尊尚的地方自觉去尊尚，“耻尚得所”是应然的理想状态，此时人的羞耻感就是本心，圣贤都重视羞耻，羞耻感存在则意味着不失本心，羞耻感不存在则意味着本心的放失与陷溺。

二、知所贵与知所耻

孟子已经点出羞耻并非“由外铄我也”，而是“我固有之”的本心。既是内在的、不假外求的固有之心，羞恶之心的沦丧只能归结为“舍”或“弗思”。所以，孟子说：“欲贵者，人之同心也。人人有贵于己者，弗思耳。人之所贵者，非良贵也。

① 〔宋〕陆九渊著，钟哲点校：《陆九渊集》卷二十二，中华书局1980年版，第273页。

赵孟之所贵，赵孟能贱之。”① “求则得之，舍则失之，是求有益于得也，求在我者也。”② 陆九渊特别重视人的羞耻感，对道德生活中所呈现的羞耻现象背后的根本原则作了富有哲学意味的分析，他发挥了孟子论羞恶之心是人皆固有的“贵于己者”的羞耻思想，对人之“知所贵”与“知所耻”进行了分疏，明确了如何做到耻其所当耻。陆九渊说：

> 人惟知所贵，然后知所耻。不知吾之所当贵，而谓之有耻焉者，吾恐其所谓耻者非所当耻矣。夫人之所当贵者，固天之所以与我者也，而或至于戕贼陷溺，颠迷于物欲，而不能以自反，则所可耻者亦孰甚于此哉？不知乎此，则其愧耻之心将有移于物欲得丧之间者矣。然则其所以用其耻者，不亦悖乎？由君子观之，乃所谓无耻者也。孟子曰“人不可以无耻”，以此。③

孟子早就指出人与禽兽之间的差异微乎其微，“几希”之处就在于人有四端之心。人是有良知、良能的道德存在，“知所贵”就在于作为具有主体意识的人对人所先天固有的道德理性的觉知、认同。只有明确了人“知所贵”才能知道什么是真正的羞耻，进而才能做到在可羞耻的地方自然地将羞耻的感受呈现出来，

---

① 《孟子·告子上》。

② 《孟子·尽心上》。

③ 〔宋〕陆九渊著，钟哲点校：《陆九渊集》卷三十二，中华书局 1980 年版，第 375~376 页。

这就是“知所耻”的状态。这是一个真诚的切己自反和改过迁善的道德修养过程。如果将人的本心陷溺于不仁不义，或颠迷于物欲而不知自反，且又不知羞耻的话，那么人就很容易丧失自己的羞耻之心，这就是人不“知所贵”的状态。本真的羞耻之心一旦丧失，人就会陷入耻其非所当耻的境地，人之真实的道德主体性亦被消解于道德虚无主义的深渊，以儒家的君子之道观之，这才是真正的“无耻之耻”。无耻之人并非不知道可耻的事情不应该去做，这是极易知晓的道理，但却甘为不善又不知改过，究其原因，就是这种人已经没有丝毫羞耻之心。“知所贵”相对于“知所耻”具有逻辑上的优先性，“知所贵”方能“知所耻”，然后才能做到耻其所当耻。我们也应该看到“知所耻”反过来又会深化道德主体对人之“所贵”的认同和敬重，亦即强化了人之所以成其为人的心理感受。

陆九渊认为人生最大的忧患在于无耻，无耻之人已经丧失了做人的基本资格①，他们是没有人格的人，严格来说已经与禽兽无异。他说：“夫人之患莫大乎无耻。人而无耻，果何以为人哉？今夫言之无常，行之不轨，既已昭著，乃反睢睢扬扬，饱食暖衣安行而自得，略无愧怍之意，吾不知其与鳞毛羽鬣、山栖水育、牢居野牧者，何以异也。人而至此，果何以为人乎哉？……人之无耻者，盍亦于是而少致其思乎。‘人不可以无

① 舍勒与陆九渊的看法相近，他在《害羞与羞感》一文中曾指出其他动物也有恐惧、厌恶、愤怒等情绪，但它们是没有人类所感受到的那种羞耻感的，动物缺乏对羞耻感的特定表达形式。参见［德］马克思·舍勒著，刘小枫主编，林克等译：《道德意识中的怨恨与羞感》，北京师范大学出版社2014年版，第168~288页。

耻’，以此。”① 陆九渊延续了孟子从“人禽之辨”角度来确证人的本性的论证思路，认为无耻的人无异于禽兽。为何有的人可以成就儒家理想中君子与圣贤的人格典范，而有的人则甘为不善而沦落为无耻小人？原因之一是无耻小人不能致思，“不思则不得”，不反求诸已便将省察自我的道德修养活动付之阙如。孟子说过：“耳目之官不思，而蔽于物，物交物，则引之而已矣。心之官则思，思则得之，不思则不得也。此天之所与我者，先立乎其大者，则其小者弗能夺也。此为大人而已矣。”② 本心具有思辨反省的能力，不思则容易蔽于物欲而不能自拔，进而丧失成就君子圣贤人格的可能性。

陆九渊继承并发挥了孟子“先立乎其大”的为学宗旨，全祖望在《象山学案序录》中说：“象山之学，先立乎其大者，本乎孟子，足以砭末俗口耳支离之学。”③ 有人讽刺陆九渊，说他的学问“除了‘先立乎其大者’一句，全无伎俩”，陆九渊听闻后说：“诚然。”④ “先立乎其大”反映了陆九渊治学的进路是以“尊德性”为本，以“道问学”为末。其弟子傅季鲁编录的语录说：

---

① 〔宋〕陆九渊著，钟哲点校：《陆九渊集》卷三十二，中华书局 1980 年版，第 376 页。

② 《孟子·告子上》。

③ 〔清〕黄宗羲撰，〔清〕全祖望补修：《象山学案》，见陈金生、梁运华点校：《宋元学案》卷五十八，中华书局 1986 年版，第 1884 页。

④ 〔宋〕陆九渊著，钟哲点校：《陆九渊集》卷三十四，中华书局 1980 年版，第 400 页。

> 朱元晦曾作书与学者云：“陆子静专以尊德性诲人，故游其门者多践履之士，然于道问学处欠了。某教人岂不是道问学处多了些子？故游某之门者践履多不及之。”观此，则是元晦欲去两短，合两长。然吾以为不可，既不知尊德性，焉有所谓道问学？①

在陆九渊看来，通过学习经典文献中的道德知识并不能激发人的道德意识和道德情感，也不必然导向道德行为，关于社会伦理规范的道德知识对人提升道德境界的意义极为有限。“发明本心”就是要先立其大，这也是人之“知所贵”，“知所贵”突出地表现在以羞恶之心为标识的本心上。只有从本心处先立其大入手，读书穷理与躬身实践的道德修养工夫才能产生实际的效果。

① 〔宋〕陆九渊著，钟哲点校：《陆九渊集》卷三十四，中华书局1980年版，第400页。

第八章　蔽塞良知为耻：王阳明心学中的耻与良知

王阳明是明代心学的集大成者，按照他自己的说法，他的学问不同于程朱理学派的经院式儒学，而是从百死千难中得来。从基本思想特质上看，王阳明继承了宋代陆九渊的心学传统，而他们二者共同的思想渊源则是孟学的传统。王阳明将儒家的圣贤之学称为“良知之教”，“良知之教”的关键是“致良知”。致良知是王阳明心学的“大头脑”，亦是王阳明哲学思想发展的最后形态，对整个中晚明哲学思想的发展都有至关重要的影响。他直承孟子的“良能”“良知”先天说，将《大学》中的“致知”诠释为“致良知”，指出人一方面应该扩充自己内在的良知，另一方面应该将自己良知所内含的道德意识与道德情感付诸实践，从这两个相辅相成的方面进行道德实践活动，以成就圣贤人格。儒家君子在修身的过程中难免陷于物欲、私意的阻隔，王阳明提出君子应该以蔽塞自己的良知为耻，在羞耻之心的提撕下，道德主体才能具有敢于直面良知可能出现的陷溺危机，给良知以自然呈现的道德勇气，从而完成“致良知”的为学宗旨。此外，王阳明又认为恻隐、羞恶、辞让、是非，就是“气”。

第一节　作为工夫论的致良知

致良知是王阳明心学的“大头脑”“千古圣传之秘”，上至圣贤，下至愚夫愚妇，皆可以致良知为修身工夫，其“心即理”“知行合一”“良知即天理”等阳明心学基本命题都可归结为致良知。致良知是王阳明哲学思想发展的最后形态，对整个中晚明哲学思想的发展都有至关重要的影响。

一、“致良知”的提出

王阳明于正德十五年（1520）前后正式提出“致良知”说，但其良知与致良知思想在正德三年（1508）龙场悟道时已经有所酝酿。阳明有言曰：“吾‘良知’二字，自龙场已后，便已不出此意，只是点此二字不出，于学者言，费却多少辞说。”① 深得阳明学精髓的王龙溪在《阳明先生年谱序》中亦有言曰：“居夷三载，动忍增益，始超然有悟于‘良知’之旨。”② 王阳明良知学义理系统的提出主要有三个方面的思想根源。其一是孟子的“良知”说，孟子有言曰：“人之所不学而能者，其良能也；所不虑而知者，其良知也。孩提之童，无不知爱其亲者；及其

① 〔明〕王守仁撰，吴光等编校：《王阳明全集》（下册），上海古籍出版社2011年版，第1747页。

② 吴震编校整理：《王畿集》，凤凰出版社2007年版，第340页。

长也，无不知敬其兄也。”① 王阳明从孟子的“四端之心”对良知加以体认。良知是人人先天具有的、内在的道德意识与道德能力，是涵摄四端之心的整全的道德本心。其二是对朱熹解《大学》格物致知的批判与再诠释，朱熹主“道问学”的即物穷理之外在路径，于心外之事事物物中求索天理。经过龙场悟道，王阳明悟得：“始知圣人之道，吾性自足，向之求理于事物者误也。”②

王阳明主“尊德性”的致良知之内在路径，将求至善的天理确立在良知这一“一定之向”上，只在心上用功，于心体、良知上体认天理，此即龙场悟道所悟得的格物致知之旨。具体而言，他将“致知”之“知”诠释为“良知”，将朱熹建构的以“天理”为中心的道德知识世界，转换为主体经验生存中以“致良知”为心法的生活世界，凸显了作为生活方式的致良知所具有的生存论基调。其三是王阳明本人在自我生命历程的磨炼中独自悟得，王阳明以做圣人为人生第一等事，在宦海浮沉的从政生涯中，屡次建立不朽事功，亦多次遭到诬陷诽谤。在百死千难的政治危机中，始终以自我的良知为定盘针，动心忍性，最终确立致良知为人生的根本方向，这是王阳明在自己的生存实践中得之于真己的超越性体悟。

---

① 《孟子·尽心上》。

② 〔明〕王守仁撰，吴光等编校：《王阳明全集》（下册），上海古籍出版社2011年版，第1354页。

二、良知自知与自耻

良知自知是阳明良知学的基本要义，王阳明在《传习录》中卷答复欧阳崇“何思何虑”之问时说：

> 良知是天理之昭明灵觉处，故良知即是天理。思是良知之发用。若是良知发用之思，则所思莫非天理矣。良知发用之思，自然明白简易，良知亦自能知得。若是私意安排之思，自是纷纭劳扰，良知亦自会分别得。盖思之是非邪正，良知无有不自知者。所以认贼作子，正为致知之学不明，不知在良知上体认之耳。①

王阳明经过多年对朱熹格物致知论的反思与实践，最终确立了“心外无理”的内在路径，心之本体即天理，良知即天理是王阳明龙场悟道的重要内容。思虑表示人的意识活动，在这里王阳明区分了两种思虑。其一是纯乎天理的良知发用之思，这种意识活动的特点是明白简易，所以“良知亦自能知得”；其二是私意安排之思，这种自私用智之思纷纭劳扰，偏离了纯粹至善的天理，因为良知自知，所以“良知亦自会分别得”。良知自知并非难以理解和难以付诸行动的事情，所以王阳明又说：“良知自知，原是容易的。只是不能致那良知，便是‘知之匪艰，行之

① 〔明〕王守仁撰，吴光等编校：《王阳明全集》（上册），上海古籍出版社2011年版，第81~82页。

惟艰’。”①总而言之，对于思虑这种意识活动所指涉的善恶是非等道德评价与价值判断，良知没有不自知的，亦即说良知会根据自身本具的道德意识与道德能力对意识活动中的善恶是非作出价值判断。

王阳明在晚年所作《大学问》中论述良知自知时说：“是乃天命之性，吾心之本体，自然灵昭明觉者也。凡意念之发，吾心之良知无有不自知者。其善欤，惟吾心之良知自知之；其不善欤，亦惟吾心之良知自知之；是皆无所与于他人者也。”② 良知是吾心之本体，吾心之本体又是至善无恶的天命之性，所以，良知本身也是至善无恶的价值根源。良知自身灵昭明觉的特征确保良知具备自知能力，对一切善恶意念活动，良知都能够自知之，凡是意念的发动，良知随时随地都可以起到警觉监督的作用。“其善欤，惟吾心之良知自知之；其不善欤，亦惟吾心之良知自知之”，与王阳明晚年“四句教”中第三句“知善知恶是良知”③ 之义若合符节，都表达了良知自知善恶的明见性、直接性与当下性特征。

王阳明又在《传习录》卷中答复周道通为学工夫时说：“自家痛痒，自家须会知得，自家须会搔摩得。既自知得痛痒，自

---

① 陈荣捷：《王阳明传习录详注集评》，华东师范大学出版社 2009 年版，第 222 页。

② 〔明〕王守仁撰，吴光等编校：《王阳明全集》（中册），上海古籍出版社 2011 年版，第 1070 页。

③ 王门四句教是王阳明晚年的思想宗旨，此四句教法是：“无善无恶心之体，有善有恶意之动，知善知恶是良知，为善去恶是格物。”《传习录》《阳明年谱》以及王畿门人根据王畿口述整理的《天泉证道记》中均有记载。

家须不得不搔摩得，佛家谓之方便法门。非是自家调停斟酌，他人总难与力，亦更无别法可设也。”① 王阳明在这里用形象的譬喻来诠释良知自知之说：自家身体上的痛痒，自家的身体自会有所觉察，然后针对痛痒处进行合理的处置。良知自知也是如此，良知这种“他人总难与力”“无所与于他人者”的个体性又可以用“独知”来概括，王阳明有时也用独知来解释良知自知，两者可以视为同义语。所以，王阳明有吟诵良知的诗曰：“良知即是独知时，此知之外更无知。谁人不有良知在，知得良知却是谁？知得良知却是谁？自家痛痒自家知。若将痛痒从人问，痛痒何须更问为？”② “自家知”“独知”凸显了良知作为道德意识与道德判断的独立性、内在性和自律性。

王阳明明确将独知诠释为能自知之良知，他说：“所谓‘人虽不知而己所独知’者，此正是吾心良知处。然知得善，却不依这个良知便做去；知得不善，却不依这个良知便不去做，则这个良知便遮蔽了，是不能致知也。吾心良知既不能扩充到底，则善虽知好，不能着实好了；恶虽知恶，不能着实恶了，如何得意诚？故致知者意诚之本也，然亦不是悬空的致知。致知在实事上格。”③ 又据徐阶所记，王阳明答邹东廓问慎独之旨时有言曰：“独即所谓良知也。慎独者，所以致其良知也；戒谨恐

---

① 陈荣捷：《王阳明传习录详注集评》，华东师范大学出版社 2009 年版，第 119~120 页。

② 〔明〕王守仁撰，吴光等编校：《王阳明全集》（中册），上海古籍出版社 2011 年版，第 871 页。

③ 陈荣捷：《王阳明传习录详注集评》，华东师范大学出版社 2009 年版，第 220 页。

惧，所以慎其独也。”① 王阳明将“独”诠释为良知，慎独即致良知，这是他对朱熹慎独说的创造性转化。就修身工夫次第而言，王阳明对朱熹的慎独说又有所发明，朱熹将戒惧与慎独视为两个不同阶段的工夫，戒惧是己所不知处，即喜怒哀乐之未发时的心理状态，需要持敬以涵养之，慎独是己所独知处，即喜怒哀乐之已发时的心理状态，需要戒慎恐惧以省察之。但在王阳明看来，只有一个独知的工夫，他说：

> 只是一个工夫。无事时固是独知，有事时亦是独知。人若不知于此独知之地用力，只在人所共知处用功，便是作伪，便是“见君子而后厌然”。此独知处便是诚的萌芽。此处不论善念恶念，更无虚假。一是百是，一错百错。正是王霸义利诚伪善恶界头。于此一立立定，便是端本澄源，便是立诚。古人许多诚身的工夫，精神命脉，全体只在此处。②

王阳明的独知涵括了戒惧与慎独、已发与未发，覆盖了整个心灵生活，这意味着王阳明的独知工夫除具有朱熹在经验层面上的警觉性、省察性面向外，还具有体认、涵养良知本体的面向，独知工夫就是致良知工夫。

---

① 〔明〕邹守益著，董平编校整理：《邹守益集》，凤凰出版社2007年版，第1379页。

② 陈荣捷：《王阳明传习录详注集评》，华东师范大学出版社2009年版，第84页。

瑞士哲学家耿宁从现象学的角度提出王阳明的“良知”即“自知”，他将良知自知看作现象学意义上的“自身意识”。自身意识不是对象化的反思意识，而是伴随着每一个意向行为的内部因素，意识通过这个因素而非对象地意识到自身。耿宁解释说：

> 每一种心理作用，每一种意识活动，比如看、听、回忆、判断、希望等等，不但具有它的看见的、回忆到的对象，而且它也知道或者意识到它自己。换言之，按照他们的看法，这种自知即知觉，不是一种特殊的心理活动，不是一种特殊的反思，而是每一个心理活动都具有的成分，是所有意识作用的共同特征，即每个意识作用都同时知道自己。①

耿宁充分地认识到现象学中的自身意识是价值中立的，因为它是纯粹认识论意义上的意识现象，与实践活动及道德评价无所关涉。但阳明心学中良知自知所显现的自身意识不是一种纯理论与知识方面的自知，它是一种牵涉到道德践履工夫及其价值评价方面的自知自觉。所以，耿宁也将良知自知称为“道德自身意识”，以区别于现象学家所谓“自身意识”，自知的自身意识属性表明，良知对心灵生活的省察活动始终内在于每一个意识活动中，这种省察活动与意识活动的发生

① ［瑞士］耿宁著，倪梁康编，倪梁康等译：《心的现象——耿宁心性现象学研究文集》，商务印书馆 2012 年版，第 127 页。

具有同步性。将自知视为良知的根本特征是耿宁的真知灼见，但耿宁认为王阳明的良知观念具有双义性，前后期有所变化，这是其文本解读受到强制性哲学诠释所导致的认知偏差，其实王阳明的良知观念在其整个心学理论体系不断完善的不同时期里并没有太大的变化，良知自知可以说是王阳明良知说最核心的特征。

前文在论述孟子的“羞恶之心”时，已经指出羞耻感是一种先天的道德情感，表现了道德主体自我实现的力量，而不仅仅是一种被动的感受，它是人的本心，换言之，亦即人的良知、良能。孟子说：“人之所不学而能者，其良能也；所不虑而知者，其良知也。”① 它是人天生的道德本能，源于人的自然本性。孟子、陆九渊、王阳明代表儒家的心学传统。王氏门人有个小故事，即讲为何是羞耻心点出了良知是人的道德本能。故事大概是说，王氏门人夜间捉住一个盗贼，他对盗贼大讲良知之学，此盗贼不以为然。因为天气过热，于是王氏门人让盗贼脱掉裤子，盗贼面露羞涩，认为这样不太雅观，其羞耻感油然而生。就在盗贼面露难色之际，王氏门人告诉盗贼这个羞耻感就是他有良知的证明②。羞耻感是面对自我的羞耻，与良知自知的内在性具有同构关系，这是王阳明以每个人都普遍具有的羞耻感，提示人是有良知的存在者的明证。

---

① 《孟子·尽心上》。

② 参见冯友兰著，涂又光译：《中国哲学简史》，北京大学出版社 2013 年版，第 296 页。

第二节　蔽塞良知为耻

王阳明发挥了孟子的“四端”之说，将四端与良知结合起来以证明人性本善①。比较明显且被人注意的是，他常常从恻隐之心、是非之心的角度来确证良知的当下呈现，如他说：“知是心之本体。心自然会知：见父自然知孝，见兄自然知弟，见孺子入井自然知恻隐，此便是良知，不假外求。”② 良知是心之本体，见孺子入井，人的内心会生出恻隐之心，此恻隐之心是一种人生而具有的道德意识与道德情感，它揭示了人是有良知的存在。他说：“夫良知者，即所谓‘是非之心，人皆有之’，不待学而有，不待虑而得者也。人孰无是良知乎？独有不能致之耳。”③ 又说：“良知只是个是非之心，是非只是个好恶，只好恶就尽了是非，只是非就尽了万事万变。”④ “良知者，孟子所谓‘是非之心，人

---

① 傅斯年说：“夫曰‘可以为善’，即等于说不必定为善也，其可以为善者，仁义礼智之端皆具于内，扩而充之，斯善矣。其不为善者，由于不知扩充本心，外物诱之，遂陷于不义，所谓不能尽材也。此说以善为内，以恶为外，俨然后世心学一派之说，而与李习之复性之说至近矣。孟子既以人之为善之动机具于内，乃必有良知良能论……而此良知良能又是尽人所有者，人之本性本无不同也。”参见傅斯年：《性命古训辨证》，见欧阳哲生主编：《傅斯年全集》（第二卷），湖南教育出版社 2003 年版，第 629 页。

② 〔明〕王守仁撰，吴光等编校：《王阳明全集》（上册），上海古籍出版社 2011 年版，第 7 页。

③ 〔明〕王守仁撰，吴光等编校：《王阳明全集》（上册），上海古籍出版社 2011 年版，第 311 页。

④ 〔明〕王守仁撰，吴光等编校：《王阳明全集》（上册），上海古籍出版社 2011 年版，第 126 页。

皆有之’者也。是非之心，不待虑而知，不待学而能，是故谓之良知。是乃天命之性，吾心之本体，自然灵昭明觉者也。凡意念之发，吾心之良知无有不自知者。”① 在王阳明看来，四端在某种程度上可以归结为“是非之心”，良知不仅具有“知是知非”“知善知恶”的道德判断功能，而且还表现出“好善恶恶”的道德情感。

陈来先生认为王阳明对是非之心的强调，与孟子等传统儒家对恻隐之心的强调，以及西方伦理学家对作为良心的羞恶之心的强调各有其不同的侧重②。但如果我们深入了解儒家的传统便可得知，儒家对羞恶之心的重视并不亚于西方伦理学家，羞恶之心与羞耻感在传统儒家以及王阳明的伦理学中都占有重要的地位。

一、耻、羞恶之心与良知

王阳明不仅从恻隐之心、是非之心的角度论证良知的存在，而且常从知耻即人的羞恶之心来谈论良知，这一点常被学者忽略。如他说：

> 《中庸》谓“知耻近乎勇”，所谓知耻，只是耻其不能致得自己良知耳。今人多以言语不能屈服得人为耻，意气

① 〔明〕王守仁撰，吴光等编校：《王阳明全集》（中册），上海古籍出版社2011年版，第1070页。

② 陈来：《有无之境：王阳明哲学的精神》，北京大学出版社2013年版，第157页。

> 不能陵轧得人为耻，愤怒嗜欲不能直意任情得为耻，殊不知此数病者，皆是蔽塞自己良知之事，正君子之所宜深耻者。今乃反以不能蔽塞自己良知为耻，正是耻非其所当耻，而不知耻其所当耻也。可不大哀乎！①

“知耻近乎勇”出自《中庸》，真正的德义之勇不是血气方刚的凶猛本能，而是超越个体生物本能的精神力量，具有这种含蕴仁义的精神力量就是美德或德性，反之则在道德上陷于可被人耻辱的境地。王阳明接续子思的论述，指出所谓知耻就是以不能致良知为耻，致良知便没有什么可以使行为主体陷于可耻的道德困境。而人们常常“耻非其所当耻”，如以言语不能使人屈服为耻，以意气不能胜于他人为耻，以不能任情纵欲为耻，这些都是蔽塞自己良知的事情，蔽塞良知才是真正值得羞耻的事情。只有树立正确的羞耻观，才能做到“耻其所当耻”，这个过程也是致良知的过程，知耻就是不蔽塞自己的良知，让良知自然地当下呈现。

王阳明本人就具有很强的羞耻感，并且真正做到了“耻其所当耻”，而不是“耻非其所当耻”。二十二岁那年，他科举考试名落孙山，其好友中有人以落第为耻，王阳明笑着说：“世以不得第为耻，吾以不得第动心为耻。”② 王阳明对通过科举博取

---

① 〔明〕王守仁撰，吴光等编校：《王阳明全集》（上册），上海古籍出版社2011年版，第244~245页。

② 〔明〕王守仁撰，吴光等编校：《王阳明全集》（下册），上海古籍出版社2011年版，第1349页。

功名利禄的世俗风气感到厌倦，士人读儒家典籍只是为了外在的功名，而不是为了提升自己内在的道德修养。青少年时期的王阳明曾向私塾老师询问人生最重要的事是什么，私塾老师回答说是由读书而做官。王阳明不以为然，他说：“登第恐未为第一等事，或读书学圣贤耳。”① 他又说：“学者溺于词章记诵，不复知有身心之学。先生首倡言之，使人先立必为圣人之志。”② 在儒家的“为己之学”“成圣之学”日渐萎靡之际，王阳明却认为圣人的人格理想和生活方式要比大多数儒者所渴慕的做官更值得追求，所以他自青少年时期起就有立志成为圣人的抱负。

立志成为圣人是宋明新儒学教义中最富有吸引力的思想信念，圣人是每个人期望实现的人生目的，这可能受到佛教人皆有佛性而可以成佛的教说影响，当然也可以视为对佛教的一种变相抵制，佛教徒的人格榜样是释迦牟尼，儒家的人格榜样是孔子这样的圣人。王阳明对儒家原始教义的衰落感到惋惜，他说：“古之教者，教以人伦。后世记诵词章之习起，而先王之教亡。今教童子，惟当以孝、弟、忠、信、礼、义、廉、耻为专务。其栽培涵养之方，则宜诱之歌诗以发其志意，导之习礼以肃其威仪，讽之读书以开其知觉。今人往往以歌诗习礼为不切时务，此皆末俗庸鄙之见，乌足以知古人立教之意哉！”③ 面对

---

① 〔明〕王守仁撰，吴光等编校：《王阳明全集》（下册），上海古籍出版社2011年版，第1347页。

② 〔明〕王守仁撰，吴光等编校：《王阳明全集》（下册），上海古籍出版社2011年版，第1352页。

③ 〔明〕王守仁撰，吴光等编校：《王阳明全集》（上册），上海古籍出版社2011年版，第99页。

当时士人的鄙俗习气，王阳明重提儒家的“圣人之教”与“为己之学”，以儒家的圣人之教为“良知之教”。他对涵泳良知之教所达致的精神状态作过精彩的描述：

> 来书云：“以良知之教涵泳之，觉其彻动彻静，彻昼彻夜，彻古彻今，彻生彻死，无非此物。不假纤毫思索，不得纤毫助长，亭亭当当，灵灵明明，触而应，感而通，无所不照，无所不觉，无所不达，千圣同途，万贤合辙。无他如神，此即为神；无他希天，此即为天；无他顺帝，此即为帝。本无不中，本无不公。终日酬酢，不见其有动；终日闲居，不见其有静。真乾坤之灵体，吾人之妙用也。窃又以为《中庸》诚者之明，即此良知为明；诚之者之戒慎恐惧，即此良知为戒慎恐惧。当与恻隐羞恶一般，俱是良知条件。知戒慎恐惧，知恻隐，知羞恶，通是良知，亦即是明”云云。①

在王阳明看来，学者在涵泳良知的过程中将动静、昼夜、古今、生死都囊括于内，不需要假借于思虑活动，良知感通外物便自然呈现出来，无所不照，无所不觉，无所不达，圣贤的良知与自己的良知同途合辙。他又用神、天、帝等神灵之主来描述良知的神妙作用与主宰地位，透显出一种神秘主义的意味。他将《中庸》所谓“诚者”不勉而中、不思而得的“明”称为良知

① 〔明〕王守仁撰，吴光等编校：《王阳明全集》（上册），上海古籍出版社2011年版，第215~216页。

之明，“诚之者”之戒慎恐惧的修养工夫称为良知的表现，与恻隐之心、羞恶之心一起构成良知的必要条件，知戒慎恐惧、知恻隐、知羞恶都是良知存在并当下呈现的确证。良知本身就兼具道德判断与道德践履原则，所谓“致良知”，就是将作为四端的良知扩充到全体大用的心之本体，以彰显明德的全体，所以说作为良知的知羞恶或羞耻之心亦即诚者之“明”与明德之“明”。

二、致良知中的羞耻感与罪恶感

孙隆基先生在谈到中西文化的羞耻感与罪恶感问题时，也指出中国文化是现世取向的，由于“超越界”的缺位，而唯一能超越世俗化的“天理”也是理念化的“心”，于是羞耻感在良知系统中的比重就压倒了罪恶感。但这种在世俗人际关系中具有伦理规范作用的羞耻感是以他者的评价为主导的，故而，他强调中国文化中的羞耻取向体现了中国人的人格是他制他律的人格①。这种说法值得商榷，就人的意识结构或意识活动而言，羞耻是自律性道德意识。就人的情感心理体验而言，羞耻是道德情感，良知兼具道德意识与道德情感的双层意涵，不仅对人因意念而起的是非善恶进行判断和评价，而且表现为情感心理体验，通过情感心理体验对人的意念和行为进行监督与矫治。符合社会伦理规范的思虑与行为都在良知的范围内活动，逾越于良知之外的思虑与行为则会引起道德主体的不安感与羞

---

① 孙隆基：《中国文化的深层结构》，广西师范大学出版社2011年版，第186~191页。

耻感，正是这种羞耻的情感心理体验可以促进道德主体以严格的自律原则矫正自己的所思所行。

正如王阳明所言："当弃富贵即弃富贵，只是致良知；当从父兄之命即从父兄之命，亦只是致良知。其间权量轻重，稍有私意于良知，便自不安。"① 当人不能依照良知而是屈服于个人的私欲、私意行动时，人的内心深处会有不安的感觉，这种不安意识的背后其实是人的羞耻感在起作用，羞耻感作为一种强烈的内心冲突所反映的是不同价值之间的紧张关系，正面价值与负面价值、高等价值与低等价值、精神价值与实用价值之间的不和谐都会引起人的羞耻感与不安感。因为良知本身兼具道德判断和道德践履两个功能，所以只需在良知的指引下行动，这种不安的羞耻感便可得到消除，人在精神层面才能获得和谐而清明的愉悦感。

第三节　羞恶与气

王阳明的哲学思想是在批判程朱理学的过程中形成的，这导致其思想观念不可能不受到程朱理学的影响，他关于心性与四端的论述就来自朱熹，但与朱熹有很大的不同。在朱熹的心性论中，仁、义、礼、智是未发之性，恻隐、羞恶、辞让、是非是已发之情，心则具有主宰性情的功能。在王阳明的哲学中，作为四端的恻隐、羞恶、辞让、是非是本心或良知的呈现，未

① 〔明〕王守仁撰，吴光等编校：《王阳明全集》（上册），上海古籍出版社2011年版，第239页。

发之性没有存在的必要，作为仁、义、礼、智的性也处于已发的状态，是心之本体在不同处境下的不同呈现，也可以说是“一性”的不同表现形态，即宋明理学中所谓的“表德”。

一、作为“表德”的羞恶

《传习录》中的一段对话对这个问题展开了讨论：

> 他日，澄曰：“恻隐、羞恶、辞让、是非，是性之表德邪?”曰：“仁、义、礼、智也是表德。性一而已：自其形体也谓之天，主宰也谓之帝，流行也谓之命，赋于人也谓之性，主于身也谓之心。心之发也，遇父便谓之孝，遇君便谓之忠，自此以往，名至于无穷，只一性而已。犹人一而已：对父谓之子，对子谓之父，自此以往，至于无穷，只一人而已。人只要在性上用功，看得一性字分明，即万理灿然。”①

在王阳明看来，不仅恻隐、羞恶、辞让、是非是性之“表德”，仁、义、礼、智也是“表德”，就像一个具有不同社会角色的人，对于父亲而言他是儿子，对于儿子而言他则是父亲，其实他只是同一个人而已。性也是如此，就其表现为有形体的存在而言可以称之为“天”，就其表现为具有主宰万物的功能作用而言可以称之为“帝”，就其生生不息的大化流行而言可以称之为“命”，就其由天命赋予人而言可以称之为“性”，就其作为身体的主宰而

---

① 〔明〕王守仁撰，吴光等编校：《王阳明全集》（上册），上海古籍出版社2011年版，第17~18页。

言可以称之为“心”，这些都是“一性”的不同表现形态。王阳明又说：“是常道也，其应乎感也，则为恻隐，为羞恶，为辞让，为是非；其见于事也，则为父子之亲，为君臣之义，为夫妇之别，为长幼之序，为朋友之信。是恻隐也，羞恶也，辞让也，是非也；是亲也，义也，序也，别也，信也；一也。皆所谓心也，性也，命也。”① 心、性、命通而为一，才是常道。

二、羞恶即气

王阳明认为至善之性必须表现为恻隐、羞恶、辞让、是非的道德意识活动才能被确证，他将朱熹称为已发之情的四端称为“气”，因而提出“气即性，性即气”的思想。他说：

> “生之谓性”，“生”字即是“气”字，犹言“气即是性”也。气即是性，“人生而静以上不容说”，才说“气即是性”，即已落在一边，不是性之本原矣。孟子“性善”，是从本原上说。然性善之端须在气上始见得，若无气亦无可见矣。恻隐、羞恶、辞让、是非，即是气，程子谓“论性不论气，不备；论气不论性，不明”，亦是为学者各认一边，只得如此说。若见得自性明白时，气即是性，性即是气，原无性气之可分也。②

---

① 〔明〕王守仁撰，吴光等编校：《王阳明全集》（上册），上海古籍出版社2011年版，第283页。

② 〔明〕王守仁撰，吴光等编校：《王阳明全集》（上册），上海古籍出版社2011年版，第68~69页。

告子说：“生之谓性。”① 即以人生而具有的生理本能与自然欲望为人的本性。孟子严厉批判了告子的自然主义人性论，通过与告子的论辩，孟子指出生理本能与自然欲望这些属于人和动物共同具有的自然属性，并不是人之所以成其为人的本质规定性。人与动物之间的差距甚微，此甚微之处在于人是有道德意识和道德情感的存在，人类独具的道德感是人之所以成其为人的本质性规定。孟子以四端为人的本性，从心善的角度证明人性本善，但孟子没有解决恶的来源问题。宋代理学家在肯定“生之谓性”的基础上，提出“天命之性”与“气质之性”的分判，即天命之性或天地之性是天命赋予人的性，是纯粹至善的，气质之性有清浊之分，恶即来源于这种气禀之性。人禀气而生，必然有善有恶，这种由气所决定并在道德意识层面表现为善恶的东西，也具有性的意义。所以，二程说：“‘生之谓性’，性即气，气即性，生之谓也。人生气禀，理有善恶，然不是性中元有此两物相对而生也。有自幼而善，有自幼而恶，是气禀有然也。善固性也，然恶亦不可不谓之性也。”② 由气禀所决定的善是性，由气禀所决定的恶也是性，气禀作为决定人性善恶的一个先天质料应该被归于性的范畴。二程基本上是从气禀的角度来肯定气质之性的意义，王阳明则主要从体用不二的角度来说明气的积极意义，人的性本身是不显现的，只有借助气才能表现性善之性。从这个意义上看，“气即性，性即气”，

① 《孟子·告子上》。

② 〔宋〕程颢、程颐著：《河南程氏遗书》卷第一，见王孝鱼点校：《二程集》，中华书局2004年版，第10页。

性与气原本是一体的。

王阳明的这种看法，也影响了他对孟子四端的理解。孟子将四端视为心，朱熹将四端视为已发之情，但王阳明认为四端是气，“恻隐、羞恶、辞让、是非，即是气”，他的这种说法反映了理与气之间紧张关系的松动，“气即性，性即气”的提法对中晚明至明清之际“性即气质之性”的思想产生了一定影响。王阳明认为四端虽是气，但也需要对其操存涵养，所以他说：“恻隐羞恶辞让是非，四端之著也，操存久则发见多；忿懥忧患好乐恐惧，不得其正也，放舍甚则日滋长。”① 人性之善只有表现为恻隐、羞恶、辞让、是非这四种最显著的道德意识活动才能得到确证，如羞恶作为一种耻己之不善和憎恶他人之恶的道德意识，是人所独具的，它标识着人是一种道德的存在。人应该珍视自己的羞恶或羞耻意识，在应该羞耻的地方必须感到羞耻，操存涵养人的羞耻感才能使至善的良知本体得到更好的自然呈现。

---

① 〔明〕王守仁撰，吴光等编校：《王阳明全集》（上册），上海古籍出版社2011年版，第158页。

第九章　士人之耻与国耻：明清易代之际儒家思想中的耻观念

传统中国社会是一个以儒家士大夫阶层为中心的“四民社会”，“四民”是指士、农、工、商四大阶层，而其中的儒家士大夫阶层是整个国家与社会稳定的中枢。这个传统的知识精英阶层，既具有辅助帝国君主管理国家事务的功能，又同时兼有以道德表率和杰出政务能力领导地方的责任，这是传统社会中知识精英的社会价值所在。明清易代之际对儒家士大夫、士君子而言是一个天崩地解的时代，满族对中原王朝的武力征服，使儒家士人阶层在精神上蒙受巨大的羞辱，以刘宗周、顾炎武、王夫之为代表的儒家表现出强烈的羞耻意识，从明朝灭亡的国耻角度审视与批判某些儒家士人阶层的无耻。明清之际儒者对“耻”观念的阐发，不只是对亡国的沉痛反思，而且蕴含着以道德勇气担负未来汉文化及汉家政权重建的历史使命感，这也是士人在耻感的刺痛与激励下，寻觅的一条自我救赎之路。

第一节　刘宗周《人谱》论耻与改过工夫

黄宗羲《明儒学案》一书实以王阳明和刘宗周的哲学思想为两大中心，黄氏学案以《蕺山学案》为终章，视刘宗周为明代儒学最后之代表，唐君毅先生亦赞誉“蕺山是宋明儒学之最后之大师”①。刘宗周是明末理学的殿军，受阳明心学的影响很大，黄宗羲说刘宗周对阳明心学的态度出现过三次变化：“始而疑，中而信，终而辩难不遗余力，而新建之旨复显。”② 劳思光先生说：“蕺山所立之系统，乃阳明一支思想中最后出亦最彻底之系统；只此一点，已足使学者了解蕺山学说之重要性，至其论性情及工夫时种种独到之见，则不待赘论。”③ 刘宗周的思想基本属于王阳明一系的心学，以“慎独”与“诚意”为宗旨。刘宗周有强烈的羞耻情结，他甚至将明亡后儒家士人“空谈学问”的风气视为可耻。他在致张履祥之函中说：“今乾坤何等时，犹堪我辈从容拥皋而讲道论学乎？此所谓不识人间羞耻事者也。”④ 刘宗周在《人谱》中所凸显的知耻、忏悔与改过的省察精神，是其慎独说的另一种表达形式。此外，刘宗周对孟子

① 唐君毅：《中国哲学原论·原教篇》，九州出版社2016年版，第395页。

② 〔明〕刘宗周著，吴光主编：《刘宗周全集》（第九册），浙江古籍出版社2012年版，第41页。

③ 劳思光：《新编中国哲学史》（三下），生活·读书·新知三联书店2015年版，第471~472页。

④ 〔清〕张履祥著，陈祖武点校：《杨园先生全集》，中华书局2002年版，第24页。

所言“羞恶之心”作了新的诠释，指出“羞恶之心，怒之所发”。

一、“证其所以为人”

阳明后学继承了王阳明“致良知”之教挺立道德主体性、向善能动性与成圣普遍性的主要思想。但王阳明死后，心学派内部逐渐分化，各自发挥师说，其中的极端者已经偏离阳明心学的宗旨，遂流弊丛生，产生了很多负面影响。以王龙溪为代表的浙中学派，走向了以良知为当下具足，不待修为的道德虚无主义。黄宗羲在《浙中王门学案》中记载道：“良知不学不虑。终日学，只是复他不学之体；终日虑，只是复他不虑之体。无工夫中真工夫，非有所加也。工夫只求日减，不求日增，减得尽便是圣人。”① 以王心斋为代表的泰州学派，则走向了以现成良知为学、天然率性的道德自然主义。黄宗羲说：“良知一点，分分明明，停停当当，不用安排思索。圣神之所以经纶变化，而位育参赞者，皆本诸此也。”② 王龙溪和王心斋仅重视本体而忽视工夫的学说，引起阳明学内部的批判，形成了王学的修正运动。嵇文甫先生将王学修正运动的发展分为三个阶段：第一个阶段以聂双江、罗念庵为代表，重工夫，主收敛，开修正论的端绪；第二阶段以李见罗为代表，提出“止修”说，

① 〔清〕黄宗羲：《浙中王门学案二》，见沈芝盈点校：《明儒学案》卷十二，中华书局 2008 年版，第 248 页。

② 〔清〕黄宗羲：《泰州学案一》，见沈芝盈点校：《明儒学案》卷三十二，中华书局 2008 年版，第 717 页。

“修”以矫正空想本体之病，“止”以矫正在“念起念灭”上用功之病；第三阶段以刘宗周为代表，蕺山所谓“慎独”相当于李见罗的“止修”，但李见罗需要“止”“修”两头兼顾，蕺山则单提直入，在工夫上更加圆融。在蕺山看来，本体不离日常生活，必须在具体的实践工夫中呈现①。

《人谱》是刘宗周晚年的绝笔之作，他曾三易其稿，并告诫儿子可以将其作为家训来遵守。刘宗周的弟子在编纂《刘子全书》时，将《人谱》列为首篇，足见此书对刘宗周的重要性。这部书是刘宗周反思阳明后学之流弊的思想结晶，是其论述实践工夫最系统的论著，体现了蕺山修正派的理论宗旨。《人谱》的哲学构思就是要将道德主体性和向善的道德能动性与人的道德践履真正结合在一起，实现工夫、本体与境界的合一，这是刘宗周探索的入圣之道。刘宗周的弟子对《人谱》的工夫论价值作了充分的肯定，如陈确说：“吾辈功夫只须谨奉先生《人谱》，刻刻检点，不轻自恕，方有长进。舍此，别无学问之可言矣。”② 刘宗周在《证人要旨》中说：“学以学为人，则必证其所以为人。证其所以为人，证其所以为心而已。自昔孔门相传心法，一则曰慎独，再则曰慎独。夫人心有独体焉，即天命之性，而率性之道所从出也。慎独而中和位育，天下之能事毕矣。然独体至微，安所容慎？惟有一独处之时可为下手法。”③ “证

① 嵇文甫：《晚明思想史论》，中华书局 2017 年版，第 103 页。

② 〔清〕陈确：《陈确集》，中华书局 1979 年版，第 106 页。

③ 〔明〕刘宗周著，吴光主编：《刘宗周全集》（第三册），浙江古籍出版社 2012 年版，第 4 页。

其所以为人”的关键在于“证其所以为心”，至善是心之本体，至善心体是人之所以为人的“人极”，这是道德践履的终极根据，“立人极”的工夫要旨即孔门儒家相传的“慎独”心法。

黄宗羲说：“先生宗旨为‘慎独’。始从主敬入门，中年专用慎独工夫。慎则敬，敬则诚。”① “慎独”是儒家哲学中的一个重要观念，“慎独”的思想渊源是《大学》和《中庸》，如《大学》有言曰：“所谓诚其意者，毋自欺也，如恶恶臭，如好好色，此之谓自谦，故君子必慎其独也！”再如《中庸》亦有言曰：“是故君子戒慎乎其所不睹，恐惧乎其所不闻。莫见乎隐，莫显乎微。故君子慎其独也。”刘宗周明确指出：“圣学要旨摄入在克己，即《大》《中》之旨摄入在慎独，更不说知、说行。周子‘学圣有要’一段，亦最简截，与克己慎独之说相印证，此千古相传心法也。”② 又说：“孔门约其旨，曰‘慎独’，而阳明先生曰：‘良知只是独知时’，可谓先后一揆。慎独一著，即是致良知。”③ 刘宗周所说的“独体”就是心之本体，就是“诚意”之“意”。就知善知恶而言，表现为王阳明所说的良知，所以他说：“良知原有依据处，即是意，故提起诚意而用致知工

---

① 〔明〕刘宗周著，吴光主编：《刘宗周全集》（第九册），浙江古籍出版社 2012 年版，第 38 页。

② 〔明〕刘宗周著，吴光主编：《刘宗周全集》（第五册），浙江古籍出版社 2012 年版，第 265 页。

③ 〔明〕刘宗周著，吴光主编：《刘宗周全集》（第三册），浙江古籍出版社 2012 年版，第 449 页。

夫，庶几所知不至荡而无归也。”① 就好善恶恶而言，良知原有的依据就是作为心之主宰的意。意与独是心之本体，诚与慎是指工夫。人通过修身工夫明辨善恶，在去伪存真的克己、慎独、致良知的工夫中成为真正的人。

笔者在论述《中庸》《大学》中耻与慎独的相互关系时已经指出，自求内心的安顿当然需要谨慎自己的独处，羞耻感内在地蕴含着不安的道德意识，这种不安的道德意识又反过来促使个人保持“行己有耻”的自我省察。我们从耻感与慎独所共同具有的内省意识、反求诸己的修身工夫上，可以看出耻与慎独在内在精神层面是一贯相通的。慎独是君子修身之要，在羞耻感的提撕下才能真实地面对自我，保持一种耻于“自欺”即“毋自欺”的诚实状态。

二、知耻、忏悔与改过的省察精神

刘宗周作《人谱》的目的在于阐明“做人之方”，教人如何为人，教人如何改过迁善，成就圣贤人格。“耻”与“改过”在宋明理学文化中发展到一个新的高峰，朱熹认为知耻由内心生发，他说：“知耻是由内心以生，闻过是得之于外。人须知耻，方能过而改，故耻为重。”② 朱熹指出闻过与知耻之间的关联：知耻是从内心生发的一种道德意识，闻过则是来自外在的

---

① 〔清〕黄宗羲：《蕺山学案》，见沈芝盈点校：《明儒学案》卷六十二，中华书局 2008 年版，第 1558 页。

② 〔宋〕黎靖德编，王星贤点校：《朱子语类》卷第九十四，中华书局 1986 年版，第 2400 页。

社会评价体系，闻过的目的是为了“改过”，只闻过而不知改过，闻过便无意义，改过的关键在于知耻。人须知耻，方能改过，知耻是改过的先决条件。理学家李二曲视“改过”为成德成圣的首要宗旨，他在《悔过自新说》一文中说：“悔过自新，乃千圣进修要诀，人无志于做人则已，苟真实有志做人，须从此学则不差。”① 而将羞耻感与改过的修养工夫发挥到极致的，莫过于心学派的殿军刘宗周。

《人谱》将“过”划分为六个层次：即独知主宰的“微过”，七情主宰的“隐过”，九容主宰的“显过”，五伦主宰的“大过”，百行主宰的“丛过”，百恶主宰的“成过”。改过作为儒家哲学中重要的修身工夫，可以说是自来已有的，但像刘宗周这样对改过进行如此细致地分类与刻画的，可以说是前无古人，并且他对改过的分类不是杂乱无章的，而是有清晰的次序和阶段。“过”的危害由微而著、由隐而显、由浅而深，表现在人的思虑、言行与意识活动的方方面面，通过改过的修身工夫来重建人的道德生活是刘宗周“人的哲学”的精神命脉所系。

刘宗周强调，即使极恶大罪的人也有改过迁善的可能性。他说：“人虽犯极恶大罪，其良心仍是不泯，依然与圣人一样，只为习染所引坏了事。若才提起此心，耿耿小明，火然泉达，满盘已是圣人。”② 其《人谱》所凸显的知耻、忏悔与改过的省

---

① 〔清〕李颙撰：《悔过自新说》，见陈俊民点校：《二曲集》卷一，中华书局1996年版，第4页。

② 〔明〕刘宗周著，吴光主编：《刘宗周全集》（第三册），浙江古籍出版社2012年版，第13页。

察精神，达到了儒家修养工夫所能成就的至高境界。刘宗周对他本人反省自我过失的精神修炼活动进行了细致入微的刻画，他说：

> 一炷香，一盂水，置之净几，布一蒲团座子于下，方会平旦以后，一躬就坐，交趺齐手，屏息正容。正俨威间，鉴临有赫，呈我宿疚，炳如也。乃进而敕之曰："尔固俨然人耳，一朝跌足，乃兽乃禽，种种堕落，嗟何及矣。"应曰："唯唯。"复出十目十手，共指共视，皆作如是言，应曰："唯唯。"于是方寸兀兀，痛汗微星，赤光发颊，若身亲三木者。已乃跃然而奋曰："是予之罪也夫。"则又敕之曰："莫得姑且供认。"又应曰："否否。"顷之，一线清明之气徐徐来，若向太虚然，此心便与太虚同体。乃知从前都是妄缘，妄则非真。一真自若，湛湛澄澄，迎之无来，随之无去，却是本来真面目也。①

刘宗周作《人谱》，是为了取代当时流行的通过"功过表格"② 来进行日常修养的工夫论，这是他创造的"讼过"之法，这种源于生命深处的内省、知过、改过、忏悔等精神修炼活动近

① 〔明〕刘宗周著，吴光主编：《刘宗周全集》（第三册），浙江古籍出版社2012年版，第13~14页。

② 刘宗周在《人谱》中提到他撰写此书的因缘即有感于当时袁了凡的《功过格》，因为《功过格》宣扬诸如因果报应等佛学和道教的信仰，在此种信仰下，行善与改过沦落为获得福报的手段与工具，这种功利主义的人生哲学与儒家践仁尽性的人性本善论立场相抵牾，有害于儒家的成德之学。类似于《功过格》的民间信仰在晚明十分流行，袁了凡的《功过格》只是提供了一个偶然的契机。

似于宗教信徒在日常生活中所进行的苦修，而所有这些内省活动必须以知耻或羞耻感为前提。没有羞耻感的人只会闻过，而不可能真正做到内省与改过，人有羞耻感则意味着人自知自我的不完善、不圆满，而后方才以“知耻近乎勇”的道德勇气和生命强力否定掉部分不完美的现实自我，在改过迁善的精神奋战中恢复本真自我的原初面目。刘宗周甚至要求学者在改过迁善以成圣的精神修炼过程中，从无过之中看出不易察觉的罪过，精神上不懈怠和麻痹大意。所以，他指出：“学者未历过上五条公案，通身都是罪过。即已历过上五条公案，通身仍是罪过。”①

综上所述，可知刘宗周对人心之过的内省与反思意识是极为精微深入的。张灏先生认为，正是晚明刘宗周哲学中的知耻、忏悔与改过思想，造成幽暗意识在宋明理学中有一个空前的发展，蕺山的幽暗意识已不是对生命感受的间接映衬和侧面映射，而是正面的彰显和直接的透视②。

三、“羞恶之心，怒之所发”

日本学者冈田武彦先生在谈到宋代儒学与明代儒学的差别时指出：“一言以蔽之，由二元论到一元论、由理性主义到抒情主义，从思想史看就是宋代到明代的展开。”③ 在程朱理学中，

---

① 〔明〕刘宗周著，吴光主编：《刘宗周全集》（第三册），浙江古籍出版社2012年版，第8页。

② 张灏：《幽暗意识与民主传统》，四川教育出版社2013年版，第59页。

③ ［日］冈田武彦著，吴光等译：《王阳明与明末儒学》，上海古籍出版社2000年版，第1页。

凡是二元论的观念，如理与气、知与行、存养与省察、性与情、尊德性与道问学、性与气、道心与人心，在阳明心学中皆作了统合为一的处理。崇祯十六年，蕺山著《存疑杂著》，其子刘汋按语曰："先儒言道分析者，至先生悉统而一之。先儒心与性对，先生曰'性者心之性'；性与情对，先生曰'情者性之情'；心统性情，先生曰'心之性情'。分人欲为人心、天理为道心，先生曰'心只有人心，道心者人心之所以为心'。分性为气质、义理，先生曰'性只有气质，义理者气质之所以为性'；未发为静、已发为动，先生曰'存发只是一机，动静只是一理'。推之存心、致知、闻见、德性之知，莫不归之于一。"① 刘宗周延续了王阳明的一元论模式，代表了明代儒学一元论的极致。这尤其表现为他的性气、理气合一论，作为天命之性的理不能离开气而独立自存，体现天命之性的气呈现为人心的"喜怒哀乐"。

刘宗周将《中庸》中的"喜怒哀乐"称为四德，"喜怒哀乐"体现的是流行不息的天命之性。其性情论的特点在于将恻隐、羞恶、辞让、是非四端与"喜怒哀乐"四德相联结，形成两层关系：一是即性言情，本然的四端之性自然如此、不假人为地显发为四德；二是以情言性，四德之情也是本然如此的，其中自然内蕴的是四端之性。实际上，刘宗周"独体"说的聚焦点即"喜怒哀乐"说，独体是流行不息的心体，心体的流行有一定的节奏、韵律和秩序。刘宗周在《学言中》里说："恻隐，心动貌，即性之生机，故属喜，非哀伤也。辞让，心秩貌，即性之长机，故属

① 〔明〕刘宗周著，吴光主编：《刘宗周全集》（第九册），浙江古籍出版社2012年版，第143~144页。

乐，非严肃也。羞恶，心克貌，即性之收机，故属怒，非奋发也。是非，心湛貌，即性之藏机，故属哀，非分辨也。又四德相为表里，生中有克，克中有生，发中有藏，藏中有发。”①

如果说程、朱、陆、王的经典诠释是以《大学》《孟子》为中心，那么刘宗周的经典诠释则是以《中庸》为中心。《中庸》为文本的诠释框架，体现了刘宗周诠释儒家经典的特殊处理方式。刘宗周说：

> 《中庸》言喜怒哀乐，专指四德言，非以七情言也。喜，仁之德也；怒，义之德也；乐，礼之德也；哀，智之德也。而其所谓中，即信之德也。一心耳，而气机流行之际，自其盎然而起也谓之喜，于所性为仁，于心为恻隐之心，于天道则元者善之长也，而于时为春。自其油然而畅也谓之乐，于所性为礼，于心为辞让之心，于天道则亨者嘉之会也，而于时为夏。自其肃然而敛也谓之怒，于所性为义，于心为羞恶之心，于天道则利者义之和也，而于时为秋。自其寂然而止也谓之哀，于所性为智，于心为是非之心，于天道则贞者事之干也，而于时为冬。乃四时之气所以循环而不穷者，独赖有中气存乎其间，而发之即谓之太和元气……故自喜怒哀乐之存诸中而言，谓之中，不必其未发之前别有气象也。②

---

① 〔明〕刘宗周著，吴光主编：《刘宗周全集》（第三册），浙江古籍出版社2012年版，第379页。

② 〔明〕刘宗周著，吴光主编：《刘宗周全集》（第三册），浙江古籍出版社2012年版，第373~374页。

刘宗周认为《中庸》言“喜怒哀乐”是从四德入手的，“喜怒哀乐”是“仁义礼智”的别名，“仁义礼智”四德即“喜怒哀乐”，气化流行不可以没有“喜怒哀乐”的秩序，这是从天道上说，对应的是人道不可以没有“喜怒哀乐”之情。而七情则是从人道上说，是离乎天道而出乎人道的性情之变，应该在严格区分两者的基础上，坚守儒家君子诚敬笃实的修身工夫。他在以“气序”言《中庸》“喜怒哀乐”的基础上，将“四端”对应的“喜怒哀乐”与“七情”对应的“喜怒哀惧爱恶欲”作了区分①。如果从情的角度看待刘宗周所谓“喜怒哀乐”，也只能称之为“天情”或“性之情”。

刘宗周以“喜怒哀乐”来统摄宋儒心性论论域中的“仁义礼智”“恻隐、羞恶、辞让、是非”和宇宙论论域中的“元亨利贞”“春夏秋冬”，这种统摄性的综合观造成一种理解上的障碍。牟宗三先生对刘宗周这种“紧吸于一起”的论述倾向也颇有讥讽之语，他认为这是“晚明士人秀才气之大，言欺人，故作惊人之笔耳。言学不可以如此匆遽张皇也。”② 如此看来，这

① 在中国儒学思想史上，论及“四端”“七情”的儒者自不在少数，但这两者的关系并未成为儒者论辩的核心议题。但是在韩国儒学发展史上，“四端”“七情”之辨是韩国儒者论辩的焦点，李退溪、李栗谷、齐高峰等韩国儒者对此问题的论辩很有代表性，李明辉对韩国儒者的论辩进行了系统梳理，他认为“四端”属于道德情感，“七情”属于自然情感，前者是一种先天的价值感，后者是一种“缘境而出”的感觉。参见李明辉：《四端与七情：关于道德情感的比较哲学探讨》，华东师范大学出版社 2008 年版。

② 牟宗三：《心体与性体》（上），吉林出版集团有限责任公司 2013 年版，第 346 页。

种比附实属牵强附会，没有足以令人信服的理论根据。东方朔先生也指出刘宗周将“喜怒哀乐”与四端、四德、四时甚至关涉天道秩序的“元亨利贞”相互匹配的言述方式显得幼稚，因为在刘宗周的思想中“喜怒哀乐”原本为独体所本有，属于超经验的形而上层面，这也是他将“喜怒哀乐”与抽象的道德条目“仁义礼智”相匹配的根据。但是刘宗周又将超经验的“喜怒哀乐”与经验视域中的“春夏秋冬”相匹配，既然前者已经归属于超经验的价值意义域，则经验视域中的后者又如何可以与前者相匹配？①

刘宗周又说：“恻隐之心，喜之发也；羞恶之心，怒之发也；辞让之心，乐之发也；是非之心，哀之发也。喜怒哀乐之未发，则仁义礼智之性也。”② “羞恶之心，怒之发也”确实是刘宗周论羞恶之心的特别之处。在孟子的羞耻理论中，羞恶之心是义的开端或萌芽状态，在朱熹心、性、情三分的义理间架下，羞恶之心是已发之情，在陆王心学中，羞恶之心是本心、良知的表现。但刘宗周认为，羞恶之心从人之肃然而收敛的精神意识状态看是“怒”，从性的角度则是“义”，从心的角度则称之为“羞恶之心”。“怒”指向一种怨恨、愤恨之类的激烈情感。通常我们面对道德上感到可羞恶的人与事会油然而生一种心灵灼伤的不愉快感受，伴随着这种不愉快感受的是我们对可羞恶之人以及可羞恶之事的愤

① 东方朔：《刘蕺山哲学研究》，上海人民出版社 1997 年版，第 149 页。

② 〔明〕刘宗周著，吴光主编：《刘宗周全集》（第三册），浙江古籍出版社 2012 年版，第 372 页。

恨情绪，此类看似负面的情感倾向，实际上表征着个体内在良知的震荡，因而具有很高的道德价值。

值得一提的是，刘宗周坚守儒家的夷夏之辨、君子小人之辨和义利之辨，面对清廷的高压政策，始终以士大夫的知耻精神固守道义，直至最后以死殉国仍能泰然处之。面对清廷的征召，刘宗周准备以绝食殉国，门人王毓芝问刘宗周心境如何，他答曰："他人生不可以对父母妻子，吾死可以对天地祖宗；他人求生不得生，吾求死得死；他人终日忧疑惊惧，而吾心中泰然。如是而已。"① 刘宗周以死殉国的意志十分坚定，能够慷慨赴死，捍卫了士大夫"行己有耻""杀身成仁"的崇高气节。其子刘汋赞之曰："而至于临难一节，从容就义，全而生之，全而归之，不亏体，不辱身，忠孝两慊，仁义兼尽，死合夷齐首阳、曾子易箦，而兼有之。信乎可以扶皇纲，植人纪，历千载而不朽也！"②

明清之际的士大夫群体，尤其是明遗民，对是否应该"死节"殉国的态度是错综复杂的。有些明遗民认为应该殉国，对死节者大加颂扬，他们自己却不愿去殉国，如陈确在得知刘宗周和祝渊的死讯后，徘徊在生与死的抉择中，他说："独确懦不能死，又不能编名行伍，为国家效分寸之劳；又丁口田庐，伪官所辖，输租纳税，不异顺民：愧师友而忝所生甚矣。师其以

① 〔明〕刘宗周著，吴光主编：《刘宗周全集》（第九册），浙江古籍出版社2012年版，第165页。

② 〔明〕刘宗周著，吴光主编：《刘宗周全集》（第九册），浙江古籍出版社2012年版，第169页。

确为非人而麾之门墙外耶，岂怜确母老苟活，情亦有不得已者，姑未深绝之也！”① 陈确以“母老”为由，不但没有反抗，而且归顺清廷。更有甚者还提出各种理由非议殉国者是罔死，如方文认为殉国死难是矫激之行②。

第二节　顾炎武《日知录》论士大夫之无耻与国耻

晚明社会矛盾丛生，加上满族的入侵，使明朝的政治、经济、文化、民生等各个方面都趋于崩溃，严峻的社会现实引发顾炎武等儒家士人的深刻反思。明末清初易代之际的政权更替给极为重视夷夏之辨的传统儒家士人以沉痛的精神打击，从而涌现出一批以顾炎武为代表的“遗民”，他们不屈从于异族强力政权下的精神文化控制，以强烈的道德焦虑感自觉营造遗民化的生存方式，并以学术创造的方式保持着对异族政权的对抗和对华夏道统的认同。赵园先生认为，明遗民在古代中国的遗民史中占据着重要位置，就学术创造价值而言，明遗民的学术创造能力及其价值尤为此前的遗民史所未有③。顾炎武虽以遗民心态自居于世，但他并没有消极沉沦，反而以儒家士人经世致用的社会理想自我激励，继续关注民生利弊，以兴利除弊为儒者之志业。他在写给友人的书信中说道：“至于三代之英，固圣人

① 〔清〕陈确：《陈确集》，中华书局 1979 年版，第 307 页。

② 参见何冠彪：《生与死：明季士大夫的抉择》，广西师范大学出版社 2022 年版，第 152 页。

③ 赵园：《明清之际士大夫研究》，北京大学出版社 1999 年版，第 256 页。

所有志；百姓之病，亦儒者所难忘。”①

一、“士大夫之无耻，是谓国耻”

顾炎武的哲学伦理学思想以“知耻”为中心，耻是“四维”之一。他以士大夫阶层的知耻与不知耻作为衡量国家社会风气的风向标，不知耻即代表着社会风尚的堕落和腐朽。作为礼、义、廉、耻的“国之四维”论首出于管仲，管仲在齐国为相，以“尊王攘夷”为政治口号，力主保存诸夏文华，所以他赢得了孔子的称赞。孔子说：“管仲相桓公，霸诸侯，一匡天下，民到于今受其赐。微管仲，吾其被发左衽矣。”② 管子提出了著名的“四维论”，高度肯定了羞耻在治国理政与社会控制方面的作用。管子曰：“国有四维。一维绝则倾，二维绝则危，三维绝则覆，四维绝则灭。倾可正也，危可安也，覆可起也，灭不可复错也。何谓四维？一曰礼，二曰义，三曰廉，四曰耻。礼不逾节，义不自进，廉不蔽恶，耻不从枉。故不逾节则上位安，不自进则民无巧诈，不蔽恶则行自全，不从枉则邪事不生。”③ 又曰：“然则礼义廉耻不立，人君无以自守也。”④ 这是“礼义廉耻”四字连属的首次用例。礼、义、廉、耻是国家治理的四大纲领，没有这“四维”则有亡国灭种的危险。廉是有所

① 〔清〕顾炎武撰，华忱之点校：《顾亭林诗文集》，中华书局 1983 年版，第 190 页。

② 《论语·宪问》。

③ 《管子·牧民》。

④ 《管子·立政九败解》。

不取，不苟取不义之财。耻是有所不为，不做违法乱纪等违背社会道义和内心良知的事情。人有羞耻心就不会与邪恶同流合污，邪恶的事情自然不会滋生。廉耻是做人必须具有的气节和操守。宋代史学家欧阳修在冯道传记的序文中对管子的“四维说”称赞有加，他说：

> “礼义廉耻，国之四维；四维不张，国乃灭亡。”善乎，管生之能言也！礼义，治人之大法；廉耻，立人之大节。盖不廉，则无所不取；不耻，则无所不为。人而如此，则祸乱败亡，亦无所不至，况为大臣而无所不取不为，则天下其有不乱，国家其有不亡者乎！予读冯道《长乐老叙》，见其自述以为荣，其可谓无廉耻者矣，则天下国家可从而知也。①

五代是国家政权更迭频繁、内乱不断的时期。欧阳修批评冯道四朝为官，违背了“君为臣纲”的忠君之道，没有对君主和国家尽到应有的政治责任和伦理义务，不是高风亮节之士，丧失了做人必须具有的廉耻之心。“三纲五常”观念在汉代通过官方典籍《白虎通义》被确立为意识形态，“忠”便成为士大夫官僚们在政治生活中必须承担的绝对的道德义务，对君主与国家不忠也就成为道德耻感的一项重要内容。

顾炎武一再引述孔子“行己有耻”与孟子“耻之于人大

---

① 〔宋〕欧阳修撰，〔宋〕徐无党注：《新五代史》，中华书局 1974 年版，第 611 页。

矣”的古语，来阐释儒家的“为己之学”和“圣人之道”。他说：“愚所谓圣人之道者如之何？曰‘博学于文’，曰‘行己有耻’。自一身以至于天下国家，皆学之事也；自子臣弟友以至出入、往来、辞受、取与之间，皆有耻之事也。耻之于人大矣！不耻恶衣恶食，而耻匹夫匹妇之不被其泽，故曰：‘万物皆备于我矣，反身而诚。’呜呼！士而不先言耻，则为无本之人；非好古而多闻，则为空虚之学。以无本之人，而讲空虚之学，吾见其日从事于圣人而去之弥远也。虽然，非愚之所敢言也，且以区区之见，私诸同志而求起予。”① 顾炎武认为儒者的为学涵括了身、家、国、天下各个次第，君臣之间、父子之间、兄弟之间、朋友之间以至于人际交往的方方面面都触及羞耻感的问题。

在顾炎武看来，人之道德生活中所有过错与恶行皆由人的无耻所导致，他视耻为根本德性。劳思光对此论调提出批评，指出顾炎武直接以耻德来统摄其他德性，将一切理分问题皆化为“有耻”之事，并以此和“博学于文”相配而讲论圣人之学，“有耻”固然是道德生活中之重要一环，与孟子所谓“羞恶之心”相当，表示人类价值意识中的否定面。但是以耻德统摄诸德，所遗者甚大，并没有充足的理论根据②。其实，以羞恶之心为标志的羞耻感和以恻隐之心为标志的仁爱、同情感都是构成人类道德本性的原初质料，在道德生活中具有同样的奠基功

① 〔清〕顾炎武撰，华忱之点校：《顾亭林诗文集》，中华书局 1983 年版，第 41 页。

② 劳思光：《新编中国哲学史》（三下），生活·读书·新知三联书店 2015 年版，第 506 页。

能，前者侧重于从人类价值意识中的反面来促成道德生活的可能性，后者侧重于从正面来引导道德生活的实现。儒家士君子从事于圣人之学要以知耻为先决条件，不知耻则是无本、无根之人，空谈心性而不知笃实践履的人也是无耻之人，这种羞耻感匮乏的人难以真正迈入儒家的圣人之道。

《日知录》是顾炎武最重要的著作，也是一本强调经世致用思想的经典之作。他在《日知录》第十三卷中对廉耻进行了详细论述，提出“士大夫之无耻，是谓国耻”的说法，将士人的个人之耻与国家的集体之耻统一起来①。顾炎武在评价管子的“四维论”时说：

> 然而四者之中，耻尤为要。故夫子之论士，曰：“行己有耻。”孟子曰：“人不可以无耻，无耻之耻，无耻矣。”又曰：“耻之于人大矣，为机变之巧者，无所用耻焉。”所以然者，人之不廉而至于悖礼犯义，其原皆生于无耻也。故士大夫之无耻，是谓国耻。吾观三代以下，世衰道微，弃礼义，捐廉耻，非一朝一夕之故。然而松柏后凋于岁寒，鸡鸣不已于风雨，彼昏之日，固未尝无独醒之人也。②

---

① 中国古籍中的“国耻”有时特指国君之耻，如鲁哀公问礼于孔子，孔子曰：“物耻足以振之，国耻足以兴之。为政先礼，礼其政之本与！”（《礼记·哀公问》）郑玄疏曰：“物，犹事也。事耻，臣耻也。振，犹救也。国耻，君耻也。君臣之行有可耻者，礼足以救之，足以兴复之。”

② 〔清〕顾炎武著，〔清〕黄汝成集释，栾保群、吕宗力校点：《日知录集释》卷十三，上海古籍出版社2014年版，第303~304页。

礼、义、廉、耻是国家治理的纲领，顾炎武认为四者之中最重要的是耻，人之所以不廉洁，以至于违背礼制触犯道义，根本原因在于没有羞耻心。如果士大夫没有羞耻心，可以称之为"国耻"，这是世衰道微的表征。西汉大儒韩婴对士大夫之耻作出过界定："王子比干杀身以成其忠，柳下惠杀身以成其信，伯夷、叔齐杀身以成其廉。此三子者，皆天下之通士也，岂不爱其身哉？为夫义之不立，名之不显，则士耻之，故杀身以遂其行。由是观之，卑贱贫穷，非士之耻也。"① 士大夫之耻不在于世俗关怀上的"卑贱贫穷"，而在于生存价值上的"义之不立，名之不显"。刘梦溪先生盛赞顾炎武"士大夫之无耻，是谓国耻"之说，他认为将这句话放置于任何时代，都可以称得上是铁骨铮铮的足以令世人警醒的人类尊铭②。清代思想家龚自珍亦将士人之耻与国之大耻相提并论，他说："士皆知有耻，则国家永无耻矣；士不知耻，为国之大耻。"③ 士人阶层是一个国家的精英群体，担负着兴国安民的政治责任，同时他们更是社会的良心，如果连士人阶层都没有羞耻感，那么这样的国家必定会走向衰落，乃至于遭受外敌的压迫和奴役而毫无抵抗之力，这是最大的国耻。

中国古代儒家的"耻"观念，常被当作道德与伦理反思的开端、萌芽与起点。但"耻"不仅仅指向个体的道德心性修养

---

① 〔汉〕韩婴撰，朱英华整理，朱维铮审阅：《韩诗外传》，上海书店出版社2012年版，第60页。

② 刘梦溪：《论知耻》，《北京大学学报》（哲学社会科学版）2017年第6期。

③ 〔清〕龚自珍：《龚自珍全集》，上海人民出版社1975年版，第31页。

和士人精神的复兴，也有特殊的政治意涵。顾炎武所谓“国耻”指向的正是政治共同体所处的被羞辱的不利处境，士人知耻不仅是士人之所以为士人之大节，而且是治国理政之要义。清末民初，中华民族屡遭外族欺凌，华夏民族亡国灭种的存亡焦虑始终萦绕在每一个国人心中，国耻意识空前高涨。陈寅恪的祖父陈宝箴以“立志自知耻始”为题发表演讲说道：“坐视四邻交侵，浸以削弱，应付皆穷，屡至丧师辱国，以天下数万里之大、四万万之众，不得与欧洲诸国比，岂非吾辈之大耻乎？虽然，当耻我不如人，不当嫉人胜我。”又说：“为君子、为小人，非学之咎也。故运用在乎心，实存乎志，立志自知耻始，为学在正志始。”①

近人钱基博曾引管子“四维论”说：“盖礼义廉耻，立国之基，立身之本也。故人而无耻，则失人格。国而无耻，则丧国体。”② 人有人格方能视其为人，国有国体方能视其有国，人无人格和国无国体都是可耻的。此一时期的“国耻”观念，可以说是与现代中国民族主义中的民主、科学、平等、自由等核心标识并驾齐驱的观念，涌现出大量以“国耻”为核心标题的著作③。

---

① 汪叔子、张求会编：《陈宝箴集》（下），中华书局 2005 年版，第 1931、1932 页。

② 钱基博：《丽则女学国耻纪念牌阴（范作）》，《妇女杂志（上海）》1915 年第 1 卷第 11 期。

③ 参见沈文濬：《国耻小史》（增订），中国图书公司 1914 年版；孙鑫源：《国耻鉴》，文明书局 1915 年版；蒋恭晟：《国耻史》，中华书局 1926 年版；等等。

二、廉耻、风俗与教化

顾炎武一再强调耻德在朝纲崩溃之际对风俗、国家、天下的正面型塑和改造作用，这也是他将明亡的原因归结为士大夫群体丧失耻德的根本缘由。廉耻应该是士人阶层崇尚与持守的节操，士人阶层有无廉耻是事关社会风俗的大事，士人阶层是社会风俗的引领者和社会教化的参与者，公序良俗依赖于士人阶层的廉耻之节，没有廉耻之节的士人阶层只会败坏社会风俗。

顾炎武从风俗视角对不同时代国家社会政治发展趋势的历史反思，表现出其作为传统史家的卓越才识。中国文化以深厚绵延的历史意识著称于世，历史叙事的传统也源远流长，中国古代思想家也总是从历史治乱中反思个体的精神取向乃至政治统治的合法性问题。顾炎武论世必考其风俗的社会历史观，以及凡事必有褒贬的历史精神，从另一个层面反映了古代中国精英思想家特殊的历史叙事模式与历史思维模式，即求真的史学必以求善的道德哲学为准绳，这也是中国传统学术的重要特质。就顾炎武这样的古代史家而言，他们对不同时代社会风俗的考察、评价和叙述不仅仅是基于当下的事实判断，其背后有着深切的价值判断为支撑，事实判断与价值判断是统合在一起的①，而涉及伦理道德意涵的价值判断往往是一个前置的理论预设，

---

① 现代新儒家牟宗三先生亦有类似见解，他认为无道德判断的历史判断只能归于表象化的历史主义，不足以真实化历史，无历史判断的道德判断只是“经”，而历史则成为“经”之正反事例，此亦不足以真实化历史。参见牟宗三：《政道与治道》，吉林出版集团有限责任公司 2015 年版，第 207 页。

历史事实所呈现的特殊性与儒家士人内心所诉求的伦理道德价值的普遍性之间存在巨大的张力，其中所透显出的历史批判性意识极为浓烈。黄俊杰先生在论及中国历史思维时指出，对中国史学家来说，处理并叙述人类历史经验是促进大道运行的一种必要的志业，它的背后预设了修齐治平的愿景与天人和谐的理想蓝图；“过去”与“当下”合一，时间概念被人文关怀深深地渗透，这就是所谓“中国历史思维”的特质①。风俗本身是随着时代变迁而更新变化的，具有强烈的历史性，又因风俗是伦理道德的表征，风俗美恶所折射的是世道人心的升降与嬗变，故而儒家人文精神中的伦理道德价值观念成为古代史家衡量社会风俗与历史治乱之所以递嬗变迁的真正切入点，所以说传统中国的历史叙事模式和思维模式多是一种政治批判与道德批判。

第三节　王夫之《读四书大全说》论“羞恶之心”与气

王夫之是明清之际最具理论深度的思想家，他参与反清复明的政治军事活动，在其政治理想破灭后隐居湖南衡阳石船山著书立说，写下了大量哲学性极强的著作，对宋明理学进行了一次全面的总结。王夫之建构了严格的哲学体系，内容宏富，

① 黄俊杰：《儒家思想与中国历史思维》，华东师范大学出版社2016年版，第26页。

义理精深。就思想史而言，在明清儒学转型的背景下，王夫之哲学的理论性格兼具宋明新儒学和清代新义理学之双重特点，可谓宋明新儒学转向清代新义理学的过渡形态①。就个体的生命历程与天崩地解的时代背景而言，船山（即王夫之）之学是充满国族沦亡的耻感意识及历史文化传承的忧患意识的，所以，王夫之特别重视君子小人之辨和夷夏之辨。王夫之广注群经，《读四书大全说》是其对儒家经典“四书”的诠释，王夫之在耻观念领域的理论贡献主要集中于这部著作中。通过对此书耻观念的疏解，我们可以从总体上了解王夫之对儒家耻观念的哲学诠释。

一、诠释《论语》“邦有道，谷”之为耻

晚明“左派王学”的狂禅之风误情识放荡为良知之呈现，这种无所忌惮、寡廉鲜耻的教法是王夫之所不能容忍的，他对此提出严厉的批判，“王氏之学，一传而为王畿，再传而为李贽，无忌惮之教立，而廉耻丧，盗贼兴”②。王夫之以孔子之学为根本教法，他说：“除孔子是上下千万年语，自孟子以下，则莫不因时以立言。”③ 孔子立教圆融，优位于孟子以下诸儒，乃至佛、道二教也不能与之相比。在阳明学派中，有将见于《论

① 廖晓炜：《王船山哲学定位问题重探——以〈读四书大全说〉为中心》，《现代哲学》2020 年第 6 期。

② 〔清〕王夫之著，王孝鱼点校：《张子正蒙注》，中华书局 1975 年版，第 332 页。

③ 〔清〕王夫之著，王孝鱼点校：《读四书大全说》（下册），中华书局 1975 年版，第 260 页。

语》的孔子之言，视为孔子因对象和具体境遇的变化而采取的对症下药之语的倾向，如李贽《四书评注·中庸》第三章解：“此以下（按：指四至十章引孔子语处）拈一病，下一药，乃见圣贤苦心。”① 宋明时代的儒者将天理、良知视为对欲望的引导和治疗，天理的遮蔽、良知的陷溺都会导致心灵的疾病，人走向自身存在的过程被视为医学上的治病。如王龙溪有言曰：“夫有失而后有复……今者之失，既或不免于分扰溷杂之为病，则求复一言，正所谓对病之药，不可以不讲也。”② 在黄宗羲对宋代儒学的叙述中，我们也可以看到这种隐喻：“‘理一而分殊，理不患其不一，所难者分殊耳’，此李延平之谓朱子也。是时朱子好为侊侗之言，故延平因病发药耳。”③ 王夫之则批驳了这一“应病予药”之说。王夫之说：“《论语》一书，先儒每有药病之说，愚尽谓不然。圣人之语，自如元气流行，人得之以为人，物得之以为物，性命各正，而栽者自培，倾者自覆。如必区区画其病而施之药，有所攻，必有所损矣。”④ 王夫之指出，不应将《论语》的根本教法视为“应病予药”说的理论模式，这不切合于孔子之教。孔子的教法是“告以学之正”：“故夫子亦不斥其心之非，而

① 〔明〕李贽著，张建业主编：《李贽全集注》（第21册），社会科学文献出版社2000年版，第25页。

② 〔明〕王畿著，吴震编校整理：《王畿集》，凤凰出版社2007年版，第50页。

③ 〔清〕黄宗羲撰，〔清〕全祖望补修：《北山四先生学案》，见陈金生、梁运华点校：《宋元学案》卷八十二，中华书局1986年版，第2759页。

④ 〔清〕王夫之著，王孝鱼点校：《读四书大全说》（下册），中华书局1975年版，第214页。

但告以学之正：‘寡尤’‘寡悔’。”① 即就言行而示以正学，使端其术而不为俗学所乱，非使定其心而不为利禄所动。

就以孔子论耻而言，由于明代遗民身份，王夫之对《论语》中反复辩论的儒家士人出仕为官“得禄”与否与知耻之间的关系进行了辨析，以此揭示士人内心的耻感与士人的政治抉择与行动密切相关。儒家经常将出仕之道与耻联系在一起，孔子的弟子原宪曾向孔子询问耻的真义，孔子回答说：“邦有道，谷；邦无道，谷，耻也。”② 《论语》此篇论三王二霸之迹、诸侯大夫之行、为仁知耻、修己安民，皆为政之大节。孔子另有言：“邦有道，贫且贱焉，耻也；邦无道，富且贵焉，耻也。”③ 孔子在两段文本中对耻的论述，可以说是相互发明。对孔子而言，若国家有道，则士人应恪守自己的政治责任，并由此获得俸禄；若国家无道，还固守自己的政治责任并获得俸禄，则为无耻。“邦无道，谷”之为耻是原宪所已知已能，但“邦有道，谷”之为耻是原宪所不能理解的。王夫之注解说：

> 因执药病之说，遂向药求病，谓“邦无道谷”之为耻，为宪之所已知已能，唯“邦有道谷”之为耻，非宪所及。宪仕于孔子，可谓遇有道矣，与之粟则辞，岂漫然于有道之谷者耶？圣人言语，一皆十成，如春夏秋冬，合同而化。

---

① 〔清〕王夫之著，王孝鱼点校：《读四书大全说》（下册），中华书局 1975 年版，第 218 页。

② 《论语·宪问》。

③ 《论语·泰伯》。

此二句不可分析。如“邦有道，贫且贱焉”，“邦无道，富且贵焉”，便下两“耻也”；此以一“耻也”该之。盖唯不问有道无道，而一以得禄为事，不复问所以居此禄者，然后为君子之所耻。耻者，已贱之词也。①

王夫之在一定程度上肯定欲望的合理性，认为“应病予药”的治疗观念不能真正导致良好的生活方式。他认为，孔子在《泰伯》篇中用两个“耻也”来说明君子在“有道”与“无道”时应该持有何种羞耻态度，但在《宪问》篇中却只用一个“耻也”，后者“耻也”的用例是来说明只知道以谋取利禄为事是君子应该引以为耻的，旨在告诫君子要以担当道义的精神为立身行事的原则，不可在富贵利禄上让自己蒙受耻辱。

二、“机变之巧”“穿逾之心”与“用耻”

王夫之对孟子论“机变之巧”与“耻”之间的关系作了新的诠释。孟子说：“耻之于人大矣。为机变之巧者，无所用耻焉。不耻不若人，何若人有？”② 朱熹注曰：“耻者，吾所固有羞恶之心也。存之则进于圣贤，失之则入于禽兽，故所系为甚大。”③ 朱熹直截了当地指出“耻”就是孟子所谓的“羞恶之心”，而且它是人生而固有的，内在于人性之中的，也就是说羞

① 〔清〕王夫之著，王孝鱼点校：《读四书大全说》（下册），中华书局 1975 年版，第 404 页。

② 《孟子·尽心上》。

③ 〔宋〕朱熹撰：《四书章句集注》，中华书局 2012 年版，第 358 页。

耻心是先天的道德意识，而非后天经验化的、约定性的社会规范。王夫之进一步解释说：

> 但巧为虚位，可善可恶，唯以道御巧，而后其巧为合道。若以机变为务而求巧焉，则其用巧也与耻相为违背，故不得复用耻也。一用耻，而机变早不能行矣。只机变是耻之大贼。机者，暗发于此而中彼，藏械以伤物而不觉者也。变者，立一言，作一事，即有可此可彼之势，听后之变易而皆可通，乃至食言改辙而人不得执前说以相覆责。只此便是与耻背驰，用耻不著处。其云巧者，则但就此机变之做得密好者言耳。机变即不巧，亦岂复有耻心哉！①

王夫之严厉批评了用心于机变之巧的动机，他认为机变之巧是虚位，可善可恶，属于人的知觉运动，只有在大道的统御之下，机变之巧才能合乎大道。如果以机变之巧为立身行事的出发点，则人的羞耻心便处于被弃绝的状态，不能有效地节制人的不义行为。这也是孟子以羞恶之心言义，指出“羞恶之心，义之端也”的道德心理基础。所以，王夫之说：“此‘义’字，大段在生死、行藏、进退、取舍上说，孟子以羞恶之心言义是也。”②

---

①〔清〕王夫之著，王孝鱼点校：《读四书大全说》（下册），中华书局 1975 年版，第 731 页。

②〔清〕王夫之著，王孝鱼点校：《读四书大全说》（下册），中华书局 1975 年版，第 538 页。

王夫之对《孟子》文本由“穿逾之心”所引发的羞耻感问题进行了辨析。孟子说：“人皆有所不忍，达之于其所忍，仁也；人皆有所不为，达之于其所为，义也。人能充无欲害人之心，而仁不可胜用也；人能充无穿逾之心，而义不可胜用也。人能充无受尔汝之实，无所往而不为义也。”① 孙奭疏解曰：“人能充大不欲害人之心而为仁，则仁道于是乎备，故不可胜用也；人能充大其无穿逾奸利之心以为义，则义于是乎尽，故义不可胜用也；人能充大其不受人尔汝之实，是不为人所轻贱，故无所行而不为义者也，言所为皆可以为义矣。盖恻隐有不忍者，仁之端也；羞恶有不为者，义也。但能充而大之，则为仁义矣。”② “尔汝”是对无德之人的一种贱称，“不受人尔汝之实”是指在羞恶之心的驱使下，若不受他人轻贱和蔑视，自己首先应该杜绝那些招致轻贱的言语行为，一切都要以“行己有耻”为前提。孟子在这里对恻隐之心和羞恶之心作了更为深入的诠释，如果人能够把不挖洞跳墙的心扩而充之，义便用之不尽，如果人能够把不遭受轻贱的实际言行扩而充之，以至于所言所行都不被他人轻贱，那么这种人的言行便是合于义的。王夫之作了进一步引申，他说：

> “无欲穿窬之心”，人皆有之；无受尔汝之心，亦人皆有之。特“无受尔汝之实”，则不欲受尔汝者未必有也。然

---

① 《孟子·尽心下》。

② 《孟子注疏》，见〔清〕阮元校刻：《十三经注疏》（清嘉庆刊本），中华书局2009年版，第6046页。

> 苟其欲无受尔汝，而尔汝之权操之物，而何以能制诸己！苟非浪自尊大之妄人，亦求免不得而转生其愧，即此是羞恶之恶，与七情之恶所自感而生者不同。一则虚浮向外，一则切实著里也。故孟子于羞言“欲”，言“心”，而于恶必言“实”，以恶无实而但唯其所欲恶者恶之，情之动而非性之端也。乃于羞即言“穿窬”，而又充其类于言不言之餂，则以恶戒虚而羞戒不广，又精义者之必察也。①

譬如用言语或沉默来诱骗士君子以使自己谋利，这些都属于“穿逾之心”的范畴。在王夫之看来，义之发有羞、恶两端，“无欲穿逾之心”是羞，“无受尔汝之心”是恶，这是人皆有之的，证明了羞恶之心的独立性和普遍性。王夫之区分了两种不同的“恶”，即羞恶之恶与七情之恶，前者由性而发，是性之端，后者接于物而生，非性之端。

三、“羞恶之心”与气相为体用

相对于程、朱重理，陆、王重心，船山则重气。在王夫之的哲学理念中，气是最基础的观念，是价值与存在的终极根据：“盖言心言性，言天言理，俱必在气上说，若无气处则俱无也。”② 王夫之又认为心与气、理与气不相离，无气则不能知理、循理以行。

① 〔清〕王夫之著，王孝鱼点校：《读四书大全说》（下册），中华书局 1975 年版，第 752 页。

② 〔清〕王夫之著，王孝鱼点校：《读四书大全说》（下册），中华书局 1975 年版，第 718 页。

他说：“程子统心、性、天于一理，于以破异端妄以在人之几为心性而以‘未始有’为天者，则正矣。若其精思而实得之，极深研几而显示之，则横渠之说尤为著明。盖言心言性，言天言理，俱必在气上说，若无气处则俱无也。”① 从存在论的角度看，心、性、天、理等均由气而获得其终极的实在性。王夫之发挥了孟子的“集义”与“养气”说，“集义”是指正义的累积或正义行为的聚合，并不限于社会伦理规范对个体自我的期许，而是更加指向出于内在自我要求而对整体社会拥有的伦理责任。“养气”则是指由四端之心等道德意识所生发的道德勇气，即孟子所谓“浩然之气”。王夫之说：“义惟在吾心之内，气亦在吾身之内，故义与气互相为配。气配义，义即生气。”② 养气之要在于集义，必须配义与道，方能使其盛大流行，而达致至大至刚的境界。具体到羞恶之心上，王夫之认为羞恶之心与气相为体用，他说：“亦唯此羞恶之心，最与气相为体用，气柔者，大抵羞恶之心失也。故云‘行一不义、杀一不辜而得天下不为’。只以保全此羞恶之心，内之无微而不谨，外之无大之可摇，则至大至刚之气自无所惴矣。”③ 羞恶之心就是有所为有所不为，违背道义原则的行为要坚决杜绝。一般而言，气柔的人是没有羞恶之心的，通过养气达到至大至刚的境界便可保全羞恶之心。

---

① 〔清〕王夫之著，王孝鱼点校：《读四书大全说》（下册），中华书局 1975 年版，第 718 页。

② 〔清〕王夫之著，王孝鱼点校：《读四书大全说》（下册），中华书局 1975 年版，第 539 页。

③ 〔清〕王夫之著，王孝鱼点校：《读四书大全说》（下册），中华书局 1975 年版，第 539 页。

唐君毅指出，王夫之之所以强调集义和养气，是为了“节情”，使情皆合理而足以显性，养气以辅性为旨归①。孟子唯在羞恶之心上见义，羞恶之心是义的开端，所以，孟子强调“义内”。王夫之也认为羞恶之心是人人皆有的，彼此不能相袭。他批评朱熹的理气二分说有“义外”之嫌：“盖将理、气分作二事，则是气外有理矣。夫气固在人之中，而此外别有理，岂非‘义外’之说乎？”② 王夫之主张通过养气来保全羞恶之心，以达到节欲、节情、辅“义”之性的目的。因羞恶之心与气是相为体用的关系，扩充羞恶之心也能达到养气的目的，“于其羞恶之本心，扩而充之，如火始然，愈昌愈炽，更无回互，更无贬损，方得无任不胜，无难可畏，而以成其气盛大流行之用”③。羞恶之心的扩充可以生出行义的道德勇气，进而坚定向善行善的意志。有柔气者，大抵是失去了羞恶之心，要保全此羞恶之心，使其“内之无微而不谨，外之无大之可摇，则至大至刚之气自无所惴矣”④。

唐君毅也注意到王夫之特别重视养气和持志，并以《中庸》“知耻近乎勇”来加以诠释。王夫之认为仁、智、勇三德是人生而固有的，但初学者不知道何者为知，何者为仁，何者为勇。

① 唐君毅：《中国哲学原论·原教篇》，九州出版社 2016 年版，第 491 页。

② 〔清〕王夫之著，王孝鱼点校：《读四书大全说》（下册），中华书局 1975 年版，第 665 页。

③ 〔清〕王夫之著，王孝鱼点校：《读四书大全说》（下册），中华书局 1975 年版，第 543 页。

④ 〔清〕王夫之著，王孝鱼点校：《读四书大全说》（下册），中华书局 1975 年版，第 539 页。

如果不勤于学习和践履，则有遗忘的可能性。所以，他说道：

> 唯是好学、力行、知耻之三心者，人则或至或曲，而莫不见端以给用，莫不有之，而亦各自知此为〔吾〕好学之心，此为吾力行之心，此为吾知耻之心也。则即此三者以求之，天德不远，而所以修身者不患无其具矣。此犹孟子言“人皆有不忍人之心”，故遇孺子入井而怵惕、恻隐，心之验于情也。唯有得于知，故遇学知好；唯有得于仁，故于行能力；唯有得于勇，故可耻必知：性之验于心也。①

儒家君子之学是以尽人道而扩充自我的德性，“好学”“力行”“知耻”皆是尽人道的工夫。王夫之将“好学之心”“力行之心”“知耻之心”与孟子“不忍人之心”相并举，由不忍人之心而生怵惕、恻隐之情，由得于知而知好学之心，得于仁而知力行之心，得于勇而知知耻之心，进而提出“心之验于情”“性之验于心”的命题。

王夫之之所以得出这些命题，是因为他解构了程朱理学中对先验人性的设定，德性乃天赋天资，天然完全自足之物。人的现实生活中出现的不善，是后天被气质之性破坏的结果。天理与人欲彼此相对，无人欲即皆天理，以天理为药治疗人欲之病便成为宋明理学的主要问题意识。这样一来，儒家的工夫论就落在如何去除气质之性及其感性欲望对原初

---

① 〔清〕王夫之著，王孝鱼点校：《读四书大全说》（上册），中华书局1975年版，第131页。

人性的遮蔽，这一工夫论的要义是由气质之性复归天地之性，此即宋明新儒学的复性论，如朱熹有言曰："明德者，人之所得乎天，而虚灵不昧，以具众理而应万事者也。但为气禀所拘，人欲所蔽，则有时而昏；然其本体之明，则有未尝息者。故学者当因其所发而遂明之，以复其初也。"① 王夫之不以为然，认为人欲净尽然后天理自然流行，这种话语是不能逻辑自洽的。

宋明新儒学贵在"见体"，而王夫之开启的新义理学则强调"明体达用""由用见体"。他从体用论的角度对前者加以批驳："庆源云'须是人欲净尽，然后天理自然流行'，此语大有病在。以体言之，则苟天理不充实于中，何所为主以拒人欲之发？以用言之，则天理所不流行之处，人事不容不接，才一相接，则必以人欲接之，如是而望人欲之净尽，亦必不可得之数也。故《大学》诚意之功，以格物致知为先，而存养与省察，先后互用。则以天理未复，但净人欲，则且有空虚寂灭之一境，以为其息肩之栖托矣。"② 天理实存于去人欲的过程中，否则去人欲便失去了理性的引导。天理不自然流行之时，应接人事必有人欲伴随其间，如此一来，去人欲便是不现实的。更甚者，在天理的实存失效之时，一味地去人欲必然使人沦入佛教心如死灰的空虚寂灭之境。

前文提到程朱之学重理凸显的是天理的超越性，陆王之学重

---

① 〔宋〕朱熹撰：《四书章句集注》，中华书局2012年版，第3页。

② 〔清〕王夫之著，王孝鱼点校：《读四书大全说》（下册），中华书局1975年版，第370~371页。

心凸显的是本心良知的内在性，依林安梧先生之见，船山之学重气凸显的是“存在的历史性”（Existential historicity）。因为天理的超越性与良知的内在性都不重历程义，唯有重气凸显了存在的历史性才有重历程义，能重历程义才能彰显历史文化的生成、积淀与继承①。具体到人性论而言，王夫之把性视为一个在历史视域中时间性的展开过程，他说：“天之与人者，气无间断，则理亦无间断，故命不息而性日生。”② 又在《尚书引义》中说：“习与性成者，习成而性与成也。”“夫性者生理也，日生则日成也。”③人性是自为的而非自在的，主体的积极学习对于成性具有绝对的主导性作用，作为主体的人必须参与到人性的构成中，人禀受于天命的性是极其有限的，真正意义上的人性是在主体的生存活动中日生日成的。在王夫之看来，主体德性的养成有两种方式：有得于天，这是“性之”而得；有得于人，这是“学之”而得。王夫之强调的是通过学习和行动而成就自我的德性④。

---

① 林安梧：《王船山人性史哲学之研究》，东大图书股份有限公司 1991 年版，第 15~16 页。

② 〔清〕王夫之著，王孝鱼点校：《读四书大全说》（下册），中华书局 1975 年版，第 685 页。

③ 〔清〕王夫之著，王孝鱼点校：《尚书引义》，中华书局 1962 年版，第 54、55 页。

④ 王夫之指出：“德者，得也。有得于天者，性之得也；有得于人者，学之得也。学之得者，知道而力行之，则亦可得之为德矣。性之得者，非静存动察以见天地之心者，不足与于斯也。故不知德者，未尝无德，而其为德也，所谓弋获也，从道而得者也。唯知德者，则灼见夫所性之中，知、仁、勇之本体，自足以行天下之达道；而非缘道在天下，其名其法在所必行，因行之而生其心也。”见〔清〕王夫之著，王孝鱼点校：《读四书大全说》（下册），中华书局 1975 年版，第 429 页。

第十章　古今中西之间：古代儒家“耻”观念与现代生活

英国哲学家威廉斯认为，理想的伦理概念不仅具有描述我们怎样思考伦理生活的功能，而且应该告诉我们如何思考和行动。基于此，他区分了两种不同类型的伦理概念，即“厚概念”和“薄概念”。所谓伦理的薄概念，是指那些不具有经验内容而仅仅具有道德评价功能的抽象的、普遍的理性概念，这种伦理概念虽然具有引导行为的指引性作用，但不能提供行为动力。所谓伦理的厚概念，是指那些不仅具有评价性和描述性特征，而且可以提供内在行动力量、参与伦理生活重建的概念，这种伦理概念植根于生活世界中，反映了人类伦理生活的多元性和复杂性①。厚概念本身也是在社会历史中被不断建构和生成的，将伦理概念加以“厚化”的途径大致分为三种：历史回溯的方式，追踪概念的起源与嬗变历程；理论分析的方式，对概念进行细致的哲理分析和建构；经验实践化的方式，将伦理概念具

① ［英］B. 威廉斯著，陈嘉映译：《伦理学与哲学的限度》，商务印书馆 2017 年版，第 169~171 页。

体化到现实的生活世界中，在亲身经验的实践活动中对其加以完善。伦理学的厚概念不仅涵盖了经验性内容，而且包孕了现实性与历史感因素，这使得厚概念可以从理论、历史与现实生活相交融的角度参与当下社会伦理生活的重建。有学者在这方面进行了探索，如付长珍教授对中国古典哲学中“情”这一厚概念所作的观念史与谱系学的考察①。中国古代儒家的耻观念就属于威廉斯所谓的伦理的厚概念，对这种概念的研究应该归属于观念史研究。

观念史研究不仅要追踪观念的起源及其历史嬗变，而且更应该将观念置于社会生活的历史背景下去考察其对人类现实生活的实际意义。中国古代儒家哲学作为一种引导性哲学，在指引人应该如何生活这一核心议题上具有重要的规范和指示作用，儒家耻观念本身所彰显的道德情感、道德意识、德性伦理等重要伦理维度，可以为中国现代伦理学思想的建构提供价值依托和精神资源，对矫治现代社会生活中人们羞耻感普遍薄弱的现实也有启迪意义。

第一节　西方伦理学中的羞耻观念：以亚里士多德与舍勒为例

全球化时代的当代儒学研究已经进入一个以比较研究为特

① 付长珍：《探寻中国伦理学的精神“原乡”——“情”的概念史重访》，《道德与文明》2019年第5期。

点的时代，这是儒学进一步实现自我革新和理论创制的时代。有鉴于此，本章将从比较哲学的视野，对勘西方羞耻伦理思想，透视中国古代儒家耻观念可能开出的新的理论向度。

一、亚里士多德德性伦理学中的羞耻

现代道德哲学将科学理性的普遍性精神机械化地应用到人类生活领域中，所推演的道德结论就化约为理性所制定的规则中，评价一个人的行为是否合乎道德，就看其行为是否符合这种评价规则，功利主义和康德的道德哲学就属于此类伦理学理论形态。自安斯库姆在《现代道德哲学》一文中猛烈批判现代道德哲学的两大主干效用论和义务论后，各种版本的当代德性伦理学或美德伦理学便如雨后春笋般破土而出，呈现出复兴古代伦理学的大趋势，区别于责任、义务、规则、效用的德性便成为伦理学中居于核心位置的首要价值。古典儒家和亚里士多德的伦理学都是围绕着德性而展开的，通常被中外学者们称为德性伦理学的典范。和孟子同处于人类“轴心时代”的亚里士多德是古希腊伦理学的集大成者，他开创的德性伦理学至今影响着西方伦理学家。在《尼各马可伦理学》等伦理学著作中，他具体探讨了很多德性概念，诸如勇敢、节制、正义、羞耻等，尽管他不否认羞耻具有导向善行的社会意义与伦理价值，但他对羞耻的德性属性有着模棱两可的评价。

在希腊语中，“伦理的”与“道德的”是同一个词，指个体通过习惯而获得的品质，以善的实现为理想。亚里士多德的伦理学著作有三种：《尼各马可伦理学》《欧台谟伦理学》《大伦理学》。“德性”（virtue）是古希腊伦理学知识体系中的奠基性观念之一，被用来指称那些卓越的公民在城邦生活中表现出来的优秀品质，即德性被看作是与人性品质相关的一种个体心灵状态，逐步地用以指称任何事物所具有的显著优点。亚里士多德将德性定义为使得一个事物处于良好状态并且促进其实现活动完成得好的卓越品质，因为人是实践活动的主体，以积极主动的方式参与实现活动，所以，德性在人的实现活动中便具有了特殊的意义，它后来被用于指称使人在实践事务上趋向于实施道德行动而杜绝非道德行动，并且获得人生幸福的一种美德。亚里士多德根据灵魂的不同状态，又将德性区分为理智德性和道德德性，理智德性主要通过后天的教导而发展，道德德性则通过后天的习惯而获得。亚里士多德关于两种德性之关系的经典论述是：“离开了明智就没有严格意义的善，离开了道德德性也不可能有明智。”① “明智”即实践智慧，在亚里士多德看来，作为实践理智之德性的明智和道德德性既属于不同类型的德性，又具有内在关联，道德德性与明智相互作用。道德概念不仅体现于社会生活方式中，而且部分构成社会生活方式，诚如麦金泰尔所言：“我们将一种社会生活方式与另一种社会生活方式区别开来的一个重要途径，就是识别道德概念上的差异。”② 作为道德概念的德性既是一个具有历史传统的复古观念，也是一个不断被不同时代的哲学家赋予新的思想意涵的创造性观念。

---

① ［古希腊］亚里士多德著，廖申白译注：《尼各马可伦理学》，商务印书馆2003年版，第190页。

② ［美］阿拉斯代尔·麦金太尔著，龚群译：《伦理学简史》，商务印书馆2003年版，第23~24页。

亚里士多德的伦理学是关于“人事的哲学”，主要研究人的品格、品性或品质问题，即我们应该培养和赞赏或者谴责和避免哪些品格。在伦理学意义上，德性特指人的实现活动，德性是一种主动选择的品质而非被动的感情，行为的德性是值得称赞的品格，过度与不及是两种恶，居于中间状态的适度是德性，这种适度的中道或中庸原则是由理性的逻各斯规定的，是一个明智的人做出的正确行动，欲望和感情的牵制往往使人丧失适度原则。居于中间的需要培养和实践的品格状态是德性的状态，是值得称赞的，另一些被广泛认为是缺陷或恶性的状态，则必须予以谴责和避免。例如，恐惧与信心方面的适度原则是勇敢，恐惧的不及是无惧，信心的过度是鲁莽，恐惧的过度和信心的不足是怯懦。

亚里士多德在其著作中所开列的德性清单以及关于每种德性的讨论包含某些不规则、不一贯或矛盾的地方，不符合其关于德性论述的总体框架，尤其是关于羞耻德性的探讨表现得比较突出。亚里士多德在《尼各马可伦理学》《欧台谟伦理学》《大伦理学》的德性表中，将羞耻视为一种具体的德性，它是羞怯、恐惧与无耻之间的中道状态，但在《尼各马可伦理学》若干章节的文字表述上又否认羞耻是一种德性①。如《尼各马可伦理学》的第二卷第 7 章与第四卷第 9 章分别谈论了羞耻是不是道德德性的问题，而且前后有不一致的地方。在第二卷第 7 章，

---

① 虽然亚里士多德的三部伦理学著作都涉及了羞耻这一具体的德性概念，但真正代表其伦理学的最权威文本是《尼各马可伦理学》，所以我们的相关讨论主要基于这个文本。

亚里士多德把羞耻当作羞怯与无耻之间的适度来探讨，亚里士多德说：“因为尽管羞耻不是一种德性，一个知羞耻的人却受人称赞。在这些事情上，我们也说一个人是适度的，或者另一个人是过度的。例如，羞怯的人对什么事情都觉得惊恐，而在羞耻上不足的人则对什么事情都不觉羞耻，具有适度品质的人则是有羞耻心的。”① 莱克汉姆认为这段话出现了语句顺序上的误置，应该将“因为尽管羞耻不是一种德性，一个知羞耻的人却受人称赞”放在“具有适度品质的人则是有羞耻心的”之后。

在第四卷第9章②，亚里士多德却没有十分确定地把羞耻当作适度状态进行探讨，羞耻仅仅被视为一种假言意义上的道德德性。亚里士多德认为：“羞耻不能算是一种德性。因为，它似乎是一种感情而不是一种品质。至少是，它一般被定义为对耻辱的恐惧。它实际上类似于对危险的恐惧。”③ 亚里士多德认为感情、能力与品质是灵魂的三种不同状态，德性是区别于感情与能力的品质，感情是一种被动的感受性，德性则具有自愿选择的主动性。如此一来，作为情感状态的羞耻本质上是对后天经验的社会压力的恐惧，而不再是一种像勇敢那样纯粹的伦理德性。人

---

① ［古希腊］亚里士多德著，廖申白译注：《尼各马可伦理学》，商务印书馆2003年版，第52页。

② 斯图尔特在《尼各马可伦理学注释》中对本章的完整性提出质疑，理由是《尼各马可伦理学》第二卷第7章中对羞耻的解释要点在本章有所遗漏，前者谈到羞耻之后接着就探讨义愤，后者则没有关于义愤的言论，更重要的是前者将羞耻视为羞怯与无耻之间的适度状态，后者则没有关于羞耻是适度状态的讨论。

③ ［古希腊］亚里士多德著，廖申白译注：《尼各马可伦理学》，商务印书馆2003年版，第124页。

感到羞耻或耻辱时会出现身体上的生理变化，如面红、耳赤、流汗等，这些变化是身体感受以及感情的特点，羞耻虽然不是伦理德性，但就其作为一种近似于他律性的社会道德而言，在依然可以提撕个体过高尚的道德生活这一点上，它也有使人向善的伦理价值。正如古希腊哲学家德谟克利特所言，对可耻的行为的追悔是对生命的拯救①。知耻方能改过，在拯救自我的过程中方能重获新生，亚里士多德也是在这一点上肯定了羞耻的伦理价值。

亚里士多德不仅否认羞耻的德性属性，而且他的羞耻观还有另一个特点，即尽管羞耻有积极的伦理价值，但羞耻的伦理作用不是普遍的，羞耻感仅仅适用于年轻人。因为年轻人时常不能理智地做出正确的行为选择，而是听凭感情的支配做出错误的决定，保持羞耻感有助于减少他们的错误行为。所以应该对一个表现出羞耻的年轻人大加称赞，但不能去称赞一个感到羞耻的年长者。亚里士多德进而认为，羞耻是由卑劣或恶的行为引起的，它是坏人的特点，一个人做了坏事之后感到羞耻是不能被视为有德性的，因为任何引起羞耻的行为必定是出于自身意愿的行为，而一个有德性的人是不可能出于意愿去做不好的事情。亚里士多德又强调羞耻只有在一种虚拟语气的条件下才是德性：“如若他会做坏事情，他就会感到羞耻。然而德性的行为则不是有条件的。”② 其表达的真实意思是，好人不会做坏

① 北京大学哲学系外国哲学史教研室编译：《古希腊罗马哲学》，生活·读书·新知三联书店1957年版，第108页。

② ［古希腊］亚里士多德著，廖申白译注：《尼各马可伦理学》，商务印书馆2003年版，第125页。

事情，所以不会有羞耻的感受性体验。亚里士多德的这种看法是片面的，其逻辑是做了错事而不知羞耻的无耻之人与做了错事而感到羞耻的人都同样是不道德的人，两者之间并没有严格的区分。然而经验事实告诉我们，即使是一个好人有时候也会有出于不公正意愿的行为，这种行为一旦暴露在他人的视野中，便会使他产生羞耻的社会情感，这种羞耻感的外在谴责性作用可以促使行为者在以后的生活中减少甚至杜绝类似行为的出现。

羞耻在西方世界一般翻译为 shame，shame 的原始意义是隐藏、遮蔽。在古希腊语中，羞耻有两个方面的含义：一是 aidos 所标识的与人的敬畏之情相关联的个人之耻，二是 aischyne 所标识的与人的荣誉相关的公共之耻。无论是敬畏之情的丧失，还是荣誉感的被褫夺，都意味着隐藏的失败，恐惧的暴露。从这个角度看，羞耻感是一种自我保护的情感，威廉斯用“权力的丧失”① 来诠释这种处于不利地位的自我保护状态。亚里士多德认为，羞耻在很大程度上是一种由恶行或不体面的事情暴露于外所引发的恐惧情感，它首先表现为一种人际间的社会情感，所以亚里士多德认为在那些长期和我们在一起或关注我们的人面前，我们更容易感到羞耻，这种羞耻经验总是发生在他者的注视之下，他引用谚语说：“眼睛是羞耻的家。”② 对羞耻感到恐惧的人是公道的，不感到恐惧的人则是无耻的。

---

① ［英］伯纳德·威廉斯著，吴天岳译：《羞耻与必然性》，北京大学出版社 2014 年版，第 184 页。

② ［古希腊］亚里士多德：《修辞术》，见苗力田主编：《亚里士多德全集》（第九卷），中国人民大学出版社 1994 年版，第 430 页。

结合我们对以孟子为代表的儒家性本善论者的研究可知，儒家认为羞耻是先天的天赋能力与内在的自然德性，是人之所以为人的本质性规定，它是一种原初性的道德情感或内在的道德感受。耻或羞恶之心作为情感的原初先天内涵，得到了儒家的足够重视与发掘。与孟子思想透显出的道德理想主义倾向相比，亚里士多德的思想性格具有很强的经验主义色彩，他认为德性不是先天就有的，而是后天接受习惯训练的结果。德性既不源于自然本性，也不违背自然本性，自然赋予人接受德性的潜在能力，并通过后天的实践习惯而得以完善。但亚里士多德的羞耻在很大程度上不是一种由后天的人为训练所塑造的伦理德性，而是一种在社会压力下呈现出来的情感上的恐惧状态，也可以说是一种被动的激情，这种被动的激情的德性属性偏弱，甚至不能算是一种德性。儒家的德性伦理学更加强调道德情感的本然地位①，而亚里士多德则将情感排除在德性之外，对羞耻这种原初性的道德情感没有进行深度剖析。所以，谢文郁先生认为亚里士多德的德性伦理学在说服力上不及孟子②。

---

①　王庆节先生也看到了儒家的德性伦理学与亚里士多德的德性伦理学之间的分歧：儒家更加强调道德感动，可称之为以情感为本位的德性伦理学，亚里士多德则强调理性主义的目的论假设。参见王庆节：《道德感动与儒家示范伦理学》，北京大学出版社 2016 年版。斯洛特也有类似见解，他认为在当代复兴德性伦理学的各种思潮中，与其复兴亚里士多德的理性主义传统，不如复兴以休谟为代表的情感主义传统，后者与儒家德性伦理学的会通将会更有价值，因为西方的德性伦理情感主义，在原始儒家与宋明新儒家那里已经得到深刻的探讨。参见［美］迈克尔·斯洛特著，王楷译：《情感主义德性伦理学：一种当代的进路》，《道德与文明》2011 年第 2 期。

②　谢文郁：《儒家和亚里士多德的德性伦理观之比较》，《孔学堂》2015 年第 1 期。

亚里士多德的政治学与伦理学之间有着内在关联，或者说他是以伦理的方式来理解政治的。亚里士多德在《尼各马可伦理学》第一卷后半部分对开篇进行了总结，他说：“我们在那里说，政治学的目的是最高善，它致力于使公民成为有德性的人、能做出高尚［高贵］行为的人。”① 对亚里士多德而言，人天生是政治动物，人生来就属于城邦，他敏锐地意识到一个事实，即只有当一个人在理想的城邦中被培养起来，这个人才能真正形成关于什么是高贵、什么是可耻的正确观念。在亚里士多德那里，政治生活是个体之间约定的社会生活的主要内容，德性在城邦的政治生活中扮演着重要角色，遵循由习惯积累而来的德性是人的生活方式的一个本质方面，德性的欠缺与匮乏则意味着对约定的社会道德的违背。一个理智而成熟的成年人不会去做令人羞耻的事情，只有不能运用理智的年轻人才会做出违背社会道德的羞耻之事，并因其不理智行为的外在暴露以及随后的社会谴责而产生一种类似于恐惧的心理情感。所以无论亚里士多德是将羞耻视为德性或排除出德性清单，羞耻都有很强的外在的社会属性。从这个意义上说，羞耻是主体间性的，它以社会谴责与规训的方式使个人对不道德行为产生被动的羞耻感，警示个人不要做违背社会道德或伦理规范的事情，而要去做一个有德性的人。

现代社会伦理秩序的失序，究其根源在于人的心灵的失序，重整人心秩序意味着参与社会活动的主体需要具备完善的道德人格。现代社会的伦理学主要是强调规则及其普遍有效性的规

① ［古希腊］亚里士多德著，廖申白译注：《尼各马可伦理学》，商务印书馆2003年版，第26页。

范伦理学，一个人只要不违反伦理规则，也就意味着他尽到了作为道德存在的人之本分，服从伦理规则是这种现代式道德观的第一原理，基于道德修养与实践德性的道德人格培育则不在其任务之内。以儒家孟子和亚里士多德为标识的古典时代的德性伦理学，其道德管辖的范围并不仅仅局限于用规则来调节的个人利益冲突的场合，而是更进一步地以个体道德人格的培养与精神的提升为目的。培植与提升羞耻感在养成理想的道德人格方面具有重要意义。亚里士多德的著作不是针对柏拉图式的“哲人”讲话，他的伦理学有一定的言说对象，特西托勒（Aristide Tessitore）将这类人统称为希腊古典文学中的“君子”（gentlemen）①。现代德性伦理学的代表性人物麦金泰尔也认为，亚里士多德的各种伦理学著作中列举的德性清单不是基于个人的偏好选择与评价之上的，而是反映了当时希腊社会“有教养人士”阶层的普遍行为准则②。我们可以把亚里士多德的言说对象统称为高尚的好人、正派的人或道德严肃的人。羞耻感虽然不是一种德性，而是由恶的行为引起的社会情感反应，但羞耻感可以帮助人少犯错误，亦可导向正确的行为，使人成为城邦里的有教养之士。

亚里士多德认为成就德性也就是德性的实现活动，德性不出于人的自然本性，自然则赋予人接受凝聚这种本性的能力，接受

① ［美］特西托勒著，黄瑞成译：《德性、修辞与政治哲学——亚里士多德〈尼各马可伦理学〉解读》，华东师范大学出版社 2013 年版，第 24 页。

② ［美］阿拉斯代尔·麦金太尔著，龚群译：《伦理学简史》，商务印书馆 2003 年版，第 104 页。

活动的实践性使德性由潜在的能力变现为现实的品质状态。行为正义才能成为拥有正义德性的人，行为勇敢才能成为拥有勇敢德性的人，行为节制才能成为拥有节制德性的人，亚里士多德显然不会认为行为羞耻才能成为拥有羞耻德性的人，因为羞耻是心智成熟的人要坚决杜绝的恶的品质。他认为羞耻在很大程度上是一种由恶行或不体面的事情暴露于外所引发的恐惧情感，亦即意味着行为主体在做出违背社会道德的行为后，经过理智思考与反省，会于心理上产生一种恐惧情感，这是外在的社会压力所导致的结果。人类的幸福生活需要良好的伦理秩序，而良好的伦理秩序不仅建基于人性本身，而且是我们生活在同一个社会中相互依存的需要。所以这种社会化的羞耻情感虽然是道德来源的次要方面，但它亦是不可或缺的，这也是后天的伦理教育能大有作为的地方，对现代社会伦理秩序的重建仍然具有重要作用。

二、舍勒的羞耻现象学①

现象学家舍勒通过对怨恨、羞耻感、爱等心理意识的现象学描述，表现出对现代社会的心性气质及其社会制度的批判性

---

① 关于舍勒的“羞耻现象学”，学者有不同的提法，如倪梁康、张任之称之为“羞感现象学”，尚杰称之为“羞愧现象学”，卢盈华称之为“羞耻现象学”。虽然舍勒谈论更多的是害羞、羞感，但正如尚杰所言，舍勒的羞感现象学不仅注重羞感，还应该包含了耻感，即与自尊心相关联的羞耻感。参见尚杰：《舍勒的羞愧现象学》，《学海》2007年第3期；倪梁康：《关于“羞恶之心”的伦理现象学思考》，《南京大学学报》（哲学·人文科学·社会科学版）2007年第3期；张任之：《舍勒的羞感现象学》，《南京大学学报》（哲学·人文科学·社会科学版）2007年第3期；卢盈华：《羞耻现象学——基于马克思·舍勒与儒家的阐明》，《思想与文化》第21辑（2017年）。

意识。在舍勒看来：“现代的体验结构转型表现为工商精神气质战胜并取代了神学—形而上学的精神气质。在主体心态中，实用价值与生命价值的结构性位置发生了根本转换。”① 依据舍勒的看法，怨恨是一种否定性的价值感，此价值感在现代社会中日益滋长，而羞耻感则是一种肯定性的价值感，此价值感在现代社会中则日渐衰弱。这两种心理现象在现代社会中价值感上的此消彼长，反映的是现代社会伦理意识的变化，即由“爱”向“怨恨”转化过程中出现的价值颠覆问题。

羞耻感是人类灵魂的天然罩衣，它揭示了人在宇宙中的独特位置，人是动物与神之间的桥梁，只具有生命本能和感官感受的动物以及神圣而完满的神都没有羞耻感，只有在不同价值之间产生价值冲突的人才具有这种自我保护性感受。羞耻感的涌现是人类文明出现的标志，因为这种道德心理感受区别于动物性的纯生理性感官欲求。羞耻感产生的精神机制在于人因寻求人格尊严而在自我意识中产生的价值冲突，感性价值、生命价值、精神价值、神圣价值是由低到高依次递进的。羞耻感产生的前提就在于较高价值与较低价值之间的紧张和冲突，舍勒说：

> 在人的精神个体的意义和要求与人的身体需求之间，人的不平衡和不和谐属于羞感产生的基本条件。唯因身体属于人的本质，人才会处于必须害羞的境地；唯因人在经

① 刘小枫：《现代性社会理论绪论》，华东师范大学出版社 2018 年版，第 16 页。

> 历其精神的个体存在时，此存在从本质上独立于这样一个“身体”，独立于可能出自身体的一切，人处于能够害羞的境地才是可能的。
>
> 所以，“灵”与“肉”、永恒与暂时、本质与生存均以值得注意但神秘莫测的方式交会于羞感之中。我们将加以区别的羞感的那一切不同种类和形式，羞感“赖以”产生的内容所具有的一切特殊性（随历史和地点，从男人到女人，从一代到另一代变换无穷），包含在人“在某人面前”感到害羞的体验之中的一切个人关系，它们都有一个最普遍的重大背景：人在深处感到并知道自己是介于两种存在秩序和本质秩序之间的一道“桥梁”，一种“过渡”，他同样牢固地植根于这两种秩序之中，片刻也不能放弃它们，否则他就不再成其为“人”。①

羞耻感揭示了处于动物性与神圣性之间的人，应该如何有尊严地生存这一存在性焦虑，并且这一存在性焦虑的核心是道德上的善与恶，所以说羞耻感是人类“道德的第一根基”②。舍勒关于羞耻的现象学分析，有其自身的基督教神学背景，但他关于羞耻是人追求人格尊严而在自我意识中产生的价值冲突的看法，具有跨越中西文化鸿沟的普遍人性根据。无论是面对他者的羞

---

① ［德］马克思·舍勒著，刘小枫主编，林克等译：《道德意识中的怨恨与羞感》，北京师范大学出版社 2014 年版，第 171～172 页。

② 张任之：《舍勒的羞感现象学》，《南京大学学报》（哲学·人文科学·社会科学版）2007 年第 3 期。

耻，还是面对自我的羞耻，羞耻必须在转回自我意识的前提下起作用，它是一种面临窘境或处于不利情境下的自我保护性感受。例如，一个母亲为了拯救身处火海的孩子，不会考虑先穿上得体的衣服再冲出去，而是选择穿着内衣或者光着身子去奋力抱住孩子，一旦孩子脱离危险，在人群之中的母亲便会将注意力转向自我，羞耻感也在此刻自然地呈现出来。这种自我保护性感受起源于自我的分化，即现实的自我与理念的自我之间的不和谐，现实的、真实的自我和理念的、完整的自我相比，它由于某种缺陷或不足而显得是不完善的，于是在这种自我被拉来扯去的状态中，羞耻感便以一种忐忑不安的心理与情感状态呈现出来了。

羞耻感是一种独特的道德意识，现象学伦理学的根本方法就是描述道德意识，因而羞耻感具有天然的现象学意义。舍勒提出“羞与羞感的现象学”，将人类独有的羞耻现象纳入现象学伦理学情感分析的领域，与价值论的理性主义和价值论的意欲主义相比，舍勒可以说是价值论的情感主义，这三种价值论分别将理性、意欲和感受作为价值的来源。李南麟教授通过对儒家孟子和舍勒伦理学的比较研究，得出的重要结论是他们都将感受作为价值的来源，所以，可以把他们视为提倡价值论的情感主义的代表性哲学家①。

羞耻感是关涉到整个人，即人的心灵或灵魂以及身体所表现出来的一种基本感受，它与爱、恨等基本情感一样是人类生

① ［韩］李南麟著，傅智伟译：《舍勒与孟子：感受作为价值的来源》，《中国现象学与哲学评论》第23辑（2018年）。

来就具有的。舍勒的现象学伦理学或价值伦理学是对康德伦理学中情感与理性二分模式的一种突破，在康德的义务论伦理学中，道德主体是先天的实践理性，这一立法原则缺乏将道德法则转化为道德行为的动力，而作为道德动机的情感则属于经验的领域，因为缺乏先验自由而不能自作主宰，如此一来，道德责任的问题便落空了。舍勒将道德情感提到道德主体的层面，提出情感先天性的价值伦理学，这与儒家伦理学有相似之处，就道德主体而言，儒家伦理学中的“本心”“良知”不仅是一个理性主体，也是呈现为情感性的“四端之情”①。但我们需要注意的是，舍勒情感伦理学中的意向性情感也是有“序”、有“理”的，这些情感实质上是很理性化的情感，这表明在本原上，人的情感与理性是合一的，我们的心灵原本是情理相融的，情感与理性的截然二分是人类精神的谬误，是心灵破碎而失去完整性所导致的结果②。舍勒的情感理论与中国古代儒家哲学中所强调的理性化的情感或情感的理性化有相似之处，先天的仁爱等情感内在地含蕴着某些理性化的道德法则，理性化的道德法则则通过仁爱等意向性情感活动而显现在实践行为中。

舍勒通过哲学人类学的研究发现，羞耻感是人类先天具有的道德心理与道德情感，标识着人在宇宙万物中的独特位

---

① 李明辉：《四端与七情：关于道德情感的比较哲学探讨》，华东师范大学出版社 2008 年版，第 37~59 页；李明辉：《儒家与康德》（增订版），联经出版事业股份有限公司 2018 年版，第 38 页。

② 黄裕生：《一种“情感伦理学”是否可能？——论马克思·舍勒的“情感伦理学”》，《云南大学学报》（社会科学版）2015 年第 5 期。

置，“人在世界生物的宏伟的梯形建构中的独特地位和位置”① 鲜明而直接地表现在羞耻感之中。在羞耻感起源的问题上，舍勒明确反对将羞耻感的本质视为社会化、习俗化结果的后天说，它不是一种仅凭后天教化而养成的习惯。我们感到羞耻的内容以及羞耻的表达仪式可以经由后天的教化而形成，但羞耻感本身则处在人类本性的明暗交接处，是人类经验结构中的本质要素。舍勒认为：“我们在每一种羞感上始终有甲和乙两种意识功能：一种是较低级和无价值差异的（按其运动方式较自发的）意识功能乙，坚定和实在的追求由它设定；一种是较高级的进行价值选择甚至价值发现的意识功能甲（其运行方式自发性较差，故比较容易转换），未确定性还以随时变化的程度被设置在这种功能中。”② 基于此，舍勒将羞耻感区分为身体羞感和灵魂羞感，前者源于指向生命价值的生命感受与指向感性价值的本能冲动这两种价值意识之间的冲突，后者源于指向精神价值的精神感受与指向生命价值的生命感受这两种价值意识之间的冲突。以性羞感为核心的身体羞感就是人的自然本性，其先天性尤其在女性的性羞涩这一自然本能中得到了充分体现。舍勒还提出羞耻感在性别上也呈现出较大的差异性，他认为男人是“精神的天才”，其精神或灵魂羞感比较突出，而女人则是“生命的天才”，其身体羞感比男性强烈。

① ［德］马克思·舍勒著，刘小枫主编，林克等译：《道德意识中的怨恨与羞感》，北京师范大学出版社 2014 年版，第 168 页。

② ［德］马克思·舍勒著，刘小枫主编，林克等译：《道德意识中的怨恨与羞感》，北京师范大学出版社 2014 年版，第 201 页。

通过道德谱系学的考察，他进而认为性道德是一切道德的自然根基，性道德是对引起羞耻感的对象和内容的概念化，它是人类良知和善恶知识起源的最重要源泉。法国学者布罗涅（Jean-Claude Bologne）借鉴了舍勒的看法，明确指出羞或廉耻的第一特性是其作为人类道德的自然性①。儒家文化强调的是道德耻感问题，诚如陈少明先生所言：“舍勒津津乐道的是西方传统中的羞，本尼迪克特处理日本经验时着眼的是愧与辱，而依儒家传统，中国人更关注的可能是耻。”② 耻感是良知的呈露，它是一种先天的道德判断能力，作为一种潜在的道德本能，其存在形式是先天的，但需要有意识地去开发它，这也是后天的伦理教育或道德说教之所以具有有效性和必要性的前提条件。

舍勒的情感现象学或情感伦理学是对西方理性主义伦理学的一种反动，正如施皮格伯格（Spiegelberg. H.）所言：“舍勒解决问题的秘诀应该到他的感情现象学中去寻找。对于整个理性主义传统来说，感情（康德的敬畏感是一个重要例外）是绝对主观性的典型。舍勒现在所要表明的就是，有大量的感情具有‘客观的’性质，并且根本不同于那种过去被看作是一切感情的代表的纯粹主观的感情。”③ 舍勒对情感先天性与客观性的

---

① ［法］让·克洛德·布罗涅著，李玉民译：《廉耻观的历史》，中信出版社2005年版，第338页。

② 陈少明：《关于羞耻的现象学分析》，《哲学研究》2006年第12期。

③ ［美］赫伯特·施皮格伯格著，王炳文、张金言译：《现象学运动》，商务印书馆2011年版，第403页。

强调是他反思康德形式主义伦理学的结果，孟子所说的“本心”“四端之心”也带有先天的情感性，李明辉先生认为就舍勒所谓“情感的先天性”与“感知为人格之行动”这两点而言，孟子与舍勒的伦理学多有相似之处①。儒家哲学从本质上看是一种典型的情感哲学②，道德情感是道德实践的根本动力，也是建构伦理学体系或道德哲学的地基，实现舍勒情感现象学与儒家情感哲学的融通是我们研究儒家思想的一条重要途径。

第二节　羞耻伦理学的建构

后现代理论家利奥塔（Jean-Francois Lyotard）认为现代道德只具有审美的意义，因为现代社会的生活节奏急剧加速，生活使所有的道德化为乌有③。现代性对人类道德生活的除魅，将羞耻感所展现的伦理道德精神从人的道德生命中剥离出去。

---

① 李明辉：《四端与七情：关于道德情感的比较哲学探讨》，华东师范大学出版社 2008 年版，第 53 页。

② 蒙培元先生曾提出一个重要的命题，即“人是情感的存在”，他认为情感是人之心灵最基本的存在方式或存在形态，儒家哲学的显著特征是重视情感，儒家哲学在本质上是情感哲学。参见蒙培元：《人是情感的存在——儒家哲学再阐释》，《社会科学战线》2003 年第 2 期；蒙培元：《情感与理性》，中国人民大学出版社 2009 年版。关于儒家情感哲学或情感观念的历史发展脉络，可参见黄玉顺：《儒家的情感观念》，《江西社会科学》2014 年第 5 期。

③ ［法］让-弗朗索瓦·利奥塔著，莫伟民等译：《后现代道德》“引言”，学林出版社 2000 年版，第 1 页。

一、现代社会中的羞耻感

匈牙利哲学家赫勒指出，肇始于启蒙时代的西方现代文化对羞耻感的冲击很大，随着传统价值与信仰系统的瓦解，以及耻感文化所依赖的社会伦理规范与社会习俗的不断变化，人们更加漠视他人的意见，更加依赖自我判断①，但这种自我判断是以个体主义的价值承诺为中心的。羞耻感的薄弱与衰退往往意味着人的道德力量的衰减，这是人的类型的退化，退化到与禽兽无异时，人便不复成其为人，所以现象学伦理学家舍勒强调：“在近代史上，羞感的明显衰减绝不像人们肤浅断言的那样，是更高级和上升的文化发展的结果，而是种族退化的一种确凿的心灵标志。”② 由于现代社会中个体主义自我价值的过度膨胀，以及现代技术的发展和社会生活方式的变迁，人们的传统羞耻观发生了巨大的变化，羞耻感的衰减已经成为一个不争的事实，表现最明显的领域就是性羞感的减弱，源于20世纪60—70年代的西方“性革命”是导致这一结果的社会思潮之一。

羞耻感这一道德力量的普遍衰减，削弱了个体自身从道德上对其自身价值所做的反省，重建崭新的社会道德秩序应该以培植与提升个体自我的羞耻感为基础。对现代道德意识而言，罪责似乎是比羞耻更清晰透明的道德意识，那是因为它比羞耻

① ［匈］阿格妮丝·赫勒著，杨威译：《阐释羞愧现象的五种路径》，《苏州大学学报》（哲学社会科学版）2018年第2期。

② ［德］马克思·舍勒著，刘小枫主编，林克等译：《道德意识中的怨恨与羞感》，北京师范大学出版社2014年版，第257页。

更孤立于个体自我形象的其他要素，直接导向了受到不公正对待的受害者以此为名而要求补偿，但它本身不能重建自我和自我生活于其间的世界。只有羞耻具备这种重建功能，其根源在于羞耻关联着人的整体存在，它具有鲜明的存在论特征，体现着一个人存在于世的方式，关涉着一个人是什么样的存在，以及一个人如何与他人相关的种种设想，这个他人可以是具体的“在场”之人，也可以是抽象的“内在化他者”。可见，羞耻兼具自律与他律、个体性道德和社会性道德两种面向，所以说人的羞耻心和同情心同样是道德世界最具革命性的力量。

二、人类道德意识谱系中的羞耻心

道德意识作为人类的精神意识现象构成道德哲学或伦理学的原始基点，它是一切道德语言、道德行为和道德评价的前提条件，人类的道德意识结构极为复杂。中国现象学家倪梁康曾围绕孟子的“羞恶之心”，从现象学伦理学的角度探讨了人类道德意识的来源问题①。他区分了一般伦理学和现象学伦理学的不同，一般伦理学所指涉的问题多是与“应当”相关的伦理规范问题，而现象学伦理学则致力于描述人类道德意识的来源和回答人类道德善恶的价值问题。在他看来，人类道德意识的来源大致可以区分为三个方面：内在的来源、外在的来源和超越的来源。

---

① 倪梁康：《“羞恶之心”与道德意识的来源》，《东南学术》2007 年第 2 期；倪梁康：《心的秩序——一种现象学心学研究的可能性》，江苏人民出版社 2010 年版。

所谓内在来源的道德意识，是指那些植根于人类内心深处的、先天固有的道德本能。从本心的角度说它们是以同情心、羞耻心等为标识的良心，从本原知识和本原能力上说它们是良知、良能。这种内在来源的道德意识表征着人是一种道德的存在，此类道德意识受历史更替、社会变迁等外在因素的影响极为微弱。与此同时，倪梁康又认为孟子的“恻隐之心”（同情心）与“羞恶之心”（羞耻心）是人类道德意识来源中最重要的两个内在来源，前者是一种先天的道德实能，后者是一种先天的道德潜能，它们是在排除了一切社会化、习俗化的道德替代品之后仍然植根于人类自然道德本性中的残余物，因而构成一切道德学说的基础。

所谓外在来源的道德意识，是指那些经由社会伦理习俗或规范沉淀在人类心灵中的道德感，如荣誉感、贞洁感等。它们是反思性的、规范性的，而非自然的、本能的，此种道德意识多来自社会性的教育、父母的家庭教育以及传统习俗的延续。这些道德意识与社会伦理价值体系的形成以及个体对此类公共价值的认同紧密相关，其显著特点是它们容易受到外在社会历史坏境的影响，随着社会历史进程的变迁与发展，其衡量标准呈现出一定的波动性，当社会性的伦理规范不能满足人的个体道德诉求时，道德主体便会由社会伦理规范返回到本己的道德本能，这也是美国基督教哲学家尼布尔（Reinhold Niebuhr）在《道德的人与不道德的社会》一书中强调的个体道德与社会道德的冲突问题①。苏格拉底在面对死刑时诉诸自己内在的“神灵”，以及孟子以心善论证性善的“四端之心”，都不是一般性社会伦理规范的要求，而是源于一种内在的道德本能的生命冲动与精神动能。

所谓超越来源的道德意识，特指那些超出世俗社会的实际层面，而又对世俗社会产生引导意义的道德意识。例如来自宗教信仰的道德意识，这种类型的道德意识因宗教信仰而起，必须先有信仰，然后才会具有相应的道德意识。罪感意识便是最典型的超越性道德意识，此种道德意识必须以信仰为前提，无论在时间先后还是逻辑先后上，信仰都必须优先于道德法则。凡俗世人由对“上帝”的真诚信仰，才会遵守“上帝”所颁布的以“十诫”为标识的道德诫命，康德的道德神学就发端于此。

人类的社会伦理规范和道德价值奠基于一些最基本、最质朴、最原始的道德感元素之上，如同情感、荣誉感、羞耻感、是非感、敬畏感等，这些道德感是目前可以追溯到的人类社会伦理道德的真正起源。西方伦理学家如休谟、斯密、叔本华等依据人类的同情心（恻隐之心）建构了以同情为核心原则的同情伦理学，而鲜有伦理学家从羞耻心（羞恶之心）的角度去建

---

① 尼布尔在个体的道德行为与社会群体的道德行为之间进行了严格区分，他认为作为个体的人生来就具有同情心，在社会教育的熏陶下使得本己的同情心能够克服自己的本能冲动，并外推到他人身上，天生的理性能力使得他们富有正义感。社会群体的道德行为则缺乏自我超越的理性能力，比个体更加难以克服自我中心主义，而呈现出群体自利的倾向性，故而群体的社会道德总是低于作为个人的个体道德。参见［美］莱因霍尔德·尼布尔著，蒋庆等译：《道德的人与不道德的社会》，贵州人民出版社 1998 年版，第 201~217 页。

构一套可以和同情伦理学相互竞争的伦理学理论。中国伦理学理论的建构必须扎根于传统思想的土壤之中，立足于中国古典的元观念和元问题，并结合现代伦理生活的实际经验，如此才能真正在观念世界和生活世界之间建立起有效的联结。有鉴于此，笔者试图在对中国古代儒家耻观念进行文本解析的基础上，结合现代社会的伦理需要，将建构“羞耻伦理学”的理论可能性和现实必要性提出来，以期探索适合现代社会的伦理思想、伦理体系和伦理秩序。

中国古代儒家文化中的耻感意识特别强烈，自孔子确立知耻伦理学以后，古代大儒在不同程度上都对羞耻观念作了富有新意的思想阐释。其中尤为重要的一点是儒家认为羞耻是内在的、根于人心的道德本能，它是一种自然的、先天的道德意识。孟子对羞耻作为道德意识或道德萌芽的强调最为突出，也最富有哲学品格的思想意涵。孟子曰：

> 乃若其情，则可以为善矣，乃所谓善也。若夫为不善，非才之罪也。恻隐之心，人皆有之；羞恶之心，人皆有之；恭敬之心，人皆有之；是非之心，人皆有之。恻隐之心，仁也；羞恶之心，义也；恭敬之心，礼也；是非之心，智也。仁义礼智，非由外铄我也，我固有之也，弗思耳矣。故曰：“求则得之，舍则失之。”①

“羞恶之心”即人的羞耻心，它与作为同情心的“恻隐之心”

---

① 《孟子·告子上》。

一样，构成人类“四端之心”中最重要的两个方面，是促成人类发明道德语言和产生道德行为的必要条件，作为羞恶之心的耻明显具有道德本体和德性根源的重要地位。羞耻心作为良心的提醒装置，具有防御不道德或不当行为的作用，对未发生的行为有一种前瞻性的预判，这就是威廉斯所谓的“前瞻性羞耻”，它提醒个体应该有所不为以免招致不必要的道德羞辱。康有为说：“人之有所不为，皆赖有耻心，如无耻心，则无事不可为矣。”① 没有羞耻心的人对道德羞辱和道德义愤是麻木不仁的，在缺乏羞耻心的约束与制衡之下，不但不道德行为得不到必要的制裁和惩罚，而且会严重摧毁恪守社会道德的人对社会价值评价的信任，这将对社会的公序良俗构成严重的威胁。在儒家哲学关于礼法的论述中，也可看到耻的社会伦理效用：“凡人之知，能见已然，不能见将然。礼者禁于将然之前，而法者禁于已然之后。是故法之用易见，而礼之所为生难知也。”② 以这种区分作为标准，耻感所标识的“有所不为”显然属于“禁将然之前”。知耻是做人的第一要务，儒家的耻观念揭示了一个深藏于人性中的秘密，正是对于做人的执着以及对于耻辱的前瞻性畏惧，才使得个体走向内在的道德自律。

在康德的自律伦理学中，理性主体自我立法构成“善的判断原则”，由理性概念自身引发的、对理性主体所立之法的敬重成为“善的执行原则”，除这唯一的敬重感之外，诸如恻隐、羞

---

① 康有为撰：《孟子微》，见姜义华、张荣华编校：《康有为全集》（第五集），中国人民大学出版社 2007 年版，第 473 页。

② 《大戴礼记·礼察》。

恶、是非等情感皆被排除出道德立法和道德动机。儒家对道德情感的重视，恰好可以弥补康德自律伦理学因忽视情感和感性而导致的理论困境。在儒家的伦理学中，羞耻感不仅是生成道德自律的道德心理机制，而且是将外在的社会伦理规范内化于个体精神意识结构的隐秘动力。诚如樊浩所言：“‘耻’的道德本性是一种主观意志的法，亦即主观意志的自由，其道德真理不是他律而是自律，不是制裁而是激励，它是引导人们在道德上自强不息、止于至善的精神力量。”① 羞耻感既是个体对善的否定性感受，也是个体对自我的肯定性保护，它将现实的、有道德瑕疵的自我呈现在善的面前并进行自我评价，相对于呈现在他者面前，羞耻感的自我呈现更具有道德约束力。总而言之，羞恶之心作为人先天固有的内在道德意识，在引导个体反求诸己的过程中确立了人的自由与尊严，这种完全将道德责任与道德义务归约到本己的道德主体性上的道德意识，为真实的道德行为而非伪善提供了一种深层性的保护和原初的根据。

三、羞耻在建构现代伦理秩序中的基础地位

如果说情感是中国古代伦理精神的“原乡”，那么我们也可以说羞耻感就是中国古代伦理精神的底色。古典文化中的道德资源是否能够培育一种现代道德人格，以抵御与挽救现代社会中个体羞耻感不断弱化的世界性问题，儒家的羞耻观或许可以提供一些积极的、值得借鉴的思想资源。

其一，现代社会伦理秩序的失序，究其根源在于人的心灵

① 樊浩：《耻感与道德体系》，《道德与文明》2007年第2期。

的失序，重整人心秩序意味着参与社会活动的主体需要具备完善的道德人格。古代伦理学关注的焦点是“一个人应该如何生活”的问题，即如何过上一种健全的、完善的良好生活，它以行动者而非行为本身为中心，成就某种理想的道德人格是其题中应有之义。现代社会的伦理学主要是强调规则及其普遍有效性的规范伦理学，它关注的焦点是“一个人应该如何行动”的问题，一个人只要不违反伦理规则，也就意味着他尽到了作为道德存在的人之本分，服从伦理规则是这种现代式道德观的第一原理，基于道德修养与实践德性的道德人格培育则不在其任务之内。以儒家伦理学为标识的古典时代的德性伦理学，其道德管辖的范围并不仅仅局限于用规则来调节的个人利益冲突，而是更进一步地以个体道德人格的培养与精神的提升为目的。

培植与提升羞耻感在养成理想的道德人格时具有重要意义。德性是儒家伦理的基石，正如蒙培元所言：儒家伦理是建立在德性之上的①。如何实现德性及成就理想人格是儒家伦理学最为核心的部分。在儒家性善论的思想视域下，人生而具足的羞耻心是道德意识的重要来源，保持个体的羞耻心或羞耻感，在培养道德人格时具有重要意义。孟子说：“圣人，人伦之至也。”②圣人是社会中道德完善的人，具有一般人难以企及的理想人格。培养君子式的道德人格则是可期的，孟子说：“人之所以异于禽兽者几希，庶民去之，君子存之。舜明于庶物，察于人伦，由

① 蒙培元：《情感与理性》，中国人民大学出版社 2009 年版，第 383 页。

② 《孟子·离娄上》。

仁义行，非行仁义也。”① 君子持守“四端”，落实为践履工夫上的善行。失去羞耻等“四端”，也就意味着人失去了人性，丧失了做人的资格。

其二，重建现代伦理秩序需要找到真正可以为道德奠基的基质，通过对中国古代儒家耻观念的文本梳理和哲学论证，我们发现儒家关于羞耻本质的认识能够承担得起道德奠基任务。为道德奠基不是制定一些道德准则或伦理规范，而是为道德之所以能够存在提供某种合理性论证，就是要为道德找到一个先于任何人类经验生活而又使之独立于人类经验生活的根据。这实质上涉及对人类道德意识起源的考察，因为道德意识是道德概念与道德行为的前提条件，找到为道德奠基的基质就要探究道德意识的来源问题，即我们的道德意识究竟来自何处？明确了道德意识的来源，我们就可以知道哪些道德意识是可激发而不可教化或可教化而不能激发的，这将有助于伦理教育的改善与现代社会伦理秩序的重建。罗尔斯与罗素等西方哲学家提到过道德秩序或伦理信念的来源问题②，前文已经指出倪梁康也深入探究了中西哲学家对这一问题的解答，他将道德意识的来源

① 《孟子·离娄下》。

② 罗尔斯说：“对我们做出要求的道德秩序，是产生于一个外部源头，还是以某种方式（作为理性或情感，抑或两者都有）产生于人性本身以及我们生活在同一个社会中的需要？”参见［美］约翰·罗尔斯著，顾肃、刘雪梅译：《道德哲学史讲义》，中国社会科学出版社2012年版，第8页。罗素认为伦理信念有两个来源：其一是群体层面的政治约定，其二是个体层面的个人的宗教与道德信仰。参见［英］伯特兰·罗素著，肖巍译：《伦理学和政治学中的人类社会》，河北教育出版社2003年版，第15页。

一分为三：良知本能的内心来源；社会主体间约定的外在来源；宗教道德信念的超越来源。因为儒家的德性伦理学不涉及超越性的宗教问题，所以我们立足于内心起源与外在起源探究道德意识的来源问题。就这两个起源而言，良知本能是道德意识最基本、最稳固的来源，因为它不因社会、文化、历史与民族的变化而变化，后者则呈现出一定的不稳定性，不同的社会形态、历史时期、文化背景及民族差异都可能使人们对社会主体间约定的社会道德产生非道德化的价值判断。

法国哲学家于连（Francois Jullien）认为，与宣扬人世苦难的佛教以及张扬原罪意识的基督教传统相比，儒家思想以人性本来之底蕴为根基，在现存的世界几大文化传统中，当是最可能完成道德奠基的古典思想资源①。他具体分析了孟子的“不忍之心”“恻隐之心”为道德奠基的可能性②。笔者认为，儒家的“羞恶之心”与“恻隐之心”具有同样的原初性，都是植根于人之自然本性的先天道德意识。羞耻的自发性与主动性是人类道德生活与社会伦理秩序的根本保障，是触发道德行为的关键，具有同样的道德奠基功能。美国学者博姆持有类似的看法，他

① 弗朗索瓦·于连所著《道德奠基：孟子与启蒙哲人的对话》一书第二章和第三章对此也作了充分论证。参见［法］弗朗索瓦·于连著，宋刚译：《道德奠基：孟子与启蒙哲人的对话》，北京大学出版社 2002 年版。

② 在西方伦理思想史上，休谟、卢梭、叔本华等人的伦理思想也极为重视同情、怜悯情感的道德奠基作用，例如休谟将同情视为道德动机和道德判断原则，叔本华则从经验事实和形而上学的高度论证了同情对道德的奠基作用。别尔嘉耶夫更是斩钉截铁地强调：“没有同情，伦理学是不可能的。”参见［俄］别尔嘉耶夫著，张百春译：《论人的使命》，学林出版社 2000 年版，第 255 页。

更是将人因羞耻而脸红视为道德起源的真正标志①。在孟子那里，羞耻作为先天的道德本能，在理智反思之前就相当活跃，是不可以通过教化和传授来获得的，但是需要有意识地去激发它。

从历史学的角度看，肇始于启蒙时代的西方现代文化对羞耻感的冲击很大，随着传统文化与价值信仰系统的崩溃，以及耻感文化所依赖的社会伦理规范与社会习俗的不断变化，人们在对自身价值的评判上更加漠视他者的意见，伴随着这种他者视野的消失，转而更加倾向于诉诸良知的自我裁决，即更加强调依赖于自我判断的重要性，而非他者的评价。在崇尚多元文化与多元价值的现代社会，触发现代人羞耻感的因素是多方面的，这些多方面的因素交织在一起，使得个体出于不同的原因而对不同的事物产生不同程度的羞耻感。

总而言之，以耻感和羞恶之心为标识的道德意识是人类作为道德存在的明证，也是构成人类道德生活的原始材料。从情感层面说，羞耻感就是这样的道德情感与道德意识，它与人类的同情心或恻隐之心一样是人类独具的道德感，对社会伦理规范及其秩序的建立具有奠基作用。从儒家对羞耻等情感的重视可以看出，作为一种生活方式的儒家哲学实质上是一种情感哲学，亦可以称之为情感儒学，这是中国古代哲学的突出特质，

---

① 博姆在伦理学上持有进化论观点，他认为人类与其他动物的本质区别在于人是有道德的存在，以羞耻为标志的人类道德感是经过长期缓慢渐进的自然选择的结果。参见［美］克里斯托弗·博姆著，贾拥民、傅瑞蓉译：《道德的起源——美德、利他、羞耻的演化》，浙江大学出版社 2015 年版。

与西方理性主义形态的思辨哲学相比，这种奠基于情感的引导性哲学，在促进个体自我转化与道德人格生成方面具有重要的理论价值，值得我们进一步研究和分析。儒家的羞耻观念对我们建构具有中国特色的伦理学体系具有启发意义，中国伦理学理论的建构必须扎根于本土文化和传统思想的土壤之中，深入开掘沉淀于中国古代哲学思想中的元观念和元问题，对其作谱系学的观念史考察，分析其实质内涵与哲理构成，并结合现代社会中伦理生活的实际经验和需要，围绕元观念和元问题建构新的伦理学理论，真正在观念世界和生活世界之间建立起有效的联结，赋予具有力量的观念以重塑人们生活方式的可能性。在现代社会中，随着个人主义、消费主义、时尚文化、现代技术的蓬勃发展，作为人类良知的羞耻感呈现出不断弱化与衰减的趋势，中国古代儒家的羞耻观念及其思想或许可以给塑造人类文明进程的羞耻感以再生和复活的可能性。

主要参考文献

【古代典籍】（包括古籍校注、译注、汇校、整理等）

《论语》《孟子》《尚书》《诗经》《周易》《国语》《大戴礼记》等元典。

〔汉〕班固撰，〔唐〕颜师古注：《汉书》，中华书局 1962 年版。

〔汉〕班固撰，吴人整理，朱维铮审阅：《白虎通义》，上海书店出版社 2012 年版。

〔汉〕董仲舒撰，朱方舟整理，朱维铮审阅：《春秋繁露》，上海书店出版社 2012 年版。

〔汉〕荀悦撰，〔明〕黄省曾注，孙启治校补：《申鉴注校补》，中华书局 2012 年版。

〔汉〕许慎撰，〔清〕段玉裁注，许惟贤整理：《说文解字》（下册），凤凰出版社 2007 年版。

〔汉〕韩婴撰，朱英华整理，朱维铮审阅：《韩诗外传》，上海书店出版社 2012 年版。

〔汉〕贾谊撰，阎振益、钟夏校注：《新书校注》，中华书局 2000 年版。

〔汉〕司马迁撰，〔南朝宋〕裴骃集解，〔唐〕司马贞索隐，〔唐〕张守节正义：《史记》，中华书局 1982 年版。

〔南朝宋〕范晔撰，〔唐〕李贤等注：《后汉书》，中华书局 1965 年版。

〔宋〕卫湜撰，杨少涵校理：《中庸集说》，漓江出版社 2011 年版。

〔唐〕魏徵、令狐德棻撰：《隋书》，中华书局 1973 年版。

〔唐〕李翱撰：《李文公集》，上海古籍出版社 1993 年版。

〔宋〕张载著，章锡琛点校：《张载集》，中华书局 1978 年版。

〔宋〕欧阳修撰，〔宋〕徐无党注：《新五代史》，中华书局 1974 年版。

〔宋〕周敦颐著，陈克明点校：《周敦颐集》，中华书局 2009 年版。

〔宋〕朱熹撰：《四书章句集注》，中华书局 2012 年版。

〔宋〕朱熹、吕祖谦纂，张京华辑校：《近思录集释》，岳麓书社 2010 年版。

〔宋〕朱熹撰，朱杰人等主编：《朱子全书》，上海古籍出版社、安徽教育出版社 2002 年版。

〔宋〕黎靖德编，王星贤点校：《朱子语类》，中华书局 1986 年版。

〔宋〕程颢、程颐著，王孝鱼点校：《二程集》，中华书局 2004 年版。

〔宋〕陈淳著，熊国祯、高流水点校：《北溪字义》，中华书局 1983 年版。

〔宋〕陆九渊著，钟哲点校：《陆九渊集》，中华书局 1980 年版。

〔明〕王守仁撰，吴光等编校：《王阳明全集》，上海古籍出版社 2011 年版。

〔明〕李贽著，张建业主编：《李贽全集注》，社会科学文献出版社 2000 年版。

〔明〕王畿著，吴震编校整理：《王畿集》，凤凰出版社 2007 年版。

〔明〕邹守益著，董平编校整理：《邹守益集》，凤凰出版社 2007 年版。

〔明〕胡广等纂修，周群、王玉琴校注：《四书大全校注》，武汉大学出版社 2009 年版。

〔明〕刘宗周著，吴光主编：《刘宗周全集》，浙江古籍出版社 2012 年版。

〔明〕来知德撰，张万彬点校：《周易集注》，九州出版社 2004 年版。

〔清〕陈确：《陈确集》，中华书局 1979 年版。

〔清〕张履祥著，陈祖武点校：《杨园先生全集》，中华书局 2002 年版。

〔清〕顾炎武著，〔清〕黄汝成集释，栾保群、吕宗力校点：《日知录集释》，上海古籍出版社 2014 年版。

〔清〕顾炎武撰，华忱之点校：《顾亭林诗文集》，中华书局 1983 年版。

〔清〕皮锡瑞著，吴仰湘点校：《孝经郑注疏》，中华书局 2016 年版。

〔清〕皮锡瑞著，吴仰湘点校：《经学通论》，中华书局 2018 年版。

〔清〕阮元校刻：《十三经注疏》（清嘉庆刊本），中华书局 2009 年版。

〔清〕焦循撰，沈文倬点校：《孟子正义》，中华书局 1987 年版。

〔清〕龚自珍：《龚自珍全集》，上海人民出版社 1975 年版。

〔清〕王夫之著，王孝鱼点校：《读四书大全说》，中华书局 1975 年版。

〔清〕王夫之著，王孝鱼点校：《尚书引义》，中华书局 1962 年版。

〔清〕王夫之著，王孝鱼点校：《张子正蒙注》，中华书局 1975 年版。

〔清〕王先谦撰，沈啸寰、王星贤整理：《荀子集解》，中华书局 2012 年版。

〔清〕王聘珍撰，王文锦点校：《大戴礼记解诂》，中华书局 1983 年版。

〔清〕黄宗羲著，沈芝盈点校：《明儒学案》，中华书局 2008 年版。

〔清〕黄宗羲撰，〔清〕全祖望补修，陈金生、梁运华点校：《宋元学案》，中华书局 1986 年版。

〔清〕李颙撰，陈俊民点校：《二曲集》，中华书局 1996 年版。

程树德撰，程俊英、蒋见元点校：《论语集释》，中华书局 1990 年版。

何宁撰：《淮南子集释》，中华书局1998年版。

荆门市博物馆编：《郭店楚墓竹简》，文物出版社1998年版。

李学勤主编：《清华大学藏战国竹简》（伍），中西书局2015年版。

刘尚慈译注：《春秋公羊传译注》，中华书局2010年版。

汪荣宝撰，陈仲夫点校：《法言义疏》，中华书局1987年版。

杨伯峻译注：《论语译注》，中华书局2009年版。

【今人著作】

白奚：《稷下学研究：中国古代的思想自由与百家争鸣》，生活·读书·新知三联书店1998年版。

陈梦家：《殷虚卜辞综述》，中华书局1988年版。

陈寅恪：《陈寅恪集·书信集》，生活·读书·新知三联书店2001年版。

陈来：《古代宗教与伦理：儒家思想的根源》，生活·读书·新知三联书店2009年版。

陈来：《古代思想文化的世界：春秋时代的宗教、伦理与社会思想》，北京大学出版社2017年版。

陈来：《有无之境：王阳明哲学的精神》，北京大学出版社2013年版。

陈来：《宋明理学》，生活·读书·新知三联书店2011年版。

陈来：《仁学本体论》，生活·读书·新知三联书店2014年版。

陈荣捷：《王阳明传习录详注集评》，华东师范大学出版社2009年版。

陈少明：《经典世界中的人、事、物》，上海三联书店2008年版。

陈嘉映：《海德格尔哲学概论》，生活·读书·新知三联书店1995年版。

成中英：《中国哲学与世界哲学》，中国人民大学出版社2017年版。

程文熙编：《中西印哲学文集》，台湾学生书局1981年版。

东方朔：《刘蕺山哲学研究》，上海人民出版社1997年版。

丁山：《中国古代宗教与神话考》，上海书店出版社2011年版。

窦文宇、窦勇：《汉字字源：当代新说文解字》，吉林文史出版社2005年版。

冯友兰：《中国哲学史》，重庆出版社2009年版。

冯友兰：《贞元六书》，中华书局2014年版。

冯契：《中国古代哲学的逻辑发展》，华东师范大学出版社2016年版。

傅伟勋：《从西方哲学到禅佛教》，生活·读书·新知三联书店1989年版。

郭沫若：《十批判书》，东方出版社1996年版。

高瑞泉：《平等观念史论略》，上海人民出版社2018年版。

何九盈：《汉字文化学》，辽宁人民出版社2000年版。

何冠彪：《生与死：明季士大夫的抉择》，广西师范大学出版社2022年版。

侯外庐、邱汉生、张岂之主编：《宋明理学史》，西北大学出版社 2018 年版。

贺照田主编：《后发展国家的现代性问题》，吉林人民出版社 2002 年版。

黄俊杰：《中国孟学诠释史论》，社会科学文献出版社 2004 年版。

黄俊杰：《儒家思想与中国历史思维》，华东师范大学出版社 2016 年版。

黄光国：《儒家关系主义：文化反思与典范重建》，北京大学出版社 2006 年版。

汉语大字典编辑委员会编纂：《汉语大字典》第二版（九卷本），四川辞书出版社、崇文书局 2010 年版。

金耀基：《金耀基自选集》，上海教育出版社 2002 年版。

金观涛、刘青峰：《观念史研究：中国现代重要政治术语的形成》，法律出版社 2009 年版。

蒋恭晟：《国耻史》，中华书局 1926 年版。

蒋庆：《公羊学引论：儒家的政治智慧与历史信仰》，福建教育出版社 2014 年版。

嵇文甫：《晚明思想史论》，中华书局 2017 年版。

康有为撰，姜义华、张华荣编校：《康有为全集》，中国人民大学出版社 2007 年版。

赖区平、陈立胜编：《羞恶之心：多维视野下的儒家古典观念研究》，商务印书馆 2022 年版。

林安梧：《王船山人性史哲学之研究》，东大图书股份有限公司 1991 年版。

林启屏：《从古典到正典：中国古代儒学意识之形成》，台湾大学出版中心 2007 年版。

刘小枫：《现代性社会理论绪论》，华东师范大学出版社 2018 年版。

刘光胜：《出土文献与〈曾子〉十篇比较研究》，上海古籍出版社 2016 年版。

刘东主编：《中国学术》（第 8 辑），商务印书馆 2001 年版。

梁启超：《先秦政治思想史》，东方出版社 1996 年版。

梁漱溟：《中国文化要义》，上海人民出版社 2011 年版。

李泽厚：《中国古代思想史论》，生活·读书·新知三联书店 2008 年版。

李泽厚：《论语今读》，生活·读书·新知三联书店 2008 年版。

李亦园、杨国枢主编：《中国人的性格》，桂冠图书股份有限公司 1988 年版。

李维武编：《徐复观文集》（修订本），湖北人民出版社 2009 年版。

李明辉：《四端与七情：关于道德情感的比较哲学探讨》，华东师范大学出版社 2008 年版。

李明辉：《儒家与康德》（增订版），联经出版事业股份有限公司 2018 年版。

劳思光：《新编中国哲学史》，生活·读书·新知三联书店 2015 年版。

牟宗三：《中国哲学的特质》，吉林出版集团有限责任公司 2015 年版。

牟宗三：《中国哲学十九讲》，吉林出版集团有限责任公司2015年版。

牟宗三：《名家与荀子》，吉林出版集团有限责任公司2015年版。

牟宗三：《政道与治道》，吉林出版集团有限责任公司2015年版。

牟宗三：《心体与性体》，吉林出版集团有限责任公司2013年版。

蒙培元：《情感与理性》，中国人民大学出版社2009年版。

倪梁康：《心的秩序——一种现象学心学研究的可能性》，江苏人民出版社2010年版。

欧阳哲生主编：《傅斯年全集》，湖南教育出版社2003年版。

庞朴：《当代学者自选文库·庞朴卷》，安徽教育出版社1999年版。

钱穆：《朱子学提纲》，生活·读书·新知三联书店2002年版。

钱穆：《孔子与论语》，九州出版社2011年版。

钱穆：《中国学术思想史论丛》（一），生活·读书·新知三联书店2009年版。

瞿同祖：《中国法律与中国社会》，商务印书馆2010年版。

沈清松：《返本开新论儒学：沈清松学术论集》，孔学堂书局2017年版。

沈文濬：《国耻小史》（增订），中国图书公司1914年版。

孙隆基：《中国文化的深层结构》，广西师范大学出版社

2011 年版。

圣凯：《佛教观念史与社会史研究方法论》，宗教文化出版社 2022 年版。

孙鑫源：《国耻鉴》，文明书局 1915 年版。

唐君毅：《中华人文与当今世界》，九州出版社 2016 年版。

唐君毅：《中国文化之精神价值》，广西师范大学出版社 2005 年版。

唐君毅：《文化意识与道德理性》，中国社会科学出版社 2005 年版。

唐君毅：《中国哲学原论 · 原性篇》，中国社会科学出版社 2005 年版。

唐君毅：《中国哲学原论 · 原教篇》，九州出版社 2016 年版。

王庆节：《道德感动与儒家示范伦理学》，北京大学出版社 2016 年版。

王岳川、刘小枫、韩德力主编：《东西方文化评论》（第四辑），北京大学出版社 1992 年版。

王中江：《简帛文明与古代思想世界》，北京大学出版社 2011 年版。

王中江编：《中国近代思想家文库 · 金岳霖卷》，中国人民大学出版社 2015 年版。

汪叔子、张求会编：《陈宝箴集》（下），中华书局 2005 年版。

徐向东编：《美德伦理与道德要求》，江苏人民出版社 2007 年版。

熊十力：《新唯识论》，中华书局1985年版。

谢维扬、房鑫亮主编：《王国维全集》，浙江教育出版社、广东教育出版社2009年版。

阎步克：《士大夫政治演生史稿》，北京大学出版社2015年版。

杨国荣：《孟子的哲学思想》，华东师范大学出版社2009年版。

杨国荣：《伦理与存在——道德哲学研究》，广西师范大学出版社2015年版。

杨朝明、宋立林主编：《孔子家语通解》，齐鲁书社2013年版。

朱伯崑：《先秦伦理学概论》，北京大学出版社1984年版。

赵园：《明清之际士大夫研究》，北京大学出版社1999年版。

张岱年主编：《中国哲学大辞典》（修订本），上海辞书出版社2014年版。

张祥龙：《海德格尔思想与中国天道：终极视域的开启与交融》，生活·读书·新知三联书店1996年版。

张祥龙：《先秦儒家哲学九讲：从〈春秋〉到荀子》，广西师范大学出版社2010年版。

张灏：《幽暗意识与民主传统》，四川教育出版社2013年版。

张君劢著，程文熙编：《中西印哲学文集》，台湾学生书局1981年版。

张君劢：《新儒家思想史》，中国人民大学出版社2006

年版。

曾振宇：《思想世界的概念系统》，人民出版社 2012 年版。

郑开：《德礼之间：前诸子时期的思想史》，生活·读书·新知三联书店 2009 年版。

郑基良：《先秦两汉改过思想之研究》，文津出版社有限公司 2010 年版。

【外文译著】

［德］马克思·舍勒著，刘小枫主编，林克等译：《道德意识中的怨恨与羞感》，北京师范大学出版社 2014 年版。

［德］诺贝特·埃利亚斯著，王佩莉、袁志英译：《文明的进程：文明的社会起源和心理起源的研究》，上海译文出版社 2009 年版。

［德］鲁道夫·奥托著，成穷、周邦宪译：《论“神圣”：对神圣观念中的非理性因素及其与理性之关系的研究》，四川人民出版社 1995 年版。

［德］罗哲海著，陈咏明、翟德瑜译：《轴心时期的儒家伦理》，大象出版社 2009 年版。

［德］黑格尔著，贺麟、王太庆等译：《哲学史讲演录》，上海人民出版社 2013 年版。

［德］黑格尔著，范扬、张企泰译：《法哲学原理》，商务印书馆 1961 年版。

［德］伊曼努尔·康德著，苗力田译：《道德形而上学原理》，上海人民出版社 2012 年版。

［德］康德著，邓晓芒译，杨祖陶校：《实践理性批判》，人民出版社 2003 年版。

[德] 卡尔·雅斯贝尔斯著，李雪涛译：《论历史的起源与目标》，华东师范大学出版社 2018 年版。

[德] 恩斯特·卡西尔著，甘阳译：《人论：人类文化哲学导引》，上海译文出版社 2013 年版。

[德] 海德格尔著，陈嘉映、王庆节译：《存在与时间》，生活·读书·新知三联书店 2012 年版。

[德] 爱德华·封·哈特曼著，倪梁康译：《道德意识现象学——情感道德篇》，商务印书馆 2012 年版。

[美] 玛莎·纳思邦著，方佳俊译：《逃避人性：恶心、羞耻和法律》，台北商周出版社 2007 年版。

[美] 约翰·罗尔斯著，何怀宏等译：《正义论》，中国社会科学出版社 1988 年版。

[美] 约翰·罗尔斯著，顾肃、刘雪梅译：《道德哲学史讲义》，中国社会科学出版社 2012 年版。

[美] 赫伯特·芬格莱特著，彭国翔、张华译：《孔子：即凡而圣》，江苏人民出版社 2002 年版。

[美] 莱因霍尔德·尼布尔著，蒋庆等译：《道德的人与不道德的社会》，贵州人民出版社 1998 年版。

[美] 郝大维、[美] 安乐哲著，何金俐译：《通过孔子而思》，北京大学出版社 2005 年版。

安乐哲、郝大维著，彭国翔译：《切中伦常：〈中庸〉的新诠与新译》，中国社会科学版 2011 年版。

[美] 诺夫乔伊著，张传有、高秉江译：《存在巨链——对一个观念的历史的研究》，江西教育出版社 2002 年版。

[美] 阿拉斯代尔·麦金太尔著，龚群译：《伦理学简史》，

商务印书馆 2003 年版。

［美］阿拉斯戴尔·麦金太尔著，宋继杰译：《追寻美德：伦理理论研究》，译林出版社 2003 年版。

［美］陈汉生著，周云之等译：《中国古代的语言和逻辑》，社会科学文献出版社 1998 年版。

［美］赫伯特·施皮格伯格著，王炳文、张金言译：《现象学运动》，商务印书馆 2011 年版。

［美］鲁思·本尼迪克特著，吕万和等译：《菊与刀——日本文化的类型》，商务印书馆 1990 年版。

［美］克里斯托弗·博姆著，贾拥民、傅瑞蓉译：《道德的起源——美德、利他、羞耻的演化》，浙江大学出版社 2015 年版。

［美］特西托勒著，黄瑞成译：《德性、修辞与政治哲学——亚里士多德〈尼各马可伦理学〉解读》，华东师范大学出版社 2013 年版。

［美］保罗·蒂利希著，钱雪松译：《存在的勇气》，中国轻工业出版社 2018 年版。

［英］以赛亚·伯林著，［英］亨利·哈代编，胡自信、魏钊凌译：《观念的力量》，译林出版社 2019 年版。

［英］伯林著，冯克利译：《反潮流：观念史论文集》，译林出版社 2002 年版。

［英］雷蒙·威廉斯，刘建基译：《关键词：文化与社会的词汇》（第 2 版），生活·读书·新知三联书店 2016 年版。

［英］昆廷·斯金纳著，李强、张新刚主编：《国家与自由：斯金纳访华演讲录》，北京大学出版社 2018 年版。

［英］休谟著，曾晓平译：《道德原则研究》，商务印书馆2001年版。

［英］伯特兰·罗素著，肖巍译：《伦理学和政治学中的人类社会》，河北教育出版社2003年版。

［英］约翰·伯瑞著，范祥涛译：《进步的观念》，上海三联书店2005年版。

［英］伯纳德·威廉斯著，吴天岳译：《羞耻与必然性》，北京大学出版社2014年版。

［英］B. 威廉斯著，陈嘉映译：《伦理学与哲学的限度》，商务印书馆2017年版。

［英］阿尔弗雷德·诺思·怀特海著，周邦宪译：《观念的冒险》（修订版），北京联合出版公司2014年版。

［法］皮埃尔·阿多著，张卜天译：《伊西斯的面纱：自然的观念史随笔》，华东师范大学出版社2019年版。

［法］弗朗索瓦·于连著，宋刚译：《道德奠基：孟子与启蒙哲人的对话》，北京大学出版社2002年版。

［法］让-弗朗索瓦·利奥塔著，莫伟民等译：《后现代道德》，学林出版社2000年版。

［法］游顺钊著，徐志民等译：《视觉语言学论集》，语文出版社1994年版。

［法］让·克洛德·布罗涅著，李玉民译：《廉耻观的历史》，中信出版社2005年版。

［俄］别尔嘉耶夫著，张百春译：《论人的使命》，学林出版社2000年版。

［古罗马］奥古斯丁著，周士良译：《忏悔录》，商务印书

馆 1996 年版。

［古希腊］亚里士多德著，廖申白译注：《尼各马可伦理学》，商务印书馆 2003 年版。

［古希腊］亚里士多德著，苗力田主编：《亚里士多德全集》（第九卷），中国人民大学出版社 1994 年版。

［新西兰］理查德·乔伊斯著，刘鹏博、黄素珍译：《道德的演化》，译林出版社 2017 年版。

［意］史华罗著，林舒俐等译：《中国历史中的情感文化：对明清文献的跨学科文本研究》，商务印书馆 2009 年版。

［瑞士］耿宁著，倪梁康编，倪梁康等译：《心的现象——耿宁心性现象学研究文集》，商务印书馆 2012 年版。

［日］渡边秀方著，刘侃元译：《中国哲学史概论》，山西人民出版社 2015 年版。

［日］冈田武彦著，吴光等译：《王阳明与明末儒学》，上海古籍出版社 2000 年版。

北京大学哲学系外国哲学史教研室编译：《古希腊罗马哲学》，生活·读书·新知三联书店 1957 年版。

陈荣捷编著，杨儒宾等译，黄俊杰校阅：《中国哲学文献选编》，江苏教育出版社 2006 年版。

杜维明著，段德智译：《中庸：论儒学的宗教性》，生活·读书·新知三联书店 2013 年版。

冯友兰著，涂又光译：《中国哲学简史》，北京大学出版社 2013 年版。

陈启云著，高专诚译：《荀悦与中古儒学》，辽宁大学出版社 2000 年版。

【论文】

陈来：《孟子的德性论》，《哲学研究》2010 年第 5 期。

陈少明：《中国哲学研究方法论再思考——从兑换“观念的支票”展开》，《哲学动态》2014 年第 6 期。

陈少明：《关于羞耻的现象学分析》，《哲学研究》2006 年第 12 期。

陈乔见：《羞恶、义与正当——孟子“羞恶之心，义之端也”详解及其理论内涵》，《中山大学学报》（社会科学版）2016 年第 2 期。

陈乔见：《春秋时代的义勇观念及其道德精神》，《哲学动态》2018 年第 10 期。

陈丹丹：《美德、行动与为政之道——中国早期思想中的“耻”》，《思想与文化》第 28 辑（2021 年）。

邓晓芒：《当代形而上学的重建》（下），《探索与争鸣》2019 年第 10 期。

邓晓芒：《康德的道德形而上学及其与儒家伦理的比较》，《道德与文明》2020 年第 2 期。

付长珍：《探寻中国伦理学的精神“原乡”——“情”的概念史重访》，《道德与文明》2019 年第 5 期。

樊浩：《耻感与道德体系》，《道德与文明》2007 年第 2 期。

傅永军：《“创造的诠释学”之判辨》，《云南大学学报》（社会科学版）2022 年第 3 期。

黄裕生：《一种“情感伦理学”是否可能？——论马克思·舍勒的“情感伦理学”》，《云南大学学报》（社会科学版）2015 年第 5 期。

黄玉顺：《儒家的情感观念》，《江西社会科学》2014 年第 5 期。

匡钊：《早期儒家的德目划分》，《哲学研究》2014 年第 7 期。

刘梦溪：《论知耻》，《北京大学学报》（哲学社会科学版）2017 年第 6 期。

刘述先：《孟子心性论的再反思》，《中国文哲研究通讯》1994 年 4 卷第 2 期。

刘泉、林乐昌：《从蒙、颐二卦看张载的养正工夫论——以〈横渠易说〉为文献基础》，《船山学刊》2016 年第 6 期。

廖晓炜：《王船山哲学定位问题重探——以〈读四书大全说〉为中心》，《现代哲学》2020 年第 6 期。

卢盈华：《羞耻现象学——基于马克思·舍勒与儒家的阐明》，《思想与文化》第 21 辑（2017 年）。

蒙培元：《人是情感的存在——儒家哲学再阐释》，《社会科学战线》2003 年第 2 期。

倪梁康：《关于"羞恶之心"的伦理现象学思考》，《南京大学学报》（哲学·人文科学·社会科学版）2007 年第 3 期。

倪梁康：《"羞恶之心"与道德意识的来源》，《东南学术》2007 年第 2 期。

贡华南：《羞何以必要？——以孟子为中心的考察》，《孔子研究》2009 年第 1 期。

高瑞泉：《观念的力量及其实现》，《华东师范大学学报》（哲学社会科学版）2019 年第 6 期。

高兆明：《耻感与存在》，《伦理学研究》2006 年第 3 期。

钱基博：《丽则女学国耻纪念牌阴（范作）》，《妇女杂志（上海）》1915 年第 1 卷第 11 期。

尚杰：《舍勒的羞愧现象学》，《学海》2007 年第 3 期。

汤一介：《中国哲学史与中国思想史》，《哲学研究》1983 年第 10 期。

涂可国：《孟子“四心”“四端”与“四德”的真实逻辑》，《武汉大学学报》（哲学社会科学版）2020 年第 2 期。

吴根友、熊健：《传统社会的道德耻感论》，《伦理学研究》2017 年第 6 期。

谢文郁：《儒家和亚里士多德的德性伦理观之比较》，《孔学堂》2015 年第 1 期。

杨儒宾：《时间形式、礼与耻感：火的原型象征》，《清华学报》2013 年 43 卷第 4 期。

杨鸿雁：《中国古代耻辱刑考略》，《法学研究》2005 年第 1 期。

叶平：《古礼与北宋儒者的治心、义理之学》，《中州学刊》2007 年第 6 期。

郑泽绵：《当代美国的中国哲学研究及其方法论——访信广来教授》，《哲学动态》2017 年第 11 期。

张汝伦：《义利之辨的若干问题》，《复旦学报》（社会科学版）2010 年第 3 期。

张任之：《舍勒的羞感现象学》，《南京大学学报》（哲学·人文科学·社会科学版）2007 年第 3 期。

张任之：《羞感伦理何以可能是自律的?》，《哲学研究》2017 年第 11 期。

曾振宇：《性质美：荀子人性论辩诬》，《中国文化研究》2015年第1期。

［匈］阿格妮丝·赫勒著，杨威译：《阐释羞愧现象的五种路径》，《苏州大学学报》（哲学社会科学版）2018年第2期。

［美］迈克尔·斯洛特著，王楷译：《情感主义德性伦理学：一种当代的进路》，《道德与文明》2011年第2期。

［美］安东尼·J. 施坦因博克著，卢盈华译：《道德情感的独特性》，《思想与文化》第21辑（2017年）。

［日］森三树三郎著，王顺洪编译：《名与耻的文化——中国、日本、欧洲文化比较研究》，《中国文化研究》1995年第2期。

［韩］李南麟著，傅智伟译：《舍勒与孟子：感受作为价值的来源》，《中国现象学与哲学评论》第23辑（2018年）。

后　记

“后记”属于此书的终章，总要讲几句话作为结束语。这本著作是在我的博士论文基础上修改删订而成，尽管此书在学术品质上还显得不够“成熟”，但毕竟是我学术生涯中的第一部专著，也算是学生时代打磨出来的最后一个“成品”。

回顾自己的学思历程，不得不提及曾振宇先生。2013 年至 2020 年，我一直在山东大学儒学高等研究院跟随曾老师攻读硕士和博士学位。攻读博士学位期间，曾老师建议我从观念史视域深入研究一下儒家的“耻”观念，初次接到这个命题之时，还觉得这个题目太小了，我们的哲学研究应该做点“高大上”的东西。随着阅读的积累与思考的深入，我愈发明了曾老师的用心与治学方法，从一个具体的观念可以透视儒学的哲学特质，因为哲学思想沉淀于基本观念，哲学的历史基本上是从提出一个具体的观念开始的。儒家的很多观念并非仅是一种纯粹的、固定化的思想“产品”，而是某种时代精神与历史意识的体现。儒家的“耻”便是这样一种观念，需要我们从生活经验中领悟它的意义，这显示出哲学的经验化图景十分必要，毕竟哲学总要回归生活世界。有了上述研究心得以后，我对曾老师倡导的

“观念儒学”有了更深刻的领悟。

衷心感谢曾振宇教授的推荐，感谢齐鲁书社傅光中、刘强等出版社领导的支持，感谢马安钰编辑的辛苦付出，使这部小书得以和读者见面。

李富强

2024 年 8 月 6 日